华中师范大学中国农村研究院

中国农村研究

CHINA RURAL STUDIES

2019年卷·上

中国社会科学出版社

图书在版编目（CIP）数据

中国农村研究．2019 年卷．上 / 徐勇主编．—北京：中国社会科学出版社，2019. 12

ISBN 978 - 7 - 5203 - 5412 - 7

Ⅰ．①中…　Ⅱ．①徐…　Ⅲ．①农村经济—研究报告—中国—2019　Ⅳ．①F32

中国版本图书馆 CIP 数据核字（2019）第 245544 号

出 版 人　赵剑英
责任编辑　冯春风
责任校对　张爱华
责任印制　张雪娇

出　　版　中国社会科学出版社
社　　址　北京鼓楼西大街甲 158 号
邮　　编　100720
网　　址　http://www.csspw.cn
发 行 部　010 - 84083685
门 市 部　010 - 84029450
经　　销　新华书店及其他书店

印　　刷　北京君升印刷有限公司
装　　订　廊坊市广阳区广增装订厂
版　　次　2019 年 12 月第 1 版
印　　次　2019 年 12 月第 1 次印刷

开　　本　710 × 1000　1/16
印　　张　18. 75
插　　页　2
字　　数　317 千字
定　　价　108. 00 元

目　　录

农村文化研究

海外农村研究译介

海外农村调查与研究

文献村落与治理

◆精英、德治与教化——传统乡村自治与当代基层协商治理

中国古代基层社会的传统治理方式是以精英为主导、以道德理性为原则、以教化为途径的乡村自治。古代乡村自治的基本特点是公共商讨、理性衡断、议政以德，且注重在公共讨论中提升百姓的理性水平与道德境界。传统社会独特的乡村治理经验与现代协商治理的精神相通，对传统乡村自治经验的创造性转化有助于深化和发展当代中国的基层协商治理。

◆从江西萍乡新康乡新安里六保一图文书看清代图甲组织的运行实态

江西萍乡《瑶峰夜朱陇周氏支谱》中收录的五张图甲合约是清代图甲制度实际运作的重要文献，详细记载了清代萍乡县新康乡新安里六保一图之图甲成立图会、建造义祠的过程。与其他民间文献相结合，可以展现出清代萍乡图甲的运行实态。通过研究表明，清代萍乡图甲普遍以“图会”或“冬至会”的形式在民间运行。为了加强图会组织整合能力，图会均建立了义祠。义祠成为图甲聚会、议事、祭祀的场所。图会、义祠这样的民间约会组织强化了图甲在民间的运行。图甲组织是清代萍乡基层社会最为重要的组织，对地方社会有着十分重要的意义。

精英、德治与教化*

——传统乡村自治与当代基层协商治理

吴　倩

（天津外国语大学马克思主义学院　天津　300204）

内容提要：中国古代基层社会的传统治理方式是以精英为主导、以道德理性为原则、以教化为途径的乡村自治。古代乡村自治的基本特点是公共商讨、理性衡断、议政以德，且注重在公共讨论中提升百姓的理性水平与道德境界。传统社会独特的乡村治理经验与现代协商治理的精神相通，对传统乡村自治经验的创造性转化有助于深化和发展当代中国的基层协商治理。

关键词：乡村治理；德治；乡约；三老制；协商治理

中国传统社会以“县”为最低一级地方行政单位，县以下不再设置其他行政机关，这种基层政治安排被学界一些研究者概括为“皇权不下县”。[1]一般来说，传统社会中一个县的管理范围很大，管辖人口众多，小县管辖几万人，大县管辖十万到二十五万人。[2]面对如此广土众民的基层治理任务，县令以及寥寥数人的县级行政单位往往鞭长莫及，国家通常依靠各种形式的自治组织来治理广大的乡村社会。本文在此意义上把传统社会的基层治理情况概括为乡村自治。随着政治历程的演进，古代中国的乡村自治在制度和实践上不断演变、发展，积累了丰富的治理经验，形成

---

* 基金项目：国家社科基金重大项目“中国特色社会主义协商民主研究”（2015YZD07）、北京高校中国特色社会主义理论研究协同创新中心（北京外国语大学）阶段性成果。

作者简介：吴倩（1983—　），女，河北邢台人，天津外国语大学马克思主义学院副教授、天津市中国特色社会主义理论体系研究中心研究员，主要研究古代乡村治理、协商民主理论与实践。

了独特的治理传统。这些适应于中华民族的独特思维方式和行为习惯的基层治理智慧能够为新时代中国特色社会主义的乡村治理提供有益借鉴。

在当代中国的乡村治理中，协商治理是在基层治理实践中日益受到关注和肯定的一种治理方式。根据学界的相关理论与实证研究，乡村基层的协商治理在一定意义上切合了中国农村的实际情况，同时也是中国特色社会主义的协商民主道路的基础性环节。本文在此基础上力图阐明的是，当代中国乡村的协商治理不仅与今日中国乡村治理的实践探索内在相关，而且与中国传统的乡村治理习惯一脉相承。可以说，中国古代乡村治理的理念与现代基层协商治理的基本精神具有内在的相通性，这也在一定意义上成为当代中国的协商治理实践在中国乡村取得较大成效的历史原因。我们探讨中国式的基层协商治理道路，应当在注重中西会通视野下的协商民主之普遍性的基础上凸显中国协商民主的独特性，而古代的乡村自治传统正是这种独特性的重要来源。具体说来，传统乡村自治实践的基本特点体现为三个方面：以精英为主导、以道德理性为原则、以教化为途径。

一 以精英为主导的乡村自治与现代基层协商治理

中国传统社会的乡村治理在很大程度上倚重于当地的士绅阶层，各种基层自治形式往往是以乡绅为主导而展开的。这一点已经受到学界一些研究者的关注①，被概括为“国权不下县，县下唯宗族，宗族皆自治，自治靠伦理，伦理造乡绅”。[3]

古代乡村的村庄治理往往依赖地方乡绅引导村民以自治的方式展开。乡绅是传统基层社会的乡村精英，这一阶层普遍在乡里社会发挥着举足轻重的作用。一般说来，乡绅们或是离职退休、回归故里的官员，或是世代居乡、有德有财的绅士，或是各种地方乡里组织的领袖，他们往往基于谙熟乡村民情、才智权势过人、与中央要员关系紧密等因素对乡村治理产生较大影响。因此，乡绅在村庄基层治理中备受重视。比如，清代知县汪祖辉认为，“官与民疏，士与民近，民之信官，不若信士，朝廷之法纪不能

① 尽管秦晖作出这种概括是为了阐明与“国权不下县”说相反的观点，以反对一些研究者对中国传统社会的类似判断，但我们认为他的概括恰恰较为贴切地阐明了传统社会乡村治理的情况。

尽谕于民，而士易解析，谕之于士，使转谕于民，则道易明，而教易行”。[4]在这里，士绅阶层被理解为乡里社会中联系官府与百姓的中间环节，他们一方面可以为国家出力，解读国家政策，教化乡里百姓；另一方面也可以为百姓做主，通过伸张民意来抵制官吏对乡里的过多干扰。作为地方精英的乡绅阶层在基层治理上可以起到沟通官民、联结上下的良好作用。具体到基层治理的实际事务，乡绅也往往能够发挥实质性的主导作用。传统社会基层治理的主要事项包括征税、征兵、排解民间纠纷、教化百姓和地方基础设施建设等。乡绅大多在上述事务中助力颇多，他们兴办乡校、主持公益事业（兴修水利、修桥铺路）、赈济灾民、向百姓解读国家政令、调解民间纠纷，甚至可以断案析狱。正因为如此，传统社会的县官上任伊始，往往先要摸清本乡绅士的情况。国家为了重视和善用乡绅，也往往给予乡绅各种特权，乡绅在经济上可以有免除赋税等特权，政治上甚至可以豁免刑罚。

北宋儒者范仲淹是在宋代基层治理中积极发挥作用的代表性的贤能士绅。除了人们熟知的诗文成就与为官政绩外，范仲淹在乡里社会躬行实践、创造性地设计出宗族义庄方案以造福桑梓。宋代以来，儒家知识分子十分注重以复兴宗族、力行乡治等举措治理乡村社会，范氏义庄就是这一潮流中的典范模式。根据史料记载，北宋皇祐二年（1050），范仲淹用官俸所得在苏州购买良田十余顷，并用每年所得租米来赡养宗族，他在储存和发放租米的地方修建房屋，称为范氏义庄。范氏义庄每年向族人发放义米、冬衣，资助族中子弟教育和族人婚丧嫁娶。范仲淹还亲手制定了十三条《规矩》，要求族中各房共同遵守。这十三条规矩包括义米、冬衣的发放方法，族人婚丧嫁娶的资助规定等。宋神宗熙宁六年至宋徽宗政和七年，范仲淹的二子纯仁、三子纯礼、四子纯粹继续经营范氏义庄，并订立了《续定规矩》，规定了宗族子弟教育、乡村义庄管理、义庄田产经营、宗族财产保护等内容。南宋宁宗嘉定六年（1213），范仲淹六世孙范良继续发展义庄，又作《续定规矩》十二条。《续定规矩》一方面重申范仲淹的《规矩》范本；另一方面强调把族人的道德修养与义米发放情况联系起来。自北宋至于南宋，范氏义庄历二百余年而不坠，泽被十余世乡里百姓，其功绩受到政府的高度肯定。范氏义庄使得当时和后世的乡里士绅纷纷仿效，影响带动了一大批士大夫宗族的勃兴，成为两宋时期十分著名的治乡典范。在范氏义庄的乡治模式之外，南宋大儒朱熹撰著了《朱子家礼》一书，创造性地通过改革传统的祭礼来复兴宗族，使家庙祭祖逐渐推广到平民阶层。“程颐、朱熹等理学家设计的祭礼，……其目的是把原来只适用于贵族及官僚阶层的‘敬宗收族’之道，转化为社会各阶层的共同行为规范。这种‘庶民化’的祭礼，虽然始终未能正式载入法典，但却成为民间‘敬宗收族’的重要理论依据，对宋以后宗族组织的普遍发展具有不可低估的促进作用。”[5]并且，朱熹为了防范乡村社会的灾年粮荒首创了社仓制度，主张丰年在乡村修建粮仓（称为“社仓”）储存多余谷米，供百姓灾年借贷应急，到丰收之时再连本带息偿还社仓。“社仓最初的试验地点，是朱子居留的建宁府，崇安县，开耀乡，社仓最初的试验时期，是乾道四年（1168）乡民乏食的时候。……朱子在淳熙八年（1181）奏请朝廷，下其法于诸路，以备人民自由采用。”[6]通过上述例证，我们看到士绅精英在古代乡村社会治理中的巨大作用。

反观现代社会，协商治理作为村庄基层治理的有效措施，在实施过程中可以借鉴中国传统社会以精英为主导的乡村自治经验。村庄精英对协商过程的有益引导有助于促进整体协商参与者的偏好转换，促进有意义的共识的达成。纵观现代中国农村的实际情况，各种各样的乡村精英一直活跃在村庄的政治舞台上。尽管传统的士绅阶层在新中国成立以来历次政治运动中已经基本上土崩瓦解，但随着改革开放背景下村庄发展日益多元化的整体趋势，以及国家行政对村庄基层治理干预的减少，一大批新型村庄精英开始对村庄基层治理发挥越来越重要的作用。这些村庄精英或是村党支部书记、村委会主任等体制内的村庄领导者，或是体制外的致富能人等经济精英、家族统领等传统精英、道德楷模等伦理精英、宗教首领等宗教精英。村庄精英基于自身在各领域的突出成就往往能够赢得村民的信任。基层协商治理应当充分重视村庄精英的作用，基层协商治理的最终目标是找到人民群众利益的最大公约数，在实现最广泛的人民民主的同时取得关于村庄重大事物的有效共识。因此在开展基层民主协商时，一些对事物利弊看得更远、眼界更高的精英人士往往能够发挥引导作用，帮助村民从各逐己利的小我纷争过渡到共同为公的同心同德，实现积极意义上的偏好转变。职是之故，我们应当在坚持协商参与者之间平等性的同时多多吸纳各种村庄精英参与基层协商治理，从而提升基层民主协商的境界和效率，引导参与协商的村民从更长远的角度、更公正的立场、更公共的利益层面看待问题，促进有效共识的形成。在浙江温岭泽国镇的基层协商治理实践中，由何包钢教授建议试行的主持人制度正是这方面的一种有益尝试。在泽国镇的民主恳谈会上，参与协商的村民被分为“理性组”和“自由组”，理性组由主持人引导着朝向公共利益和公共理性思考问题，自由组则无拘无束可以只从自己利益出发讨论问题，最后证明协商效果更好的是理性组。[7]

二 以道德理性为原则的乡村自治与现代基层协商治理

中国传统社会的乡村自治是一种以道德理性为基本原则的治理模式，这种治理模式在治理基层社会时往往以道德理性原则统御乡村治理的各项事务，由此形成了传统乡村社会注重道德、讲究理性的治理传统和文化习俗。

我们将以宋代的基层自治组织——乡约为典型分析传统乡村治理的基本原则。乡约是宋明清时期传统社会基层治理的重要形式，真正意义上的乡约肇始于北宋陕西蓝田吕氏兄弟发起的《吕氏乡约》，而大兴于明清时期。吕大防、吕大忠、吕大均、吕大临四兄弟是吕氏乡约的发起者，他们从学于大儒张载和二程，学识与品行均为乡里百姓所信服，成为当地有名的乡绅。吕氏兄弟发起组织《吕氏乡约》，号召乡里百姓自愿加入，每月定期聚会，讲论道德伦常，公论乡里事务的是非曲直，并通过公开告谕的方式赏善罚恶。基于儒家知识分子的德治理念，吕氏乡约注重以道德理性原则规范入约者的观念与行为，逐渐形成了一个理性化的基层自治组织。根据史书记载，蓝田《吕氏乡约》在吕氏四兄弟的倡导和入约百姓的力行下使得蓝田地区民风日渐淳朴，甚至引导整个关中地区的民风为之一变。南宋理学家朱熹对《吕氏乡约》大为欣赏，并结合地方实际情况进一步修改和完善其条目，撰成了《增损吕氏乡约》。随着朱熹理学地位的上升，南宋的一些地方士绅尝试以《增损吕氏乡约》为蓝本组建乡约组织。据史料记载，“咸淳年间，徽州乡绅邱龙友、王英杰等在徽州歙县岩镇‘常立乡社，归以乡约’。”[8]到了明代，乡约组织渐渐增多，尤其是正德以后，明朝政治统治出现危机，乡里社会秩序日趋混乱，许多官僚士绅纷纷在乡里倡导乡约，以淳化民风、稳定地方秩序。这一时期乡约组织大量涌现，民间发起或官府倡办者层出不穷，如山西潞州雄氏的《仇山乡约》是当时民办乡约中影响较大的典型，王阳明的《南赣乡约》则是官办乡约中的典范。可以说明代晚期的乡约组织是由地方乡绅倡导、基层百姓自觉加入且得到官府认可的重要基层自治组织。

那么，乡约如何以道德理性为原则实现基层自治呢？我们将以《吕氏乡约》和《南赣乡约》为例，从乡约的治理目标、治理原则、治理措施等方面展开分析。

从治理目标上看，《吕氏乡约》以“德业相劝、过失相规、礼俗相交、患难相恤”为总纲，在结尾处进一步申明“愿与乡人共行斯道……成吾里仁之美，有望于众君子焉。”[9]显然，《吕氏乡约》的基层治理目标是本着儒家的道德理性原则处理乡里事务，以期逐渐形成乡里百姓之间的和睦关系，并促进乡里社会道德水平、理性水平的提高，实现道德人格基础上的善治。

从治理原则上看，乡约进行基层治理的基本原则是公论是非、赏善罚恶，也就是以道德理性为原则、以众人共议为方式决定乡里事务。《吕氏乡约》规定村民每月一聚，“书其善恶，行其赏罚”。[9]《南赣乡约》亦主张定期聚会、公论是非、扬善抑恶。它在乡约正文中明确规定，“通约之人，凡有危疑难处之事，皆须约长会同约之人与之裁处区画，必当于理济于事而后已”[10]。由此可见，在处理乡村事务时，同约百姓的共同讨论、共同决策和“当于理济于事”的理性判断成为乡约发挥作用的基本原则。面对时常威胁基层社会稳定的人际纠纷问题，《南赣乡约》规定：“今后一应门殴不平之事，鸣之约长等公论是非”[10]，在这里，公论是非、据理衡断是乡约解决人际纠纷的基本原则。我们由此可以看出公共协商与理性决策在传统乡约基层治理中的重要地位。

从治理措施上看，乡约进行基层治理的主要措施是扬善抑恶、道德教化。乡约组织定期聚会商谈的主要内容是表彰乡里的善行以塑造典范、抑止乡里的恶行以震慑恶念，同时重申道德理想、宣讲理想人格以作为入约百姓的人生目标。扬善抑恶的具体实施过程一般通过约长提名、众人公议、当事人认可等流程当众表彰善行、纠正过恶，在公论是非的基础上促使当事人进一步反省，同时教化百姓，形成注重道德、赏善罚恶的社会舆论。“凡有一善为众所推者，皆书于籍，以为善行”，“不修之过，每犯皆书于籍，三犯则行罚”[9]。并且，在惩恶扬善的道德教化之外，乡约组织的聚众公议也负责处理征税、纳粮、民间纠纷、婚丧嫁娶等乡里社会日常事务中的各种难题。总的来说，就是通过百姓自愿参与、公共讨论的方式，以道德理性为原则裁断乡里诸种事务的是非，达到和谐乡里、化解纠纷、贯彻政府政策、引导百姓向善等目的，同时也通过基层百姓的自愿参与和自主讨论培养了百姓的自治能力。

由此可见，传统社会以乡约为代表的乡村自治以道德理性为基本原则，在基层治理上取得了较好的实践效果，基层社会秩序较为稳定。这种治理效果的取得是与儒家为主流的治理思想所营造的注重道德、理性思考、集体讨论的治理原则分不开的。在今天，这种传统对现代中国的基层协商治理亦十分重要。首先，基层协商治理的基本精神在于基层群众的参与，传统乡约倡导村民以自愿方式加入，进而定期聚会，共同讨论乡村事务，在一定程度上与现代协商治理强调的公议精神相通。其次，基层协商治理的一个重要原则在于审议，审议不是笼统地肯定协商参与者的一切意见，而是要进一步追问其意见是否出自理性考量。在此意义上，传统乡村自治之注重道德、讲求理性的议事原则与基层协商的审慎与理性诉求可以相通。再次，基层协商治理的协商过程同时也是群众民主素养的培育过程，力图引导协商参与者逐步朝向一种公共理性、公共利益的标准。在基层协商治理实践中，每个人参与协商、获得发表意见的机会固然重要，在协商过程中培育公众之更为审慎、更为公正的理性精神亦是协商治理的题中应有之义。这一点与传统乡村自治“在公论是非中正己正人”的理想也是相通的。乡约的定期聚会正是通过聚众公议、明辨是非的商议过程来实现对入约百姓的正向引导，进而提升民众的理性水平和道德境界，在此基础上追求淳化民风、和睦乡里的治理效果。

三 以教化为途径的乡村自治与现代基层协商治理

受到以儒家为主流的传统文化的影响，古代乡村自治十分注重乡里领袖、自治组织对基层百姓的教化作用，往往把教化作为安定乡里的途径和各种治理任务中的最高目标。这种倾向鲜明地体现于传统乡村自治的制度与实践之中，自古至今形成了一贯的传统。早在周代时，乡里组织就比较注重教化百姓，那时的教化主要在官方主导下展开，也赢得了乡里百姓的响应。此后，汉代乡三老制、宋代乡约制、明代老人制等都旨在教化乡里、淳化民风，以获取较好的乡村治理效果。传统社会以教化乡里为途径的治理实践积累了丰富而独特的基层治理经验。

我们将以秦汉三老制为典型展开具体分析。秦汉时期是中国基层治理制度的确立期，三老制是秦汉乡官制度的重要特色，可以说从秦汉时起三老制度作为以教化为途径的乡村治理制度正式登上了中国基层治理的历史舞台。秦汉乡里制度的基本安排是："大率十里一亭，亭有长；十亭一乡，乡有三老、有秩、啬夫、游徼。三老掌教化，啬夫职听讼、收赋税。游徼徼循禁贼盗。"[11]在这种基层官职设置中，三老、啬夫、游徼各司其职，分别负责百姓教化、赋税收取、查禁盗贼等职能，三老作为专职教化的官员在秦汉时期的基层治理中居于十分重要的地位。根据史料记载，"（高祖三年正月）举民年五十以上，有修行能率众为善者，置以为三老，乡一人。择乡三老一人为县三老"。[12]由此可知，早在楚汉相争之际，汉高祖刘邦就开始推行三老制度，他选取民间五十以上、德行出众，能够导民向善者为三老，以教化乡里百姓、和谐乡里秩序。三老制度从高祖时期开始，在汉代的乡里社会持续发挥作用，并且在发展过程中不断细化"三老"的级别和职分。根据学界的相关研究，汉代三老制除了设置了人们较为熟知的"乡三老"外，还设置了"县三老""郡三老"和"国三老"。各种级别的三老分别具有不同职分，关于三老的制度设计十分规范和完备。"乡三老和县三老设于汉王二年（公元前205年），郡三老见于西汉末年，国三老最早出现于王莽居摄元年（公元6年），'正月，莽祀上帝于南郊，迎春于东郊，行大射礼于明堂，养三老五更，成礼而去。'"[13]

那么，三老在汉代基层治理中的实际地位如何呢？一方面，三老是汉代的基层官吏，并且其地位在乡里官职系统中明显高于一般乡官。一些研究者认为，三老与啬夫、游徼同为基层乡官，但三老的地位远远高于后两者。汉代的乡官设置中没有乡长，乡长的职务事实上是由三老代行的，三老就是排在啬夫、游徼等乡官之前的地方乡官首脑。[14]另一方面，三老不仅仅是与其他乡官一样的官吏，还是乡村社会的民意代表。学界一些研究者认为三老是"乡里民官率民参政者"，"县三老近于县参议长，乡三老近于各乡选出之县参议员也"[15]，各级三老往往"由政府在地方上选任，领导人民参政"[2]。衡之以汉代基层政治实践，这种观点应当说不无道理。汉初刘邦用"举民"也即民间推举的方法选出县三老，汉文帝时进一步规定依照户口设置三老、孝悌、力田，也就是以乡村社会的户数为依据、按人口比例来推举三老。之所以设计按户口规模推选三老的制度，就是为了使三老更加有效地代表某一地区的民意。在此意义上，三老确实扮演了乡里社会之民意代表的重要角色。根据《后汉书》记载，刘秀的外祖父樊重为了解决外孙何氏兄弟之间争财的矛盾，“以田二顷，解其忿讼，县中称美，推为三老”[16]。也就是说，当地乡村百姓赞许樊重解决乡里纠纷的义举，因而以百姓推选的方式推举樊重成为三老，这可以说是汉代乡里社会以民意推选三老的现实例证。

进一步地，三老在乡村治理中的具体作用是什么呢？总的说来，三老的职责是通过自己的言传身教以垂范乡里，通过裁断乡里事务以惩恶扬善，同时在教化百姓的过程中收集民意，代表民意向国家建言。三老通过上述职责力图起到两方面作用：一方面通过教化提升百姓的综合素质与道德水平，实现乡村和睦；另一方面通过收集民意为民代言并上达中央，提升国家治理水平。《后汉书·百官志》记载，“三老掌教化。凡有孝子顺孙，贞女义妇，让财救患，及学士为民法式者，皆扁表其门，以兴善行。”[17]这段文献阐明了三老的第一个重要职能，也即表彰善行、扬善抑恶、教化乡里。同时，三老的教化还担负着收集民意的重要作用。三老在教化过程中察识民情民意，再衡之以自身的德行与识见形成建议，进而为乡村治理乃至军国大事建言献策。在汉代政治实践中，三老常常在政治发展的关键时期发挥出重要作用，其行为往往对一些地区甚至国家大事具有举足轻重的影响。如汉朝建立前刘邦与项羽争夺天下，在项羽杀死义帝后，乡三老董公敏锐地抓住时机，劝说刘邦以为义帝发丧的名义讨伐“杀主背义”的项羽，召集天下诸侯。此后，这场原本无所谓“义与不义”的统治权争夺战变成了“讨逆”战争，舆论、人心、军事形势均发生了有利于刘邦的转化，最终使刘邦赢得天下。顾炎武就此评论说：“新城三老董公遮说汉王，为义帝发丧，而遂以收天下。”[18]又如京兆尹王尊因为得罪御史遭到免职，“胡三老公乘兴等上书讼尊治京兆功效日著”，“书奏，天子复以尊为徐州刺史。”后王尊迁任东郡太守，“吏民佳壮尊之勇节，白马三老朱英等奏其状，加赐黄金二十斤。”[19]在这里，三老对王尊的保荐与嘉许是代表当地民意而发的对中央的建议，因而有学者即此认为“地方吏民向中央有所申请，例由三老领衔”[15]。通过上述事例可以看出，汉代的三老通过明察时势、收集民意，向中央政治提出建议，常常能够成功地劝说皇帝修改决策，甚至任免官吏。三老在这里起到了下情上达、协理国事的重要作用，同时也赢得了中央政权的肯定和乡里百姓的拥戴。皇帝作为封建政权的核心人物十分重视三老，时常通过赐给爵位、布帛等方式对三老进行嘉奖，还赋予他们很高的社会声望。史书记载秦汉之时的乡三老“史册炳然，为万世所称道”[18]，乡三老作为汉代乡村地区实质上的精神领袖，被《汉书》誉为“众民之师”[20]。

汉代以后，三老制逐渐没落。宋代出现的另一种乡村教化形式——乡约也注重在教化中引导百姓商议乡里诸事的是非曲直。明代朱元璋推行的老人制、申明亭、旌善亭等制度在一定程度上接续和发展了汉代三老制的乡村教化传统。总的说来，传统中国的历代乡里制度大多注重教化百姓，乡村基层治理往往以教化作为重要的治理途径，并且在基层治理制度中予以明确安排。可以说，传统乡村的议事与村民自治是以教化为前提的，以教化引导基层自治实践的模式是传统乡村治理的重要特色。

反观现代社会的基层治理，我们注意到一系列基层治理制度中较为缺乏导人向善的价值激励色彩。当代中国在基层协商治理的制度化进程中形成了各种基层协商民主的新制度，中央也倡导各地基于乡村实际建立社会主义新乡约，如果说传统乡里制度的价值激励导向和道德教化色彩过浓的话，现代基层治理之各种制度的价值导向则较为淡化。现代基层治理制度的条款基本上是本着实用主义的原则对村庄基本事务与村民行为进行规定，而在价值引导与内在激励方面缺乏实质性作用。在实际操作中，基层治理制度多是村委会、村干部在政府倡导下制定或请专家制定而成，甚至许多村庄沿用统一的范本。这种治理制度在基层协商的实际事务和具体流程上往往是细致具体的，然而在价值引导方面常常有所欠缺。一些条例开篇铺陈的寥寥几句价值引导性条款往往形同虚设，一些地区的新乡约甚至直接把价值引导条款置换为各种命令语言与惩罚措施，仿佛村民进行基层自治不是在自觉主动地行使民主权利，而是为了规避村庄的行政惩罚。20世纪30年代从事乡村建设运动的儒者梁漱溟曾敏锐地指出，现在的地方管理条例过于重事、重罚而忽视了“人的向上的意思”。民主不仅仅是一种治理措施，也是一种理想和价值观念，一种生活方式和社会文化。一些基层乡约忽视村民内在的民意诉求，亦忽视其道德自觉与道德自律，只是通过禁止违法乱纪、寻衅滋事等条款约束村民行为，成为一种强制型、压制型的基层管理制度。与此相比，传统乡村自治更为注重激发百姓内在的自觉性与议事热情，亦注重通过教化过程收集更为审慎的民意，这种治理经验可以在一定程度上启发现代中国的基层协商治理。从根源意义上讲，传统乡村自治力图把道德教化与民意表达相结合，通过三老等人物的积极引导而实现审慎地议事与建言。当代中国的基层协商治理可以把古代教化传统之下百姓的道德自觉性与当今参与民主协商的政治自觉性相结合，激发人民群众内在的积极性、主动性，在乡村社会营造出积极议政的价值理想和导人向善的公共舆论。这些内在的精神力量以及由此转化形成的社会力量往往能够在现代村庄治理中发挥积极作用，促进基层协商治理的良性运转。

综上而论，传统中国的乡村自治具有以精英为主导，以道德理性为原则，以教化为途径的基本特征，也塑造了传统乡村社会尚贤、重德、讲理、公议、从善等文化心理和公共舆论。现代中国的基层协商治理不可能脱离基层社会的文化心理基础而孤立地发挥作用。基层协商民主制度若要在乡里社会真正落地生根、实现良好的治理效果，必须与乡里社会自古至今传承下来的行为方式与文化心理相结合。并且，基层协商治理的实践案例也表明，协商民主制度在基层治理中发挥较大作用的地区往往是这种制度与传统积淀结合较好的地区。因此，更好地继承传统基层治理的有益经验有助于使协商治理方式在中国农村地区真正地落地生根。

参考文献：

[1] 温铁军．半个世纪的农村制度变迁[J]. 战略与管理，1999（6）：12—16.

[2] 张哲郎．乡遂遗规：村社的结构［M］//. 中国式家庭与社会．合肥：黄山书社，2012：125、129.

[3] 秦晖．传统中华帝国的乡村基层控制：汉唐间的乡村组织［M］//. 传统十论：本土社会的制度、文化及其变革．上海：复旦大学出版社，2003：3.

[4]（清）汪祖辉．学治臆说·卷上·礼士［M］//. 官箴书集成（第五册）．合肥：黄山书社，1997：274.

[5] 郑振满．明清福建家族组织与社会变迁［M］．长沙：湖南教育出版社，1992：230.

[6] 杨开道．中国乡约制度［M］．北京：商务印书馆，2015：91.

[7] 陈朋．国家与社会合力互动下的乡村协商民主实践：温岭案例分析［M］．上海：上海人民出版社，2012：139—144.

[8] 佘华瑞．岩镇草志·艺文上［M］//. 中国地方志集成·乡镇志专辑（第27册）．南京：江苏古籍出版社，1992：213.

［9］（宋）吕大均．吕氏乡约乡仪［M］//．蓝田吕氏遗著辑校．陈俊民辑校．北京：中华书局，1993：563—566、567、563—564.

［10］（明）王守仁．南赣乡约［M］//．王阳明全集（上）．上海：上海古籍出版社，1992：601、601.

［11］（汉）班固．汉书·百官公卿表［M］．北京：中华书局，1962：742.

［12］（汉）班固．汉书·高帝纪［M］．北京：中华书局，1962：33.

［13］赵秀玲．中国乡里制度［M］．北京：社会科学文献出版社，1998：9.

［14］吉书时．略论汉代的三老[J].北京师范大学学报，1983（6）：59—64.

［15］严耕望．中国地方行政制度史·秦汉地方行政制度［M］．台北：学生书局，1997：245、248.

［16］（南朝宋）范晔．后汉书·樊宏传［M］．北京：中华书局，1965：1119.

［17］（南朝宋）范晔．后汉书·百官志·亭里［M］．北京：中华书局，1965：3624.

［18］（明）顾炎武．日知录校释·乡亭之职［M］．长沙：岳麓书社，2011：365、365.

［19］（汉）班固．汉书·王尊传［M］．北京：中华书局，1962：3234—3236.

［20］（汉）班固．汉书·文帝纪［M］．北京：中华书局，1962：124.

Elite, Virtue and Moralization: Traditional Rural Autonomy and Contemporary Deliberative Governance

Wu Qian

(College of Marxism, Tianjin Foreign Studies University, Tianjin 300204)

Abstract: In ancient China, the traditional way of grassroots governance was rural autonomy based on elites, moral rationality and moralization. The basic characteristics of rural autonomy in ancient times were public discussion, rational judgment, moral discussion, and the importance of improving the rational level and moral realm of people in public discussion. These unique rural governance experiences are in the same spirit as modern deliberative governance, and the creative transformation of traditional rural autonomy experiences is conducive to deepening and expanding grass-roots deliberative governance in contemporary China.

Key words: rural governance, moral governance, village conventions, country elite, deliberative governance

从江西萍乡新康乡新安里六保一图文书看清代图甲组织的运行实态*

凌　焰　汪　晓

（萍乡学院安源红色文化研究中心　江西萍乡　337000）

内容提要：江西萍乡《瑶峰夜朱陇周氏支谱》中收录的五张图甲合约是清代图甲制度实际运作的重要文献，详细记载了清代萍乡县新康乡新安里六保一图之图甲成立图会、建造义祠的过程。与其他民间文献相结合，可以展现出清代萍乡图甲的运行实态。通过研究表明，清代萍乡图甲普遍以“图会”或“冬至会”的形式在民间运行。为了加强图会组织整合能力，图会均建立了义祠。义祠成为图甲聚会、议事、祭祀的场所。图会、义祠这样的民间约会组织强化了图甲在民间的运行，图甲组织是清代萍乡基层社会最为重要的组织，对地方社会有着十分重要的意义。

关键词：图甲；图会；冬至会；义祠

一　离散的图甲

图甲是明清赋役户籍制度的重要内容。经过片山刚、刘志伟、科大卫等学者对图甲的基本规制、总户—子户关系的研究，确立了图甲研究的基本框架。近年来，随着各地民间文献的挖掘，特别是一批图甲文书的发现，使得图甲的研究取得了一些新的认识。对于明清时期里甲制度的变

---

*　基金项目：教育部人文社会科学青年基金项目“明清以来赣西北地区稀见图甲文书的收集、整理与研究”（19YJC770025）；江西省社会科学规划项目“图甲制下的乡村基层社会——清代萍乡义祠与义图研究”（16LS07）。

作者简介：凌焰（1983—　），男，江西萍乡人，萍乡学院政法学院副院长、安源红色文化研究中心主任、历史学博士，研究方向为区域社会史；汪晓（1999—　），女，汉族，江西上饶人，萍乡学院政法学院2017级历史本科班学生，研究方向为萍乡地方史。

化，刘志伟指出，“随着图甲的编成以田地为中心，同一图，以至同一甲的户口，就不可能也不必要属于同一个基层社区或行政单位”[1]。黄忠鑫对明清徽州图甲体系的研究表明，通过官方和民间两方面的调整路径，图甲体系逐渐超脱地域性，演变为纯粹的纳税户头之序列组合[2]。萍乡的图甲组织也是如此。如新康乡新安里六保一图在谈及图内情形时就说道：“我图有居东西之角者，有住南北之隅者，星零棋散，难敦图宜[3]。”又如遵化乡宣化里六图也说“六图住居星散”[4]。不但图内各甲居住零散，不属于同一基层社区，就连甲内各户也是如此。如大安乡五保二图八甲①，甲内各户的居址情况（见表2.1）。

表1　　大安乡五保二图八甲各户居址情况②

户名	住址	户名	住址	户名	住址
刘文矣	芦溪下地名大龙口	袁光裕	北路大地名桐木小地名荆坪	崔友祥	北路大地名桐木小地名荆坪
聂恭显	北路长平里西坑	李文亮	北路长平里西	张公盛	东路禁山里 南路丹江
刘大源	小西路蜡树下小地名石西庵	潘有兴	北路杨岐前古塘	巫大兴	北路大地名流江小地名婆官琉
吴汝应	北路彭家桥田中心	邝秉刚	世居彭家桥上王古琉及西路料下	罗荣相	北路城下
王上临	萍东高枧下山田老虎琉毛布领、田心、易家坊	黄会兴	萍东上埠小地名毛布领及方平里小西路同田等处	王琳宗	萍东高楼、南陂、高岗埠、淡塘等处
周六才	东路大水埠	颜商贤	本图山江口	温贤録	萍东沂源大佛领
邱应春	小西门外王公谭及萍东钟家源	彭昌	萍北安乐乡地名白石岭	陈文荣	北路火石桥及秋江东路许家坊及三坵田

① 《萍乡十乡图册》登载大安乡五保二图八甲的图甲名为王萧田，子户分别为：王瑞大、肖希文、田英桃、刘松林。其实该甲由二十一户组成，据光绪三十年（1904）《大五二八图册》记载：“甲内二十四姓人丁蕃衍，惟王克慎、肖希文、田贵相三老姓，故绝无人，公议定例二十一姓朋充差。”第25页（原书无页数，系笔者编）。

② 据光绪三十年（1904）《大五二八图册》之《念四兴各户芳名居址》，第28—33页，统计而来。

从表1可知，该甲二十一户中只有一户颜商贤户居住在大安乡五保二图图境；一户居住在城内小西门；一户居住在萍乡西部；八户居住在萍乡东部；十一户居住在萍乡县北部。大安乡五保二图八甲居住之零散显而易见。

随着图甲组织与实际的社区相脱离，图内各甲及甲内各户居住零散，使得“每遇轮充保正、社长、社副以及里书、图长之年，难于远处抖派，兼且钱粮有无不等，人丁多寡不同，实难同心协力”。如何将居住零散的图内各甲及甲内各户聚合起来，完成各项政府派给图甲的各项差役是图甲组织急需解决的一大课题。

二 图会聚合图甲：基于新康乡新安里六保一图文书为中心的考察

民国三十一年（1942）《瑶峰夜朱陇周氏支谱》卷一《约据》收录了五张新康乡新安里六保一图十递订立的合约，详细叙述了十递立图会、造义祠的过程，透过这五份合约，可以看到义祠是如何把图内十递整合在一起的。如前文所述，新康乡新安里六保一图内各甲“有居东西之角者，有住南北之隅者，星零棋散”。为了使图内十递易于聚会，便于办公事，利于敦图谊，“于乾隆六年，邀集十递商议，每递各出银一两，合共生息，立成冬至一会，以为会集、承差之局”。这里的“冬至一会”是指义图公会，因为图甲组织聚会的时间大多选择在冬至日，因而图会亦称冬至一会。如遵化乡宣化里六图六递也把图会称作冬至一会，“公议将此银即起冬至大会，每年加二生息，以为子孙永远差徭之费”。虽然新康乡新安里六保一图捐银成立了义图公会，也陆续置买了田产基地等业，但是并没有解决图内八递承充保正、社长的困难。为此，图内十递于乾隆二十九年（1764）十二月订立了一则合约，兹引全文如下：

> 立合约新康乡新安里六保一图十递等，切见十递共图之人，星零棋散，聚会甚难，凡遇公事莫便。故于乾隆六年编审齐集在城十递捐银，起成冬至一会。所有每年陆续置买田产基地等业，曾经立约订明，各执为凭，毋庸复赘。迨后将来每年租谷，仍复轮领生息。及至本年甲申岁，十递又领圆一届。合祠商议：虽有田祠在城，凡遇公

事，然而难云全美。何则钦奉皇恩，里差两免，而保正、社长每年一递承充一届。虽五、八两递世居其所，即遇轮充保正，稽查顺便。惟八递输充保社之年，住居遥远，地境生疏，兼且难以便道，致令稽查无信宿之处。爰是十递等复行着议，欲置田于就境，以为输保憩息之所，方成全美。是时恰遇就境之处有水田三百四十八巴，计中税九亩正，坐落地名廖家唐、长琉等处之业出售。图众欣然乐从，踏清四至界限，立契承买照依，时值土丰，公给价银一百六十两正，安佃耕作，额交租谷二十四硕。其契仍系周巨声收存，所有耕田之人应接之下，只祀执年保正。余递均不得需索。编立合约十纸，十递各收一纸，子孙永远存照。

合约可知，因为一甲、二甲、三甲、四甲、六甲、七甲、九甲、十甲等“八递输充保社之年，住居遥远，地境生疏，兼且难以便道，致令稽查无信宿之处”。于是十递商议在新康乡新安里六保一图买田、起庄屋，“为输保憩息之所”。买田、起庄屋共用去银一百六十两，田契由周巨声收存。

为了支付乾隆二十九年（1764）买田、起庄屋的费用，图十递于乾隆三十六年（1771）十一月冬至日签订了一则合约：

立合约人六合祠等缘因我图十递于乾隆六年编审齐集在城公议，捐银起冬至一会。所有陆续置买田业等项曾经立约订明，毋庸复赘。兹因乾隆二十九年又置新安里田业，并起庄屋，少费借凑，原议另捐还欠。迨后因志愿弗齐，故而未获捐。念致欠未给，十递公议只得将城外地名后铺俚田押借还欠，将租作利。自押借之后，银空租无，公用无从出办。三十二年，复议将城内屋出卖与邓，接回城外之田，余少之银迨后将租陆续还清欠项。至三十五年庚寅岁，剩银十六两交与十甲领息。今辛卯岁若仍照原例，概交一甲承领。因十甲、九甲屡称每逢领息一届银两至本利息繁多，觉有难之意。是以公议，到领一届自十甲起至一甲止，本年辛卯岁冬至日，将十甲交出本利银两与九甲承领生息。以后仍照轮年，上交下接，领过者每年冬至先一日并本利加三息交清，无得过期推延，所酌至当，无有违异。但原捐合会以为充差之费，嗣后利息繁盛，岂但揣一生息而已，必须建祠兴祭，斯为永远之美举。所以来年轮值一甲承差，今冬至日公议，公给银十六两，以为充差之费，余少自行凑补。日后各递轮充，俱照此例俟。十年圆满又另裁酌，所有各项事件俱照先额，定遵照而行，毋得丝毫添减。恐后无凭，立编合约十纸，各执一纸为据。

从合约可知，为了支付乾隆二十九年（1764）的费用，十递公议将城外购置的田产“押借还欠，将租作利”。但是自田产押借后，图内公用乏费，十递公议将县城内屋出卖与邓，赎回押借的田产，此后以田租还完欠款。十递将图内的公银，采取生放生息的方式，“领一届自十甲起至一甲止”。规定“领过者每年冬至先一日并本利加三息交清，无得过期推延”。而且还议明“嗣后利息繁盛”，十递“必须建祠兴祭”。因为捐银立合会是为了解决各递轮充差徭的费用，所以公议“给银十六两，以为充差之费”，费不足由值年里递自行补足。而且十递还议明，“嗣后利息繁盛”，“必须建祠兴祭”。“建祠兴祭”是指建立新康乡新安里六保一图的义祠，图十递每年冬至日在义祠举行对开籍祖先的联合祭祀。

为了筹集建造新康乡新安里六保一图义祠的费用，该图十递于乾隆四十四年（1779）、乾隆四十六年（1781）签订了两则合约，兹引全文如下：

公议再立合约人新康乡新安里六保一图六合祠。缘我图有居东西之角者，有住南北之隅者，星零棋散，难敦图谊，是以赴成冬至一会。一则显扬祖差，一则通联图好。厥后年积岁聚，银两领繁，设策陆续先买田业，立有合约，各递收据。置田之后所余织微暨每年租息十递复行轮流交领，以为起造义祠之资。今于乾隆四十五年（1780）轮领一届已满，因见会银仅存二百有零，欲造就义祠，奈费寡不足，欲十递轮领一届，又恐年久难周，故冬至日十递公酌约作五递分领，加二生息，生放三年。书阄十个，内五个书不领，五阄书实领。当有五六七八十此五递拈到不领之阄，一二三四九此五递拈领之阄。一二三四九此五递分领会银，仍立田契作当，依议三载为率。自乾隆四十五年庚子岁起，至四十八年癸卯岁止。此三载内冬至日本利均不得交众，仍各递算明银两，止用转立田当俟。三年圆满，概将本利一齐交出，不得推延短少。生息原系加三，今止（只）加二也。盖此一举念系坐领三年，未免重累，故尔调减。其银三年交出之后，择地造祠，置办器用。庶田祠全备，差祀完隆矣。特立公约一纸，交五甲周巨声收执存照。

一甲李张黄尹　二甲姚李程
三甲李常盛　　四甲汤刘罗贺雷
五甲周以成　　六甲李马曾
七甲刘辉汉　　八甲周以栽
九甲谢余周　　十甲刘何徐
大清乾隆四十四年已亥岁十一月十五冬至日立
公约六合祠立

立交卸簿据约人周巨声。缘我等新康乡新安里六保一图十递星散四方，每遇公事难以齐集会议，于乾隆六年（1741），邀集十递商议，每递各出银一两，合共生息，立成冬至一会，以为会集承差基局。幸皆志同道合，生生不已。由是置买田业、庄屋、山场等业，前约分别屡晰，毋庸复赘。但自今会银生息以及价买后铺里田，继买廖家塘等田，又起造庄屋少费，借贷积费妥还种种经营作为，维十递共襄盛举未尝少置。予怀今，予年历七旬，精力虽属未减，何特历久无恐。兹逢冬至佳期，十递齐集一堂，是以立簿交卸，所有会内现存钱二百七十二挂六比正仍为公领公放。不论年分远近，遇有合适庄屋即商买，就则图内有田有屋，庶几前后两安。至于来岁轮值，一甲承差，所有外借银钱及两庄租谷均交一甲管理，照依时价糶卖，所糶之钱除置酒完粮保差用费及各项零用外，余剩仍归合所存之钱生放，以为起造义祠，买祠内物件之资，以后挨次轮值者俱照仿此。恐口无凭，立簿为据，编合约十纸，十递各执一纸存照。

一甲李张黄尹　二甲姚李程
三甲李常盛　　四甲汤刘罗贺雷
五甲周以成　　六甲李马曾
七甲刘辉汉　　八甲周以栽
九甲谢余周　　十甲刘何徐
大清乾隆四十六年十一月初七冬至日　立

乾隆四十四年（1779）十递合约表明，为了早日实现“庶田祠全备，差祀万隆”的目标，十递改变了之前的轮领生息方式，由十递轮流生息改为由“五递分领，加二生息，生放三年”。对于轮领生放生息的五递采取抓阄的方式来确定，由“一二三四九此五递分领会银”，规定自乾隆四十五年（1780）起至四十八年（1783）三年内“冬至日本利均不得交众，仍各递算明，银两止用转立田当俟。三年圆满，概将本利一齐交出，不得推延短少”。十递决定三年后选择合适地方建立义祠，置办义祠所需器物。

乾隆四十六年（1781）合约中的周巨声首先详细回顾了新康乡新安里六保一图十递四十年来同心协力立图会、购置图田、山场的艰难经营过程。周巨声考虑到自己年过七旬，于是将图会银交与会内，确立了由十甲轮流管理图会的规矩，一甲负责一年，订立了由当差之递经营管理图会产业及负责会银的生放生息的图规。这样做的目的是为了筹集建造义祠的费用和购买义祠物件的费用。

三　义祠兴祭：图甲的办公、聚会、议事之所

嘉庆九年（1804）十一月冬至日，十递公立义祠账簿，记录义祠公费收支情况。《公簿序》一文揭示了新康乡新安里六保一图义祠的运行实态。据载：

> 窃维我图十递六合祠冬至一会，自乾隆四十八年置买屋基，五十三年起造义祠，由是田屋两成，庶不负先人凡费经营之苦心也。第祠成，费乏。一切什物、酒席、用度等项俱多不备，致未便遽兴祭典。迨嘉庆三年，各项陆续渐置，始行人入祠兴祭祖，但是年系值七甲首士，一届尚未圆满，所有一切用费，每年田租、屋租尤属公收公用。嗣于嘉庆六年冬至，轮值十甲一届圆满，应交一甲首事。公议自七年一甲为始，各递轮管、办理一载。其是年租谷、屋租以及买备祭祀猪羊、置办酒席、货物及充保、完粮等项用费，概归该递首事经收管理。不论谷米、猪羊、货物贵贱在内，无有增减，上交下接，不得推卸。其祭祀、酒席棹数仍照前约，并目今现规而行。所有后埠里规租，查佃耕者一佃至今已历四十余年，且今昔情形不同，原租仅四十硕，规银止二十两，佃者受益颇多，奈图内现在乏费置物，公议量加租八硕，

加规钱四十五挂，以昔较今非过苛，佃亦欣从。但七年已议增租八硕，八年即有收领，以后各递固宜照行。惟七年一甲值首少此八硕之租，似属偏枯，故公议于生息钱内除钱六挂以实一甲，为首用费。至图内廖家塘等处规租，奈佃耕者已换三佃，规由八挂而起至十二挂及十六挂之数，租田一百四十四斗。而始至一百七十斗及二百斗之数，实难再四叠加，众故因是毁而弗议。倘内处租谷，原议以谷二斗易米一斗，每年于冬至前照内时价折米，卖其二斗之数，应拆米百斗或佃买或粜卖，听便而行。所有会内已置各物另载入小簿内，以便交领者执此小簿易于查点。以后祠内应需置备各物，即年为首者可就便于附近城居之递，大家较商，于公存生息钱内动用，择紧要者渐次而置。俟冬至时，开明用数及所置何物，向众查阅核算可也。其公存生息之项，酌以加二起利，应听公议发借，不得归入为首之递动用，亦不得私收私放。此则公物不致缺乏，而公项亦仍有生息，俾免靡费之虞，岂不两获其益。凡我十递，务宜式好无尤，谊同一本之亲，更冀慎始慎终，永敦六合之议，庶几美备无遗，足慰先人之志，则幸甚！

嘉庆九年甲子岁十一月冬至日

第一，由《公簿序》可知，新康乡新安里六保一图义祠于乾隆五十三年（1788）建立。嘉庆三年（1798），十递开始在义祠对各递开籍祖先展开联合祭祀，即“岁一合祀其先”[5]。祭祀结束之后，十递图众在义祠举行乡饮。每年的冬至日为义祠祭祀和置酒之期。“每年置酒一次，略存乡饮遗意”[6]。

第二，从《公簿序》中的“每年田租、屋租尤属公收公用”和“公存生息之项，酌以加二起利，应听公议发借，不得归入为首之递动用，亦不得私收私放。”可以看出义祠财产的公属性。义祠田产和各项收入为图十递所共有，公收公用，不得私自挪用。义祠的收入除用于支付祭祀、置办酒席、充保、完粮等项用费外，剩余的由值年首士公放生息。

第三，议定义祠轮值次序以及轮值年首的职责。义祠的值理按照一甲至十甲的次序轮流。所谓“各递轮管、办理一载”是指一年由一甲轮值管理义祠，冬至日为交替之期。轮值管理义祠的人员称为值首亦称为保正。据大安乡五保二图八甲义祠订立的条规曰：“当差值年者名曰保正，必须秉公正直之人[7]。”钦风乡北隅二图规定“先年冬至日，择诚实可靠之人书立□字，当众认可始能给钱三十挂，无论大小事务一概在内，如有别故增加，归值年者自行料理”[8]。可见，义祠的值年首士必须是正直秉公和富有的人。值年首士经收管理“是年租谷、屋租以及买备祭祀猪羊、置办酒席、货物及充保、完粮等项”。值首于冬至前，按照当年米市价格，将义祠所收之米“佃买或粜卖”。义祠所有需添置之物品，由值首与居住在城附近之图甲相商，“择紧要者渐次而置”。值首将当年置办物品数量、种类、费用等记录在案，冬至日供“众查阅核算”。

第四，维持公平性。嘉庆七年（1802），十递公议将后铺里田“加租八硕，加规钱四十五挂”。如此一来“惟七年一甲值首少此八硕之租”，由是公议从义祠生息钱内给“六挂以实一甲，为首用费”。

第五，无论是义祠轮值次序的制定，还是值年首职责的规定等，只要是涉及义祠的事务，都是由十递人等共同在义祠开会商讨，最后达成一致意见，方可实施。观化乡清江里一图义祠祠约第三条就规定“公议宜凛遵也，此项银两原因义起见，嗣后图众遇有公事，宜平心和气从公论处，不得因一言不合倡言散会。私心觊觎，敢有犯者，众共罚之，永不许入会[9]。”“公议”一词在萍乡义祠、图会文献中出现频率很高。

义祠还为图众向上发展提供支持与奖励。大安乡五保二图八甲义祠为参加科举考试的本甲后裔给予奖励。据其《订议章程》载：

> 一甲内各姓有大学者给花红钱十挂正。
>
> 一甲内各姓乡试有中式举人者给花红钱二十挂，中副举补禀者给花红钱十五挂。
>
> 一甲各姓会试有中进士者给花红钱三十挂正。
>
> 一甲内殿试有点鼎甲及翰林者给花红钱五十挂正。
>
> 均于祭期置酒日给发

遵化乡宣化里六图则对六递①中之学童入学为生员者和获得科举功名

① 遵化乡宣化里六图只有六递（二、四、五、七、九、十等六甲）于乾隆二十四年（1759）立六合兴图会。此后的建义祠、兴祭祀等事项均与一、三、六、八甲无关。据同治十一年（1871）《六合兴新约》记载：“缘我祖先等于乾隆二十四年，各出银一两二钱，彼时一三六八不从，我六递共成银七两二钱，起立老六合费，历年生放，积有赢余。”

者，在义祠设酒席予以褒奖，且将其座次位于上席①，以表殊荣。据《六合兴新约》记载："我六递各家遇有文武入泮及登乡会榜者，乃合递之光。初次来祠谒祖，另设一席于上，以示奖励。"由此可知，图众对科举考试的重视程度。

四 结语

清代萍乡图甲普遍以"图会"或"冬至会"的形式在民间运行。为了加强图会组织整合能力，图会均建立了义祠。义祠成为图甲聚会、议事、祭祀的场所。义祠的经费不断地通过田租、房租以及生息钱得以扩充，凭借强大的实力，义祠得以团结和激励本图、本甲各阶层的人汇聚于其下。义祠作为同一图或同一甲人的团体，是以公义、信义为其精神内核，故能穿越阶层和其他纵向联系，并使其托于正直秉公和富有的人，采取图内各甲或甲内各户轮流管理的形式，在义祠祠约的约束下，照章办理一图或一甲的事务。义祠每年冬至的祭祀、乡饮仪式具有特别重要的意义。各图、各甲义祠每年冬至日举行"合祀其先"的活动，甚至组织禳神、祭神的节庆活动②，有利于各甲、各户之间的沟通与情感交流，从而达到对整个甲、整个图的整合功效。义祠建立的意义就在于它能让超脱基

---

① 义祠举行乡饮宴会，对于每甲前来参加的人数及各甲座次的安排都有严格的规定，（关于义祠座次的安排详见本文第三章第一节祠议与祠约）在义祠举行乡饮仪式时"座上"被认为是一种荣耀。清代中期萍乡土著士绅在论及滥招户利弊时曾谈到图内饮酒争席的诉讼时有发生。据《萍乡十乡图册》记载："凡进户之辈，分帜树党，初则稍觉安分，不一而足，久在好居人上，小而饮酒争席。"

② 萍乡图甲组织经常以一图或一甲的名义兴建寺庙，组织禳神、祭神等节庆活动。这种寺庙的信仰圈为一图或一甲，具有明确的界限。寺庙的组织管理权及祭祀活动的组织都操控在图甲组织手里。如江西萍乡市东源乡的小枧傩庙、江岭傩庙、宣三傩庙都是由十本地业组织掌握。又如萍乡长丰乡一保一图的图甲组织就集资建立了玉皇殿。据其碑刻记载："玉峰，萍南胜境也。自唐立寺院分上中下三殿，今天不复存下殿，幸已重新。惟中殿栋宇摧裂，墙垣颓圮，余等目击心惊。念先人之经营为神灵之凭依，何堪任其朽蠹乎？于是合图皆有同心卜，今兴工越数月而告竣，以人之力妥神之灵，仗神之灵护人之力。前之栋宇催列者，余则蔚然而可观，前之垣墙颓圮者，今则涣然以维新，帝君阴骘文有云：创修□□，寺院既修自必护福无疆也，是为序。"（清）《长上一十递捐修中殿碑》清道光十九年（1839），现存萍乡市芦溪县张家坊乡杂溪村玉皇山中殿。再如廷宣乡宣风里四保二图十甲甘谭郭建立了镇龙寺。据《昭萍志略》记载："镇龙寺在县东廷宣乡，清康熙年间甘谭郭三姓建，并捐产招僧住持。"

层社区的图甲组织在公义、信义的旗帜下聚集在一起，树立起义祠的威信，同时又为图众轮充保正、社长、社副以及里书、图长等职役提供经济上的支持以及图众向上发展提供帮助。因而它就具有了较强的稳定性，从而发挥社会整合作用。清中期以来，萍乡义祠在移民的入籍方面起着十分重要的作用。① 图会、义祠这样的民间约会组织强化了图甲在民间的运行。图甲组织是清代萍乡基层社会最为重要的组织，对地方社会有着十分重要的意义。图甲制一直延续到民国十八年才被国民政府的保甲制所代替。

参考文献：

[1] 刘志伟．在国家与社会之间——明清广东地区里甲赋役制度与乡村社会［M］．北京：中国人民大学出版社，2010：10—11.

[2] 黄忠鑫．在政区与社区之间—明清都图里甲体系与徽州社会［D］．上海：复旦大学博士学位论文（未刊稿），2013：175.

[3] 民国三十一年《瑶峰夜朱陇周氏支谱》卷一《约据》.

[4] 年代不详（契约所记之事自雍正—同治年间）《陂头萧氏集据》卷首《序》.

[5] 道光《萍乡县志》卷一《舆地》.

[6] 民国八年《驻萍乡军法官兼保卫团监督署理萍乡县知事沈桂华出示晓谕碑》，位于江西萍乡上栗县杨歧乡杨歧普通寺内.

[7] 光绪三十年《大五二八图册》卷一《条规》.

[8] 民国六年《钦北二祠图册》卷一《条规》.

[9] 民国九年《萍西樟木湾欧阳氏族谱》卷七《观清一祠图册》.

On the Running State of Tujia Organization in Qing Dynasty from the Perspective of Xinanli Liubaoyitu documents in Xinkang township, Pingxiang, Jiangxi

Linyan Wangxiao

（Anyuan Red Culture Research Center, Pingxiang college, zip code 337000）

Abstract: Five Tujia contracts included in Yao Feng Ye Zhu Long Zhou's Branch Pedigree in Pingxiang, Jiangxi are important documents of the actual operation of the Tujia system

① 关于萍乡义祠在移民入籍方面的作用可参见凌焰．再论清中期萍乡外来移民的入籍［J］．史林，2014（6）：95—105.

in Qing Dynasty, with detailed records of the process of setting up Tuhui associations and building Yici shrines by the Tujia organization of Liubaoyitu in Xinanli, Xinkang township, Pingxiang County during the Qing Dynasty. In combination with other folk literature, it could show the real running state of Tujia organization in the Qing Dynasty. Research shows that Pingxiang Tujia organization in Qing Dynasty generally runs in folk in the form of "Tuhui associations" or "Dongzhihui/the winter solstice will". In order to strengthen the integrating capacity of Tuhui associations, Yici shrines, which were sites for gatherings, deliberations, and sacrifices by the Tujia organization, were set up by all those Tuhui associations. This kind of folk dating organizations, such as Tuhui associations and Yici shrines, had strengthened the operation of the Tujia organization in the folk. Thus, being of great significance to local society, the Tujia organization was the most crucial organization of the Pingxiang grass-roots society in Qing Dynasty.

Key words: Tujia; Tuhui; the winter solstice will; Yici shrine

乡村振兴：理论与实践

◆农村精准扶贫与精准表演及其矫治

精准扶贫是新时期政府为适应减贫形势和打赢脱贫攻坚战所作的战略调整，是对原有扶贫方式的转变和创新。实施精准扶贫战略是决胜全面建成小康社会的成败关键，也是“十三五”时期各级政府面临的第一民生工程和重大政治任务。随着精准扶贫工作如火如荼开展，“假脱贫”“被脱贫”等不正之风屡禁不止，“走过场”、造假等形式主义问题凸显，作秀式扶贫不断上演，导致精准扶贫偏离了中央扶贫政策与方向。为了使贫困群体如期脱贫，打赢脱贫攻坚战，有必要深入分析精准表演的生成机制，对精准表演进行全方位矫治。应该加强乡村制度权威建设、注重扶贫实效推进精准施策、增强大局意识避免政治失信、强化民主参与提升内生动力、坚持求真务实端正扶贫作风。

◆论乡村振兴中乡风文明协同治理机制的构建

乡风文明是乡村振兴的文化基础与持久动力。传统的乡风文明建设以乡镇政府的一元治理为核心，难以衍生乡风活力与内生文明。基于协同学原理，承认和发展基层党委、乡镇政府、村党支部、村委会、社会组织和经济组织、乡贤乡民等多元主体的建设功用，以共识形成机制、行动整合机制、沟通交流机制、成效共享机制为四大序参数，构建乡风文明建设的新型协同治理机制，并在机制运行中须兼顾理性全局观意识、权利意识与事权意识，实现主体协调共赢与乡风文明建设的持久兴盛。

◆乡村振兴战略视域下传统村落的价值审视与制度保护

实施乡村振兴战略的时代背景下传统村落的价值凸显与日渐消失两种维度并存。通过对传统村落在乡村振兴中的文化振兴价值、产业振兴价值、生态振兴价值的重新审视和保护制度缺失的深入剖析表明，推动传统村落的活态保护与保护性开发必须强化制度供给和保障，尽快出台包含传统村落保护内容的乡村振兴法，研究制定传统村落保护专项法律法规，坚持实行规划引领先行，加强乡村治理共同推动传统村落保护。

◆乡村振兴视域下新乡贤的时代要义与培育路径

乡村振兴是对乡村政治、经济、文化、生态、社会的全面振兴，而乡村传统的主体结构和工作机制难以适应形势发展，内驱力和自组织能力亟待提高，新乡贤由此迎来博兴机遇。本文在梳理乡绅、士绅、乡贤等相关概念的同时，基于乡村振兴的新要求提出新乡贤的时代要义应涵盖本土精英、热心公益、贤德公认、文化共鸣、风尚引领五个方面；并针对当下新乡贤培育实践的几个误区，提出广建平台、拓展用武之地，加强督导、确保造福乡里，强化激励、倡导见贤思齐，深化互动、巩固文化共鸣等培育建议。

◆吸纳与嵌入：基层党建助推精准扶贫的实现机制——基于湖北恩施州“村医村教”进两委的模式分析

在脱贫攻坚的关键时期，基层社会在应对大量外部扶贫资源输入的情境下，出现了诸如村干部能力不足、基层社会精英流失严重、村级治理成本不断增加等问题，严重影响了精准扶贫工作的有序推进。武陵山连片特困地区的恩施州提出吸纳“村医村教”嵌入村“两委”班子的尝试，旨在从基层内部挖掘治理资源，借助于行之有效的吸纳和嵌入机制，使基层组织重新焕发生机和活力，从而形成以党建助推扶贫工作的良性格局。

◆中国乡村振兴研究观察：现状与前瞻——基于 CNKI 和 CSSCI 文献的考察

基于对《中国期刊全文数据库》（CNKI）和南京大学《中文社会科学引文索引》（CSSCI）中乡村振兴研究文献的全面考察，系统分析当前我国乡村振兴研究领域里的重点研究机构、核心研究群体以及主要研究议题的分布状况发现，重点高校和部属研究机构的研究者是我国乡村振兴研究中的关键主体和中坚力量，其中核心研究机构主要分布于我国东部地区，中西部地区的研究力量有待加强。虽然我国乡村振兴研究总体上在乡村政治、乡村经济、乡村社会、乡村文化、乡村生态等领域均取得了丰富的研究成果，但是仍处于不断深化和推进的阶段，需要进一步拓展研究方法，更加注重基础理论方面的研究，要更加重视对特困地区的关注，还要注重对域外乡村发展经验的借鉴，不断提升研究服务现实的能力。

农村精准扶贫与精准表演及其矫治*

张爱军[1]　张　媛[2]
（1 西北政法大学新闻传播学院　陕西西安　710061
2 辽宁师范大学马克思主义学院　辽宁大连　116029）

内容提要：精准扶贫是新时期政府为适应减贫形势和打赢脱贫攻坚战所作的战略调整，是对原有扶贫方式的转变和创新。实施精准扶贫战略是决胜全面建成小康社会的成败关键，也是“十三五”时期各级政府面临的第一民生工程和重大政治任务。随着精准扶贫工作如火如荼开展，“假脱贫”“被脱贫”等不正之风屡禁不止，“走过场”、造假等形式主义问题凸显，作秀式扶贫不断上演，导致精准扶贫偏离了中央扶贫政策与方向。为了使贫困群体如期脱贫，打赢脱贫攻坚战，有必要深入分析精准表演的生成机制，对精准表演进行全方位矫治。应该加强乡村制度权威建设、注重扶贫实效推进精准施策、增强大局意识避免政治失信、强化民主参与提升内生动力、坚持求真务实端正扶贫作风。

关键词：精准扶贫；精准表演；扶贫干部；贫困户

精准扶贫是民生政治的重要领域，也是国家减贫治理体系现代化和治理能力提升的具体表现。精准扶贫理念根植于中国的扶贫实践，是对长期扶贫经验的深刻总结。2013 年 11 月习近平总书记在湘西考察时首次提出“精准扶贫”思想。党的十八大以来，党和政府将精准扶贫提升到战略高度，对脱贫攻坚提出一系列新思想新观点，各地各级政府积极响应国家号

* 基金项目：国家社会科学基金《网络政治意识形态传播规律研究》（18BZZ017）。

作者简介：张爱军（1962—　），男，辽宁建平人，西北政法大学新闻传播学院二级教授，博士生导师，博士，研究方向为网络政治；张媛（1986—　），女，辽宁抚顺人，辽宁师范大学马克思主义学院博士，研究方向为网络政治。

召，按照中央要求统一部署，推动脱贫攻坚取得显著成就。党的十九大再次将精准扶贫提高到新的战略高度。许多贫困户在扶贫政策的帮扶下摆脱贫困，走上了致富的道路。但是，通过深入基层可以发现，现阶段的扶贫工作并不尽如人意，“摆花架子”“走过场”，做“表面文章”等形式主义、官僚主义、腐败问题屡见不鲜，严重影响了扶贫政策的贯彻落实。随着扶贫工作进入冲刺期，扶贫领域仍然面临很多困难和难以突破的瓶颈。一方面，当前剩下的贫困人口多数是前几轮扶贫后剩下来难啃的“硬骨头”。另一方面，一些扶贫干部搞面子工程，重形式、轻成效，工作作风不严不实，各种形式主义大行其道。如果不及时对这些问题加以矫治，就会使精准扶贫偏离既定目标，侵犯贫困群众的基本权益，从而影响扶贫任务和扶贫目标的实现。

一 问题的提出与研究背景

每一种理念的提出都源于社会现实需求，并为社会发展服务。精准扶贫正是基于我国长期的扶贫实践及其探索形成的理念。所谓精准扶贫，是相对于粗放扶贫而言的，它旨在通过科学有效的制度与政策，将扶贫资源准确传递给既定人群的一种扶贫方式。“现行精准扶贫政策蕴含以下三层重要含义：一是坚持脱贫攻坚目标，现行标准既不能拔高，也不能降低；二是农村贫困人口实现脱贫、贫困县全部摘帽、解决区域性整体贫困同步实行，不能有任何偏废；三是脱贫是经得起时间检验的真脱贫、脱真贫，此即习近平总书记多次强调要防止‘口号脱贫’‘数字脱贫’。”[1]精准扶贫理念使新时代的政府扶贫开发工作瞄准机制更微观、更具体。虽然政府作为精准扶贫的主体地位不可动摇，但其中暴露出的诸多体制弊端和不足却不容忽视。在中国当前的精准扶贫工作中，很多地方存在着这样一些现象：“表格扶贫”“数字脱贫”等形式主义扶贫在基层时有发生，扶贫工作的不作为、乱作为问题突出。扶贫干部为了“看着好看”而给贫困户买新衣服；精准扶贫成了精准填表；有人“被脱贫”，有人“被贫困”；驻村干部被“打卡”拴住，无法开展扶贫工作；强势部门的对口扶贫点帮富不帮穷等一系列问题，导致精准扶贫在实施过程中与政策偏离、失控。一些地方在制定扶贫政策、考核评估、督查巡查等方面不严不实，搞“面子工程”，一些急功近利的做法使贫困人口徘徊于脱贫与返贫之间，使扶贫流于形式，上有政策，下有对策，形式主义、官僚主义作风泛滥，精准表演不断上演，从而降低了扶贫资源的利用率，使精准扶贫的实践和开发受到严重阻碍，真正的贫困人口被排斥在帮扶对象之外，脱贫需求无法得到满足，腐败问题滋生。这种脱离群众、脱离实际的扶贫方式不仅让贫困群众失望，让政府丧失民心，也折射出扶贫干部错位的群众观、政绩观和价值观。

扶贫本身没有问题，“走秀扶贫”“表演扶贫”大行其道就变得复杂了。马克思主义认为，任何事物都是内容和形式的统一，没有形式，内容也就无法表现。然而，随着形式被进一步规范和完善，在这种“必要”形式的掩盖之下，一些地方干部表演起了形式主义，并越演越规范、越演越精准。这种“规范”的精准表演追求每一环节的“完美”，不顾成本和效益，却不忘自己的利益。随着精准表演逐渐“规范化”，搞形象工程、面子工程的技巧被当作规则和经验，与实事求是精神背道而驰的风气就会日渐盛行，形式主义随之变得越来越名正言顺，即使违情悖理仍然能够畅通无阻。最终导致扶贫干部为了政绩疲于应付，贫困户的实际困难却并未解决。精准表演引发的弊端具有一定的持久性。一旦“规范化”的精准表演得到多数人的认同和接受，就会变得难以根除。

一些现有研究文献虽然指出了精准扶贫存在的问题与应对措施，但大多没有找到问题的本质及其根源。从短期来看，精准扶贫采取的应对措施能够取得阶段性效果，但是从长远来看仍然是治标不治本。

二　精准表演的成因分析

精准表演之所以频频上演，很大一部分原因是由于精准表演具有自身的生存空间。从本质来看，是利益驱动下的作风使然，上行下效，害怕承担责任。例如，有些扶贫干部觉得弄清楚帮扶对象的人均可支配收入需要深入基层调查和严格的计算，是一个比较麻烦的过程，为了“省事”，只好采取虚报、谎报的方式投机取巧、蒙混过关。

（一）精准扶贫理念偏差

理念是行动的先导，精准扶贫理念是精准扶贫实践的出发点，制约并决定着扶贫实施的过程以及要达成的扶贫目标。导致精准扶贫理念偏差的原因主要有两个：第一，在于扶贫干部本身。扶贫干部理念落后，将贫困群众视作被动的施舍对象，自己则扮演给予者的角色，带有一种浓厚的恩赐心理，没有认识到贫困户自身的主体地位和权利。有些地方政府、扶贫干部将精准扶贫作为一种负担，缺乏对中央扶贫工作部署和扶贫工作的认识。遇到障碍和困难知难而退，回避问题，执行意识消极。一些扶贫干部受传统的“官本位”思想影响，官僚主义作风突出，脱离群众，脱离实际。既不是将精准扶贫作为长期工作进行考量，也不是以贫困群众利益作为扶贫工作的出发点，而是将工作重心放在了谋求个人发展、提高自身官职地位、迎合上级检查上，并且具有强烈的功利性思想，赋予精准扶贫浓厚的政治色彩，将扶贫工作当成带来经济利益、政治利益的手段，将扶贫作为达到自身利益最大化的工具。一些扶贫干部对帮扶对象缺少热心和关注，敷衍应付，放不下架子，看不起群众，难以用真情实感打动贫困群众，也就无法激发其主动脱贫的内生动力。

第二，贫困群众缺乏自主脱贫动力。一些扶贫对象在被帮扶的过程中，对扶贫干部态度麻木，认为自己不脱贫，扶贫干部就难以完成任务，甚至抱有“我是穷人我怕谁”的心理，而且一旦脱贫后，政府就会取消对其的扶贫资金，作为“理性人”的贫困户在与政府的博弈中就会倾向于保持贫困状态，从而增加了扶贫工作的难度。

（二）扶贫干部权责不匹配

扶贫干部是实施精准扶贫战略的主导力量，扶贫干部的思想观念、行为举措事关扶贫成效和全面建成小康社会。精准扶贫政策虽然由国家层面做出，但是却由基层组织贯彻执行，对贫困群众的帮扶任务主要也是由基层干部承担。基层干部既需要执行精准扶贫政策，也需要承担相应责任。扶贫干部享有的权力和肩负的责任不匹配主要表现在两个方面：第一，农业税和分税制改革后，资源汲取受限，基层组织主要靠上级政府的转移支付，在很大程度上被限制了可支配资源；第二，伴随着官僚制发展的不断深入，上级政府对乡村基层治理的干涉也在不断扩大，在精准扶贫的实践过程中，基层干部失去了灵活性。只好在既缺少资源又缺少政策的情形下勉强执行上级指示。扶贫干部一边利用国家政策，一边利用私人资源。当政策渠道受阻，比如银行拒绝给贫困户贷款，私人又普遍不愿提供帮助，扶贫干部就会面临着艰巨的职责和任务。在权责失衡的情况下，一些扶贫干部选择了相对容易的形式主义扶贫。

（三）压力型体制

压力型体制是指各级地方政治组织为了完成经济任务与目标，把任务和目标层层量化分解，各级政党部门命令下级组织及其个人在规定的时间内完成任务，再根据任务完成情况给予相应的奖惩。在压力型体制下，扶贫干部通过对扶贫政策进行定位来选择执行方式与力度。只要上级规定了任务的完成时间，迫于政治压力，无论如何都必须按时完成既定目标。在精准扶贫政策定位之下，必然产生精准表演。

目标责任制根据目标完成情况实行奖优惩劣，虽然具有一定的目标导向，但是在对目标的具体实现过程无从知晓的情况下，只能通过形式化的材料呈现。上级检查时，如果上级领导对材料不满意就意味着无论基层干部平时工作有多出色，最终仍没有完成工作任务。同样，如果数据与规定目标差距过于悬殊，也会受到批评甚至惩罚。因此，压力型体制下，基层组织大多把精力放在了考核工作上，而忽视了扶贫工作需要真抓实干。面对精准扶贫任务，扶贫干部既要在上级检查的压力下完成考核目标，又要在治理资源缺失以及权责不匹配等情况下完成扶贫任务，这需要在完成任务和迎接检查之间寻找一种平衡。于是，精准扶贫政策变成了隐形资源分配政策和制作文本。能否使扶贫对象摆脱贫困不再重要，重要的是顺利通过上级考核，呈现执行扶贫政策样态。对此，一些扶贫干部调整了策略，将应付上级的文字、数字等材料的准备工作置于扶贫政策之上。一些扶贫干部着重强调数据的准确性，为了避免在上级考核、领导询问时出现错误，时常到处寻找数据并进行反复核对。面对目标责任制，扶贫干部通常选择以文本形式执行扶贫政策，企图顺利通过上级考核，以期实现自保。

（四）政治锦标赛的激励

政治锦标赛是指同级政府官员为了获得晋升机会而展开的相互竞争与博弈。对于精准扶贫而言，政治锦标赛是基层政府治理为了提升脱贫绩效而对扶贫干部进行的激励。政治锦标赛能够有效遏制官僚制的不作为、懒政怠政，增加扶贫干部的积极性，有助于加快推进脱贫进程。精准扶贫政策实施以来，以脱贫为目标的政治锦标赛遍及各个层级的政府官员、扶贫干部。为推动精准扶贫政策落实，确保扶贫工作成效，国务院扶贫办于2019年元旦后启动2018年脱贫攻坚成效考核。省级交叉考核组以及第三方评估组将对中西部22个省份、区域的脱贫、政策落实、资金去向、返贫情况进行考核，根据考核结果采取奖惩措施。从理论上说，扶贫干部的权力来自于人民，但从现实来看，相对于下层的贫困群众，扶贫干部更加倾向于对上负责。显然，对基层政府和扶贫干部的激励更多来自上级政府的考核而非困难群众。另外，基层政府比上级政府更加了解本村的实际情况，从而增加了基层政府利用信息不对称欺骗上级政府、进行精准表演的可能。在脱贫攻坚中，暗箱操作，繁文缛节等对抗竞争规则的行为成了炫耀政绩的手段和方式。为了在晋升竞争中获胜，一些扶贫干部不顾实际情况，随意将脱贫时间提前。为了显示政绩，不惜花费重金打造“面子工程”“形象工程”。为了尽早作出政绩，大多数干部倾向于选择投资周期短、见效快的项目，对投资周期长的项目避而不见。

（五）社会力量缺失

扶贫是一项涉及政治、经济、社会等多个领域的重大战略举措，需要社会各界力量共同参与、共同推进。多种社会力量共同参与、共同推进是对传统扶贫方式的有益补充，是相对于行政力量和市场力量之外的第三方力量。“新公共服务理论认为，政府不仅要履行其最基本的公共服务和公共物品供给职能，还应积极提供舞台，让公民发表意见和其他公共治理主体参与公共服务，强调打破政府管理权力的垄断，实现政府、市场组织和非营利组织合作供给。”[2]现阶段，政府是精准扶贫的主力军，但是，由政府主导的精准扶贫在促进“精准”方面存在扶贫模式单一、资源短缺、能力不足、方法欠妥等问题，亟须社会组织、民营企业、个人等社会力量共同参与，充分发挥各自的优势，形成整体合力。然而到目前为止，扶贫工作从未真正形成扶贫合力。一方面，受传统治理理念和治理模式的制约，基层政府依赖于“大政府小社会”的治理路径，对于威胁政府主体地位及其权力的行为，大多不予支持，更不愿让其他社会主体在扶贫中承担任务。另一方面，社会主体也将扶贫看作政府的职责，导致社会主体扶贫意愿弱化，缺少监督意识。由于我国社会组织处于初级发展阶段，仍存在一些不成熟的特点，所以在大多数贫困地区，基本看不到社会组织参与精准扶贫。

三 精准表演的表现形式

随着我国社会主要矛盾的变化，精准扶贫实现了从传统扶贫模式向现代扶贫模式的内涵嬗变，这种变化表现在两个方面：第一，正向积极因素不断积累；第二，弊端和缺陷也在持续发酵，这些弊端和缺陷的出现并不在于精准扶贫本身，而是更多地表现在执行主体与客体方面。精准表演从表面上看是个人工作方式的问题，将企业和机关的工作方式简单套用在扶贫工作中，并美其名曰痕迹式管理，实质上却是文牍主义、官僚主义，是一种不负责、不作为的表现。精准表演严重影响精准扶贫政策的贯彻落实。

（一）扶贫识别机制中的精准表演

精准识别是精准扶贫的重要前提，精准扶贫的首要任务就是精准识别贫困人口。目前，我国贫困人口数量一般由统计部门根据每年的贫困线和农民收入情况测算所得，自上而下分配贫困指标。县政府会根据实际情况将扶贫名额分配到各乡各村，最终由村干部识别扶贫对象。现阶段，精准识别主要通过建档立卡的方式进行，建档立卡主要通过村委会开展并逐级上报。这个过程虽然有具体的操作流程和规定，但现实却常常流于形式或由村干部决定。县政府和乡政府也难以对贫困户逐一、全面地进行核实，造成精准识别大打折扣。近年来，随着外出务工农民的增加，统计农民人均收入具有一定困难，除了依据当年国家贫困线标准以及各地地区推行的识别标准，一些村干部也会通过村民代表推荐，再由村民代表大会讨论决定的民主评议方式识别贫困户。在村干部将扶贫指标分配到各个村之前，一般会预留少量名额。这些预留名额怎样分配成了扶贫识别政策中的“盲区”。虽然村民对上级政府分配的贫困名额、实际贫困名额以及除实际贫困名额外可以填补的名额并不知晓，但是村干部对具体情况心知肚明，从而为贫困名额的分配埋下了隐患。2018 年 9 月，当河南尉氏县水坡镇横堤村的村民对识别贫困户存在较大分歧、意见难以统一时，村干部为了不得罪、不偏袒村民，索性通过“抓阄”的方式来确定贫困户，最终 15 户本不符合贫困标准的家庭“幸运入选”，导致真正需要帮扶的家庭无法得到救济。

（二）产业扶贫项目中的精准表演

产业扶贫是脱贫的主要依托，也是增加贫困群众收入的有效途径。扶贫项目中的精准表演体现在多个方面，以产业扶贫项目的落实较为集中。一些扶贫干部为了尽快完成脱贫任务，不顾贫困户缺乏技术、能力、资金以及扶贫项目融资困难等因素，脱离实际。西部某省在产业项目上为了“图省事”，筹备资金为贫困户买牛羊。为每户购买 10 只羊，每只羊卖 2000 元，10 只就是 20000 元，再按每户人口数量平均计算，脱贫任务就算完成了。但是，从养殖技术、市场销路等方面看，这种所谓的产业扶贫很难保证可持续性。有些扶贫干部甚至在牛羊病死后，仍继续为贫困户购买，当个别贫困户将牛羊偷偷卖掉被发现后，却被要求补偿养牛羊的“工资”。扶贫项目脱离实际，忽视市场风险，盲目跟风，导致很多产业同质化，产品滞销。很多贫困村成立了多种类型的农民专业合作社，但是大多数合作社仅是为了申报项目、实现个人利益而建立的空壳公司，没有办公场所、没有企业目标、没有实际经营，名存实亡，更不会对脱贫起到任何作用。而为数不多的仍在运营的一些企业和加工合作社也因资金流动受阻，举步维艰，使其引领示范作用大打折扣。值得注意的是，有些扶贫干部单纯地将产业扶贫等同于产业发展，却忽视了扶贫目标本身。有些扶贫干部在项目执行过程中监管不力，使少数人对于政策的“空子”有机可乘，打着扶贫项目的旗号大肆骗取国家扶贫资金，中饱私囊。严重阻碍了扶贫工作的正常开展，也损害了党和政府的形象。

（三）扶贫驻村干部帮扶中的精准表演

驻村干部的主要任务是开展扶贫工作，有针对性地对贫困户、贫困村进行深入调研和分析，从而起到推进贫困村经济发展、帮助贫困户脱贫的积极作用。然而，随着精准扶贫工作的持续、深入开展，懒政怠政、不作为、乱作为等现象时有发生。在实际驻村帮扶工作中，有些驻村干部缺乏对扶贫攻坚与自身责任的正确认识，还有些驻村干部把驻村当作自己“镀金”的渠道。对于基层政府而言，中央政府的扶贫计划与基层政府的发展目标不尽相同，基层在贯彻执行中央宏观政策的过程中极有可能偏离既定扶贫目标，甚至与扶贫目标相异化。表面上看似支持和拥护中央政府的决策并保留政策执行力度，却在私下做表面文章，以应付上级。

2017 年 1 月，通化市一名脱贫办副主任为应对上级检查，要求各个乡镇驻村干部提前拟定“标准答案”、并入户“指导”贫困户如何回答上级提出的问题，同时向贫困户隐瞒上级来检查的事实。由于“检查组来自不同级别的上级政府部门，不同领导的检查偏好也不同，这就促使驻村扶贫干部每次迎检，都需要推倒重来，迎合偏好。”[3]此外，“打卡”成为许多村考核村干部的重要方式，在一些贫困山区，从村到县城需要较长时间的车程，驻村书记如果遇到外出办事难以及时赶回来打卡的情况，就会遭到通报和处分，因此，只好每天驻守在村子里，反而影响了扶贫工作的正常开展。另外，扶贫档案必须由驻村第一书记填写，一式三份，不能出错，不能涂改。如果有任何改动，三份都要改，改一项就要花费好多天。还有些驻村干部不按要求工作，而是私下找人代写、代签字。某村第一书记介绍，一位贫困户仅身份证号码就填了几百次。村里一年在打印上的花费不少于 2 万元，而填表的目的只是为了迎合检查。

（四）扶贫资金使用中的精准表演

随着国家对精准扶贫工作的高度重视，国家扶贫资金在持续投入，精准扶贫资金投入对于减少贫困人口、增加农民收入方面发挥着积极有效的作用，但是这种投入却是低效的，“贫困人口的脱贫难度及返贫困、农村扶贫进程中的贫富差距及‘输血’强劲‘造血’不足等问题仍在日益加剧。”[4]2018 年 11 月 21 日，阜阳市颍州区为了迎接市领导检查验收脱贫情况，扶贫办不惜以 60 万元预算采购“脱贫摘帽宣传片”，并且建议采用单一方式进行采购，指定了由某公司承办，并称该公司体系健全、工作经验丰富、公司信誉高、服务质量好。60 万元对于扶贫办来说，或许只是一个宣传片，但是对于贫困家庭来说却可能是一笔救命钱，也让以 60 万元采购一个宣传片显得格外刺眼。毕竟，扶贫资金是宝贵的，每一分钱都应该花在群众需要的地方。更加让人质疑的是，采购方式的来源也被指定，而且没有任何竞争。

还有的村庄花费数万元为村庄主要道路设置宣传牌、标识牌，目的仅仅是为了让检查组看着舒服。在南阳市南召县一段不到十分钟的车程中，居然有上百条扶贫口号，凡是有墙、有树的地方，都有扶贫口号；凡是有口号的地方都写有“扶贫”两个字。据走访调查，这种现象在全国都较为普遍。一位村长无奈地表示，5 万元扶贫款拨给村里，到贫困户手里只剩下 2 万元，另外 3 万元用在制作扶贫口号上。在扶贫干部看来，这或许是向上级反馈工作的最好方式，然而，如此精准表演即使让领导看着舒服，扶贫、脱贫没有解决，最终仍然难免被批评。

（五）扶贫考核问责中的精准表演

未能在第一时间接听脱贫攻坚巡查组电话，被领导处分；扶贫手册中写错两个标点符号登上“黑榜”、全县通报、扣除一年的绩效奖励；一名驻村干部看手机被进村检查扶贫工作的市领导看见，被给予处分。虽然让人大跌眼镜，却都是发生在农村的真实案例。“不干不作为、少干慢作为、多干乱作为”成为一些基层扶贫干部调侃的说法。调侃背后折射出一些农村地区在扶贫考核中存在的问责“跑偏”现象。部分地方干部滥用权力导致了问责“跑偏”，在问责“跑偏”的背后，也暴露出扶贫考核机制本身存在的问题。

西部某省一个贫困县规定，扶贫手册不能出现任何填写错误，涂改不能超过两处。2018 年上半年，在西部某市一次县领导检查扶贫工作中，发现一份扶贫手册中的两处标点符号存在错误，随后，填写扶贫手册的干部登上“黑榜”，还被全县通报并扣除一年的绩效奖励。2018 年 11 月 16 日，安徽全椒县一名扶贫干部下班后未及时接听省扶贫组电话被给予党内警告处分。慑于泛滥问责、过分问责，导致基层扶贫干部无所适从，这些地方干部如此任性的“权力”和“任性”的处分依据何在？事实上这些干部并没有真正了解扶贫工作的实质，歪曲了中央精神，也就无法抓住扶贫检查的重点，从而在填写资料、看手机、未及时接电话等枝节问题上“做文章”。在检查考核中不依据事实，发现一点小事就问责、给处分，看似工作认真负责，实则问责简单化、粗暴化，如此举动也给扶贫干部带来了较大的工作压力，既削弱了问责的权威性，也打击了扶贫干部的积极性。

四 农村精准表演的改进及其矫治

精准表演使合法性资源流失，损害了扶贫工作的公信力，也伤害了群众的真情实感。扶贫干部一旦沾染了精准表演的恶习，必然把精准扶贫的贯彻执行抛到脑后，打着精准扶贫的旗号捞取政治资本和经济利益，严重影响社会风气。精准扶贫与精准表演水火不相容，当精准表演大行其道，就会影响精准扶贫的实施成效。习近平总书记高度重视扶贫领域中存在的形式主义等作风问题，多次就扶贫领域存在的突出问题作出重要指示。为了贯彻落实习近平总书记关于开展扶贫领域腐败与作风问题专项治理的重要指示，2017 年 12 月 8 日，国务院扶贫开发领导小组在全国范围开展了扶贫领域作风专项治理。2018 年 9 月 25 日，中央纪委办公厅印发了《关于贯彻落实习近平总书记重要指示精神集中整治形式主义、官僚主义的工作意见》，就集中整治形式主义、官僚主义作风提出了宝贵的工作意见。

（一）加强乡村制度权威建设

制度权威是防止扶贫干部滥用权力的第一道“防护墙”。制度由正式制度（法律、法规、契约、规章）和非正式制度（伦理道德、习俗、意识形态）组成。“制度权威是衡量制度发挥作用和有效性的重要标尺，表现为人们对制度的服从关系。”[5]当前的精准扶贫并非缺乏有效的制度规范，而是制度权威不强、制度失灵。在大多数贫困地区，正式制度运行受阻，非正式制度发挥着更大作用。面对复杂的精准扶贫政策执行环境，强化乡村制度权威是确保扶贫干部执行精准扶贫政策的有效方式。应注重正式制度与非正式制度之间的协调与统一。正式制度将扶贫干部的政策执行限制在法律法规执行的范围内，非正式制度虽然可以因时因地采取灵活多样的方式执行政策，但是非正式制度必以正式制度为前提，并且与正式制度总体保持一致。因此乡村制度权威建设应该遵守两个原则：一方面为了确保法律和政策的严肃性和权威性，扶贫干部在执行政策时必须遵照法律、政策的精神实质，按照精准扶贫政策规定的内容、标准、绩效指标执行。另一方面，“在不违背法律法规基本精神并且与扶贫政策方向保持一致的前提下，扶贫干部应具有适度的自由裁量权，灵活地制定具有可操作性和适应性的执行方案，把精准扶贫政策进行‘地方化’并完善地方性规范是村组干部合法合理有效执行精准扶贫政策的核心要素。”[6]这也说明扶贫干部在执行精准扶贫政策的过程中既应具备原则性，也应具备灵活性。

（二）注重扶贫实效推进精准施策

扶贫工作不能有丝毫犹豫懈怠，更不能有丝毫弄虚作假。因此，针对扶贫领域出现的问题，及时开展扶贫作风问题专项治理尤为必要。一方面，在继续坚持行之有效的扶贫政策和制度的基础上，充分发挥新时代中国特色社会主义制度的理论优势和政治优势。另一方面，不断对现有扶贫脱贫方式和政策进行探索、完善。“攻坚脱贫要取得实实在在的效果，关键是要找准路子、构建好的体制机制，抓重点、解难点、把握着力点。空喊口号、好大喜功、胸中无数、盲目蛮干不行，搞大灌水、走马观花、大而化之、手榴弹炸跳蚤也不行，必须在精准施策上出实招、在精准推进上下功夫、在精准落地上见实效。”[7]越是基层地区越需要减负，越需要实干，因此为了进一步减轻扶贫干部负担并推进精准施策，很多繁文缛节应被杜绝。2017 年 7 月 24 日，国务院扶贫办发布了《关于进一步克服形式主义减轻基层负担的通知》，明确规定要减少填表报数、减少检查考评等耗费扶贫干部大量时间和精力的工作。必须清醒地认识到，哪里有弄虚作假、本末倒置的检查与考核，哪里就有形式主义和官僚主义的精准表演。扶贫工作绝不是填报表格、迎接检查、陪会参会就可以落实的，而是要真正深入农村、深入农民。要从贫困群众的需要出发，建立契合地方具体实际的考核指标，切实帮贫困村找资金、促合作、带动经济发展，将管理、考核方式与地方特殊性、扶贫干部专长和工作任务相结合，坚持因时制宜、因地制宜、因人制宜原则，激发扶贫干部在扶贫开发中的主动性、积极性，以脱贫成绩检验扶贫工作并根据不足之处调整工作方式。

（三）增强大局意识避免政治失信

习近平总书记多次强调，党员干部要增强大局意识和政治意识。精准扶贫不仅是党员干部的政治责任，也是党员干部的政治任务。因此，要将这种政治责任和政治任务贯穿到精准扶贫工作中，并以高度的政治责任和全局观念阐释精准扶贫，坚决打消任何懈怠、懒散情绪。现阶段，几乎所有省份都将精准扶贫作为头等政治任务，在这种压力下，扶贫工作易发生政策性偏差，也面临较大的政治风险。“为了防止精准扶贫中的政治风险，首先要明白精准扶贫是国家治理的利器，应从政权建设、政治稳定、政治发展的高度去看待精准扶贫，而不能仅仅将其视为一般的公共政策或社会政策。”[8]因此，精准扶贫要从治国理政的大局出发，精准落实扶贫政策，以保障贫困群众的利益为出发点，让困难群众切实感受到精准扶贫政策带来的获得感和满足感，从而体现政党执政的优越性和合法性，这不仅是扶贫干部的职业责任，也是全面建成小康社会的政治责任。将精准扶贫提升到国家治理的高度，完善扶贫治理体制机制，坚持实事求是的工作作风是破解精准表演的重要方式，切忌“图省事”而搞“一刀切”模式。一些扶贫干部搞的“走过场”“形象工程”实际上是“四风”的体现，必须要加以重视并予以改正。

（四）强化民主参与激发内生动力

实施扶贫政策、实现精准脱贫，贫困户和社会力量的广泛参与和有力支持必不可少。如果没有贫困户和社会力量的参与而完全依靠外力的推动则很难实现扶贫目标，即使实现了也难以持久。为了提高扶贫政策的执行效果，需要调动贫困户自主参与的积极性、主动性，确立贫困户在精准扶贫中的主体地位。激发贫困户参与的积极性和主动性，激励贫困户参与的积极性和主动性的前提是保持供需平衡，通过综合措施、通过满足其基本需求来激发贫困户对扶贫观念的自觉认同和参与渴望，通过政策落实、规范市场和贫困群体在精准扶贫中的义务和权利，破解其在参与扶贫发展中的瓶颈。“精准扶贫中的民主，除了自上而下的承诺、推动和动员之外，还需要在精准扶贫的实践中完善民主细节，拓展民主空间，提升民主能力。”[9]充分挖掘乡村社会蕴含的民主要素，只有将乡村社会自身蕴含的民主转化为具体的扶贫举措，才能够实现永续脱贫。

激发贫困地区的内生动力有助于摆脱精准表演，使贫困村实现自主“造血”。虽然，政府为贫困村发展经济提供了良好的政策支持，但是受作秀扶贫的影响，使原本用于扶贫的资金被套取。另外，贫困户“等、靠、要”等“顽疾”的深入，也使得贫困地区难以利用大环境和国家政策。因此，要把提升内生动力作为精准扶贫的重中之重，提升贫困群体的话语权，完善贫困群体的参与机制，保障贫困群体的参与权利，充分发挥贫困群体在精准脱贫中的主体作用。构建适合地方实际的扶贫协作机制，以便为精准脱贫提供内生动力。

（五）坚持求真务实端正扶贫作风

一些扶贫干部存在错误的扶贫理念，做任何事首先想到的是自己的政绩和利益，关心的是自己的工作能否被领导看到？是否对升官有利？却对贫困群众的利益漠不关心，正是这种精致的利己主义导致精准表演屡禁不止。之所以出现这种情况的主要原因是名利观不正确。如果扶贫干部无法做到心系困难群众，继续在精准扶贫中作秀、表演，那么无论怎样“扶”，都无法帮贫困户“扶出”贫困。

习近平总书记指出：“打赢脱贫攻坚战不是搞运动，一阵风，要真扶贫、扶真贫、真脱贫。要经得起历史检验，要做到谋划实、推进实、作风实，求真务实，真抓实干。”[10]要牢固树立对脱贫工作高度负责的态度，凡是不利于扶贫工作的因素，无论以哪种形式出现，都必须抵制。将贫困群众的疾苦当成自己的疾苦，急群众之所急，想群众之所想。每个扶贫干部都应该树立从自身做起的精神。不能将反对形式主义、官僚主义仅仅停留在口号上，必须亲力亲为、身体力行。对于贫困户要挨家挨户登门走访，深入了解每家每户导致贫困的具体原因，根据不同的致贫原因探索、完善现有扶贫方式和政策，只有这样才能真正帮到点子上。切忌不分轻重缓急，不分主次，更不能为了扶贫而扶贫，为了写材料而写材料，为了应付检查而应付检查，从而导致作秀式扶贫不断上演。必须坚持一切从实际出发，尊重客观实际，不脱离实际、不劳民伤财、不弄虚作假、不急功近利，树立求真务实的扶贫风气和扶贫导向。当前，攻坚脱贫任务异常艰巨，但是对待扶贫干部仍然要坚持严肃问责，坚持激励和约束并重、严管和厚爱相结合，对弄虚作假、搞形象工程等不良行为，严肃查处，绝不姑息。

五 结论

近年来，《人民日报》等媒体数次发文痛批多地在精准扶贫中存在的形式主义、官僚主义等不正之风，并引发社会各界的广泛关注。2017 年国务院扶贫办发布通知，“要求各地减少填表报数、检查考评、会议活动和发文数量，规范调查研究，切实减轻基层负担。”[11]遗憾的是，迄今为止，形式主义、官僚主义之风不但屡禁不止，甚至在一些基层愈演愈烈。如果扶贫领域腐败和作风问题得不到有效整治，精准扶贫就难以落到实处。“扶贫无案牍劳形，脱贫方成事可冀。扶贫工作有自身的特殊性，搞形式主义、官僚主义肯定行不通。各级扶贫部门既要潜心总结经验和不足，又要根据新的形势及时调整政策。”[12] “精准扶贫的出发点就是要认清贫困者致贫的根本原因所在，进而对贫困者有针对性地帮扶。这样的扶贫才是有效的扶贫，才会帮助扶贫户彻底走出贫困，而不会出现以往扶贫工作中遇到的贫困者接受扶助后又‘返贫’的现象”。[13]因此，我们要“牢记习近平总书记对脱贫攻坚的要求，坚定实现全面小康的意志，以求真务实的作风，攻坚克难、不懈奋斗，我们就一定能打赢脱贫攻坚战，让全体人民都过上好日子。”[14]

参考文献：

[1] 白描．中国精准扶贫的实践与思考——中国精准扶贫进展与前瞻研讨会综述[J]. 中国农村经济，2018（4）：140—144.

[2]［美］奥斯特罗姆·余逊达．公共事物的治理之道：集体行动制度的演进［M］. 余逊达，陈旭东译，上海：上海译文出版社，2012.

[3] 李尧磊，韩承鹏．驻村帮扶干部何以异化？——基于石村的个案调查[J]. 党政研究，2018（6）：118—126.

[4] 陈俊．新世纪以来中国农村扶贫开发面临的困境[J]. 学术界，2013（9）：227—234.

[5] 李松玉．乡村治理中的制度权威建设[J]. 中国行政管理，2015（3）：80—84.

[6] 李金龙，杨洁．农村精准扶贫政策执行的失范及其矫正——基于街头官僚理论视角[J]. 青海社会科学，2017（4）：120—127.

[7] 十八大以来重要文献选编［M］. 北京：中央文献出版社，2018：38.

[8] 白维军．精准扶贫的风险识别与治理[J]. 社会科学辑刊，2018（3）：77.
[9] 慕良泽．中国农村精准扶贫的三重维度检视及内在逻辑调适[J]. 农业经济问题，2018（10）：60—68.
[10] 习近平扶贫论述摘编［M］．北京：中央文献出版社，2018：56.
[11] 国务院扶贫办要求力戒形式主义［N］．人民日报，2017 -07 -25（2）．
[12] 钟超．莫把精准扶贫变成“精准填表”［N］．光明日报，2018 -08 -23（2）．
[13] 虞崇胜，余扬．提升可行能力：精准扶贫的政治哲学基础分析[J]. 行政论坛，2016（1）：22—25.
[14] 李洪兴．攻坚脱贫离不开一个“实”字［N］．人民日报，2018 -05 -17（5）．

An Cure for Targeted Poverty Alleviation and Precise Performance in Rural Areas

Zhang Aijun[1]；*ZhangYuan*[2]
(1 School of Journalism And Communication, Northwest University of Political Science And Law, Xian, China 710061;
2 School of Marxism, Liaoning Normal University, Dalian, China 116029)

Abstract: Targeted poverty alleviation is a strategic adjustment for government to adapt to the situation of aiding the poor and shaking off poverty in the new era and the change and innovation in original approach to fighting poverty. Implement the strategy for targeted poverty alleviation is the key problem of securing a decisive victory in building a moderately prosperous society. It is also the first civil engineering and major political task to the governments at all levels in the 13th five-year plan period. As anti-poverty work is in full swing, some malpractices about “false overcome poverty” can't be stopped, go through the motions and cheating and other formism problem highlights leading to the play-acting still unceasingly present, poverty alleviation deviate the central policy and direction. It is imperative for depth analysis the causes about precise performance and correct in it in order to help the poor get rid of poverty on time. We should strengthen system authority, emphasize practical results, promote accurate policy-level, enhance overall situation consciousness, avoid political hazard, intensify democratic participation, advance internal demands, persist in pragmatic and straight behavior of poverty alleviation.

Key words: cure for targeted poverty alleviation; precise performance; poverty alleviation cadres; poor households

论乡村振兴中乡风文明协同治理机制的构建*

董小红[1,2]　刘浩田[1]
（1 华中师范大学法学院　湖北武汉　430079
2 湖北省中国特色社会主义理论体系研究中心华师分中心
湖北武汉　430079）

内容提要： 乡风文明是乡村振兴的文化基础与持久动力。传统的乡风文明建设以乡镇政府的一元治理为核心，难以衍生乡风活力与内生文明。基于协同学原理，承认和发展基层党委、乡镇政府、村党支部、村委会、社会组织和经济组织、乡贤乡民等多元主体的建设功用，以共识形成机制、行动整合机制、沟通交流机制、成效共享机制为四大序参数，构建乡风文明建设的新型协同治理机制，并在机制运行中须兼顾理性全局观意识、权利意识与事权意识，实现主体协调共赢与乡风文明建设的持久兴盛。

关键词： 乡村振兴；乡风文明；协同治理机制

继2018年中央一号文件对乡村振兴战略进行了详细擘画后，2018年9月，中共中央、国务院印发《乡村振兴战略规划（2018—2022）》（以下简称《规划》），专篇讨论"繁荣发展农村文化"和"健全现代乡村治

---

* 基金项目：国家社会科学基金一般项目"产权式治理：农村集体资产股份权能改革的治理效应研究"（18BZZ105）；国家社科基金一般项目，"河长制"设立背景下地方主官水治理责任问题研究（17BZZ044）。

作者简介：董小红（1971—　），女，湖北荆门人，华中师范大学法学院副教授，法学博士，主要从事基层法治治理与非诉讼纠纷解决机制研究；刘浩田（1998—　），男，广东广州人，华中师范大学法学院法学学士。

理体系”。《规划》指出，要建立健全党委领导、政府负责、社会协同、公众参与、法治保障的现代乡村社会治理体制，推动乡村组织振兴，打造充满活力、和谐有序的善治乡村。过去，传统的乡村治理模式突出表现在“公共权力资源配置的单极化和公共权力运用的单向性。其深刻根源在于公共权力主要依靠暴力或对稀缺性的权力资源（如土地、资本等）的垄断性占有所获取，而不是公共选择的结果。”[1]基层政府在乡风文明建设中处于绝对的统辖地位，村委会、社会组织与经济组织包括广大乡民缺乏参与乡治的自主权和能动性。但是，伴随着政府由全能型向服务型转变，乡镇政府在基层权力结构中居高临下的势态逐渐减退，转而被多元主体的协同治理和公共参与所替代。协同治理模式已经在部分乡村平稳运行并产生了正向绩效，只是在实践之外，乡风文明建设领域的协同机制理论在系统化、科学化上仍付之阙如。乡风文明建设作为乡村振兴的文化基础与持久动力，我们认为应引进协同学原理构建乡风文明建设的协同治理机制，以此促进基层党组织、基层政府、社会组织、经济组织和新乡贤等多元主体深度耦合，让乡风文明建设持久兴盛。

一 新中国以来传统乡风文明建设机制的演进及弊端

（一）我国传统乡风文明建设机制的演进

在改革开放以前，新中国的乡风文明建设机制以人民公社化运动为中心，通过自上而下的“政党运动”与乡村政权相结合对乡村治理之权力进行重组，将国家政权直接延伸到农村社会最基层——行政村的村庄内部，形成了国家同构社会的局面。[2]此时，乡风文明建设被纳入国家严格的集中支配和统一管制之中，乡治主体高度单一化。虽然这种机制能够保证国家精神文明政策完满落地，却不能充分调动农民的参与积极性，使乡风文明建设在经济成分过纯之下失去了生机与内在动力。

改革开放后，由于家庭联产承包责任制的推行，农村经济活动空间空前扩大，人民公社管理体制逐步过渡到村民自治。随着农村经济体制改革，特别是在权力结构调整赋予乡村自治更大自主权后，农村集体经济组织、村委会和农民迫切寻找物质文明的增长点，却忽视了以乡风文明为核心的精神文明建设，不少农村在追逐利益过程中跛脚前行。仅以中央一号文件统计为例，从1982年中央发出第一个关于“三农”问题的一号文件到2012年30年间，有14个专注“三农”的顶层设计中仅有3个涵盖农村精神文明、文化教育规划①，其余均以农民增收、农业科技或农村土地等为主线。彼时，乡镇政府当仁不让地成为了乡风文明建设的核心，而村委会、农村集体经济组织和农民成为运用公权力获取经济收益的三大支点：村委会成为了实际的基层权力组织，直接落实乡镇政府的管理政策；经济组织在集体土地权利分配上受制于乡镇政府，变相为农村收益而牺牲公共文明建设；农民中的大多数加入了城市劳动力流动大军，客观上丧失农村自治的政治参与敏锐度和文化积淀贡献感，使乡风文明长期滞后于农村经济发展。不过，这种现象在沿海开放城市并不显著，相反，大部分沿海城市辐射的城郊地区受现代文明的猛烈侵蚀，已经异变为丢失传统乡风文明的城市附属品，从一个极端走向了另一个极端。

（二）我国传统乡风文明建设机制的弊端

第一，乡镇政府统摄乡风文明建设的全过程、各方面，但其余组织权力与其交织不清，呈现出与之间接冲突，或被其限制的关系。一方面，基层党委与乡镇政府属于领导与被领导的关系，而乡村党支部按照《中国共产党农村基层组织工作条例》的规定，是农村基层社会治理中各种组织和各项工作的核心，垂直地被上级基层党委领导。由此，村党支部并不直接接受乡镇政府的管理，但在实际管理中因为农村“两委”矛盾导致基层政权边界模糊，乡风文明建设职责权属无法确定。另一方面，村委会、农村集体经济组织和村民等主体由于长期的计划体制和行政惯性，并不能充分自觉行使农村自治权能，对乡镇政府具有较强的依赖性和从属性，由此导致乡村难以衍生和扩散先进的内生文明，而只能自上至下地被动接受“政策风俗”。这又凸显乡镇政府建设乡风文明的垄断性与一元化，其过度挤占乡村民主和文明新风的生存空间。

第二，乡风文明建设被放诸物质积累的第二位，呈现出“两头变异，中间停滞”的窘迫局面。一方面，在改革开放前几乎被消灭的宗族势力和落后风俗开始抬头，传统的血缘政治和氏族网络缔结日进，特别是村委会和农村集体经济组织在土地政策、红利分配、民主选举等方面具有实际

① 2006年、2007年和2010年三个中央“一号文件”，其中以2006年的《中共中央国务院关于推进社会主义新农村建设的若干意见》最为详尽。

决策权，宗族联结控制农村自治组织的并不罕见。此时，不仅农村经济命脉可能被不当把控，乡风文明建设也会在庞大的宗族或黑恶势力挟持下走向恶化。另一方面，沿海新兴农村受城市经济上涨的辐射过强，征地开发、工厂迁移、旅游服务等迅速排挤淳朴乡风的原生态环境，导致乡风文明成为经济发展的牺牲品或装饰物。此外，部分乡村乡风文明进程缓慢甚至停滞，既对剥夺外嫁女、外出务工人员权益等陈规陋俗视而不见，又对现有城市文明和新兴文化故步自封，乡风与世风开始严重脱节。

第三，乡风文明建设的方式单一。单薄的政策机制与垂直的行政管理机制，缺乏协同性、稳定性和前瞻性，不能在建设主体间形成有效共识，导致乡风文明建设渠道相对偏狭，部分乡镇政府推行政策过于生硬、流于形式，使得移风易俗、信息交互、价值引导等基本建设功能都没有体现出来。

二 乡村振兴中乡风文明协同治理机制的构建

上述一元主体治理乡风的传统模式引起了学界对乡村多元化治理模式的探索和思考。在党的十八大召开后，乡村治理拥有了新思路、新战略和新方法。现有的研究大致有以下几种思路：一是从主体功能出发，主张多元主体合作，在尊重乡镇政府权力特殊地位后，给予社会力量有效参与乡村公共事务的重组空间[3]；二是从制度效益出发，主张权力主体要关注制度的协调性和统一性，创新农村民主管理协商治理机制[4]；三是从协同治理出发，塑造新型的“政府—社区（社会）—市场”关系或者是理顺县乡关系，实现从压力型向民主合作型体制的转变[5]。这些研究相较于传统治理方法确实有不少进益，对乡镇政府之外的多元主体给予了充足关切。但是，前两种思路并没有对多元主体的功能耦合提出翔实举措，而是在主体优势和各自定位中寻找调适的平衡点，以多元外壳包装了线性思维，很可能会落入单向传导的传统模式，即在基层党委的领导下，乡镇政府负责牵头组织实施乡风文明建设，通过工作布置的方式将政令下达给村委会、经济组织和社会组织等，以此从形式上完成乡风文明的建设。第三种思路尽管以协同学切入，开辟了新的治理方式，但是只简单论述政府、社区、市场等多个要素与系统之间密切勾连的格局，既忽视要素与要素之间的协同进益，又没有以序参数之间的协调、合作、互补为核心。基于这三种研究思路的弊端，我们从协同学基本原理出发，认为乡风文明建设的多元主体协同机制应符合下述机理：

（一）乡风文明建设协同治理机制构建思路与运行机理

1. 协同治理机制的构建思路

根据协同学一般原理，自组织是系统由无序变为有序的相变过程，而系统之间既协同又竞争，个中规律在于：协同形成结构，竞争促进发展。因此，协同运行的前提是具有多个子系统，否则不可能产生系统之间的协同或竞争，而系统可以在序参数达到一定“阈值”时内部形成相互关联、默契合作的协同效应，共同完成既定的终极目标，促使部分之和大于整体。因此，在乡风文明建设的协同机制中，要确保多元主体而非一元主体作为子系统通过协同形成自组织，又要找到最具影响力的序参数以完善系统之间的协同和竞争，在结构和功能上产生超越原有思路的新型机制。

2. 协同治理机制的运行机理

首先，乡风文明协同治理前提在于承认和发展基层党委、乡镇政府、村党支部、村委会、社会组织和经济组织、村民等多元主体的合理性，允许并尊重它们参与乡风文明的公共治理。如果否认乡镇政府之外的主体具备建设乡风文明的正当性，就无异于肯定全能型政府的延续和管制，导致协同机制回归到一元把控的协调机制。相反，正如美国政治学家亨廷顿指出的“一个处于现代化的社会，其政治共同体的建立，应当在横向上能够将社会群体加以融合，在纵向上能把社会和经济阶级加以同化”[6]。倡导多元主体并存，是摒弃片面地、孤立地看待要素功能，并为各子系统提供协同空间的第一要义。

其次，乡风文明协同治理之子系统之间需要保持协同关系（见图1）。子系统中并不排斥其中任何一个系统处于主导地位，系统之间仍需要沟通对话与平等协商。在我国，基层乡镇政府管理乡风文明建设经验足、成效大，由其作为主要子系统主导其余子系统形成自组织，符合历史渊源和实践要求，但是主导不同于强权。协同学认为，“最终哪种结构得以实现，将取决于各个集体运动形式（方式）的增长率，这一观点意味着这些不同的运动形式不断相互竞争。”[7]过纯的政府主导会抹杀其他主体的创造积极性。其实，子系统之间应当通过信息交互、动态合作等方式共同参与乡风文明建设，在各参与者的资源共享中实现协同利益最大化。当然，政府主导的程度关键取决于选择并拿捏好序参数，使其协同效应既不会过于弱小又不会大而不当。

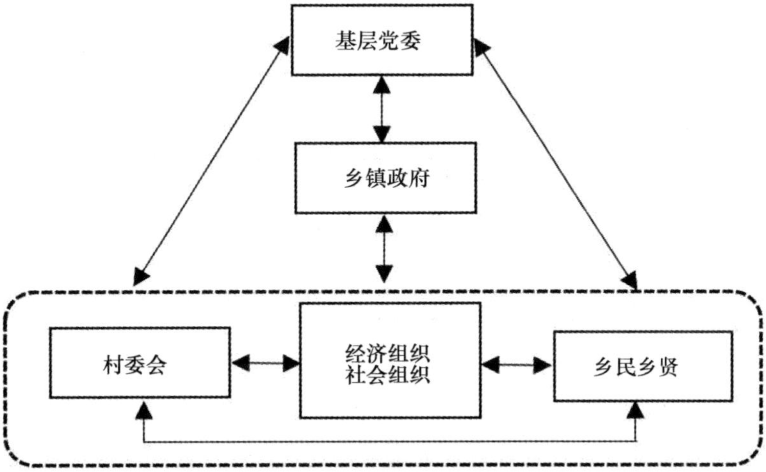

图 1　乡风文明协同治理机制

在序参数的干预下，原本混沌、无序的乡风文明建设机制将在统一目标、相互支持和规范结构下得到整合。而序参数自然不是单一的，在序参数的相互竞争和协同中，系统产生了自组织秩序，其中尤以法律和政策规则的制定为核心。原因在于，协同治理机制是一种集体行为，而每个主体囿于利益顾虑、权力依附或文化心理等，并不具有充足的合作意愿和贡献激情，导致合理的乡风文明建设结构无法达成。但是，规则制定达成了事前、事中行为规范和事后成果、责任分配原则，主体之间不仅可以在规则之下通过意思自治、协商协作发挥自组织井然有序的自发协同效应，还可以直接运用人为规则定分止争，在序参数“阈值”的临界点附近消解协同阻碍，令乡风文明建设主体的协同效益倍增。其中，乡风文明建设机制的规则制定作为母序参数，又包含共识形成机制、行动整合机制、沟通交流机制、成效共享机制等四个子序参数。（见图 2）

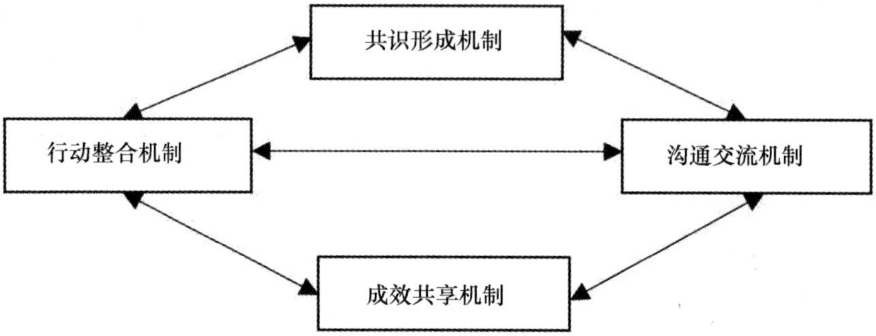

图 2　乡风文明建设协同机制的序参数

（二）乡风文明建设的共识形成机制：实现目标协同

社会系统学派认为，任何协同系统都包含三个基本要素：协同意愿、共同目标和信息沟通。[8]可见，共识是协同的基础。在乡风文明建设的多元主体中，各主体的具体目标基于利益导向不同而存在明显差异：乡镇政府和村委会注重落实政策，营造社会主义新农村新风貌；其他经济组织、社会组织或乡民注重传统风俗和民间文化。由此乡风文明建设必须敲开共识的大门，使多元化主体的行为者都认识到，培育文明乡风、良好家风、淳朴民风，是每一个主体义不容辞的责任。而科学的共识形成机制，通过有效沟通，可以将过往的强制变为将来的并进，促进乡风文明建设目标协同。具体而言，各主体在共识形成机制方面应采取的行动如下：

第一，基层党委以“城乡党建结对共建”为契机，积极传导社会主义核心价值观和城市先进精神文明成果，指引乡镇政府及其他建设主体将国家政策贯彻到底，促使新型乡风在党的领导下不变色、不走样，有亮点、有成效。同时，基层党委要积极协助村党组织培育专业协会类、公益慈善类、便民服务类等社会组织，积极发展民事调解、文化娱乐、道德评议会、红白喜事理事会和禁赌禁毒会等公益组织，鼓励和引导乡镇政府、村委会及各类组织积极参与基层治理，凝聚广泛的乡风共识。

第二，乡镇政府承上启下，在党委领导下具体落实新时代乡风文明建设制度。首先，乡镇政府要摈弃以往的政府全能主义自我认识，积极转变政府职能。其次，乡镇政府要加大资金扶持力度，通过财政工具对积极参与乡风文明建设的村委会、经济组织、社会组织或个人给予激励，并对可以转化为实际生产力的文化产品加大投入，增加优秀乡风的资源产出，形成"乡风投入—文明产出—增加乡风投入"的良性循环，使建设文明乡风的多重功效成为多元主体的普适认知。最后，乡镇政府还必须出重拳打击乡村黑恶势力、封建残余、宗教迷信和落后风俗，以兴办学校、推广乡贤服务等方式抵御过时乡风的侵蚀，使文明乡风共识不受袭扰和玷污。

第三，村民委员会作为乡风形成和维系的关键子系统，需要充分发挥其自治属性和民主功用，通过自治章程、乡规民约使零散的乡风习俗、个性的历史传统凝结和上升为乡民集体意志。本着村民本位的精神重新建章立制，彰显村委会自发自治的自组织效能，使共识机制这一系统演变为有序结构，传达整体共识。

第四，农村集体经济组织和其他经济组织、社会组织作为乡风文明建设的润滑剂，可广泛参与到系列乡风文明建设活动之中。比如乡镇政府举办村委会承办的经济活动、文化活动、优秀楷模的评选活动，乃至乡民自发的宗族活动等，他们以其独有的专业优势、社会资源和角色定位构建文明乡风。尤其当《民法总则》第99条赋予农村集体经济组织特别法人地位之后，其更应以先进生产力带领乡亲共同致富，以改革创新的时代精神作为凝结乡民共识的支点，为乡风文明建设提供夯实的物资经济基础；同时政府也可鼓励有经济实力的经济组织回馈社会，比如出资修路修学校、资助贫困学子上学、组织员工慰问帮扶特困户、开展丰富多样的村民文化娱乐活动等，以此让互帮互助温暖的民风薪火相传。

第五，乡民应作为乡风文明建设的主体之一，乡镇政府和村委会可以从中遴选出有能力、有担当的新乡贤积极参与乡风文明建设，注重典型示范效应和乡贤凝聚力，对村民信服、群众基础良好、德才兼备的新乡贤应加大宣传力度，树立为乡民学习的典范，发挥乡风善治之中道德楷模的引领作用。在湖北恩施，"村医村教进两委"在尊师重道的文化网络中取得实效，充分调动了乡村精英的智力资源，成为乡村治理体系和治理能力现代化的缩影。[9]此外，还可通过基层司法局的大力协助，使新乡贤掌握基本的立法技术和调解技巧，在村规民约的制定与民事纠纷的调解等方面发挥建设性作用，使之成为乡风文明建设中不可或缺的组成部分。总之，乡风文明建设共识形成机制，需要形塑共享向上、向善、向好、崇礼重教的文明乡风氛围，有利于提升社会服务质量，改善并提高地区的生活品质。

（三）乡风文明建设的行动整合机制：实现功能协同

乡风文明建设协同系统之所以能够让分散的多元主体产生一致的行

动，主要依赖主动协作和被动适应两种动力。在主动牵引力和被动推动力相加作用下，乡风文明建设主体行动发生整合。各主体在共同的利益愿景基础上，受到共享效益的引导，愿意为追求共享效益采取协同行动，进而增加乡风文明建设系统的整体功能。其中，又以乡镇政府指导制定的乡规民约作为功能协同的中心序参数，以其蕴含的自治、法治、德治的“三治合一”为乡风文明行动整合的核心手段。

首先，基层党委、乡镇政府应当把控好乡风文明建设中“法治”的保障地位。基层党委要协助结对支部、下级支部完善村级治理体系，将党的路线、方针和政策严格落实到村组村民。同时，需要协助村党组织引导村民共同参与讨论、修订和遵守村规民约、院坝公约，形成依法立约、以约治村的良好格局。乡镇政府要指导乡规民约的制定与落实，确保将“民治”“民享”与“民用”理念贯彻到新时代的乡规民约之中，彻底革除宗族霸权和不法势力，营造乡规民约实施的清朗环境。

其次，村委会及其他经济组织、社会组织应当健全自组织的“自治”功能，在基层党委和乡镇政府指导、乡民踊跃参与下，根据自治章程、乡规民约，培育专业协会类、公益慈善类、便民服务类等社会组织，积极发展民事调解、文化娱乐、红白喜事理事会和道德评议会、禁赌禁毒会等有益组织，鼓励和引导他们积极参与基层治理。这些组织将错综复杂的乡民关系在统一的自治规则下予以理顺，使原本攀缘依附于各种宗族权力和血缘权威的文化价值被重组，创造性地赋予了农村社会组织、经济组织建设乡风文明的集体性、同向性和严密性，突破了家族共同体在乡风文明建设中的局限性。

最后，积极发挥新时代乡贤的“德治”功用。这里的道德并非指“义务性道德”，而是指“愿望性道德”，“它是善的生活的道德、卓越的道德以及充分实现人之力量的道德。”[10]在乡风文明塑造和定型中，单靠政策定向与形式的教育宣讲，对移风易俗、培育新风等不能起到长期效果。因为“生活在乡土社会中的人们并不感到没有‘法律’指导生活的不便。相反，秩序和规范弥散在社会之中的，通过耳濡目染、言传身教、世代相继而为当地人所熟知”[11]。乡贤在乡土社会中已经成为实际的行为模范，在乡土社会的权力网络中处于上下协调、德泽乡梓的位置。乡风文明导向如果缺乏乡贤德治的系统协同，就会导致法治无法落地、自治迷失方向，其行动整合亦难免沦为空谈。

自宋代《吕氏乡约》以来，我国从乡规民约到自治章程，都体现出德业相劝、过失相规、礼法相交和患难相恤的特点，凝结了乡风文明浸养千年的底蕴和风华。通过乡规民约的民主缔结、诚信遵守，多元主体能够相向而行，并能发挥自组织在政府指导下的自我管理、自我教育、自我服务和自我监督的功效，在乡风文明建设中促进乡村治理科学化与系统化。

（四）乡风文明建设的沟通交流机制：实现资源协同

乡风文明建设中，资源协同是重要的序参数，它决定着乡风文明的内涵和外延，也影响乡风文明能否可持续发展。当前，乡风文明建设资源条块分割严峻、“单位制”惯性依旧强大。首先，这是由于经济资源的来源相对单一、后继匮乏。就乡村教育而论，据《中国统计年鉴2018》，2017年我国公共财政教育经费投入2.77亿元，但民办学校举办者投入仅203万元，体量差距之大可见一斑。并且，乡村小学专任教师逐年递减，乡村教育缺乏社会资源、严重依赖财政支持。其次，文化资源区域失衡、发展缓慢。在文化机构铺设上，2017年全国共有乡镇文化站41193个，仅比2016年增加18个。就图书馆服务而言，在长江流域，中西部地区人均公共图书馆藏量均不超过1册，而至上海陡增到3册以上。[12]微妙的是，在中西部地区，既有如云南、江西等藏量缓增区，又有如安徽、重庆等激增区，从西到东呈现出公共文化服务的波动性、异质性乃至随意性（见图3）。最后，人才资源外流严重、入不敷出。在城乡二元结构变动下，农村人才流向城镇业已严重；农村中受教育程度较低的老人、留守儿童普遍的现象也未得到根本缓解。这不仅使得参与乡风文明建设的主体大为缩减，而且使乡村内聚力严重下降，由此直接削弱了乡风文明整体认知水平、普及范围、自觉运用的广度与深度。

因此，全面发挥基层党委和乡镇政府在指导、协助乡村建立村级治理体系中的主导作用，根据乡风文明建设的需要提高资源的优化配置效益。其中，资源配置不是单向的，它呼唤多元协同的交互运转，以实现外部条件变动下的内部相机反应。这就要求资源配置与信息沟通、社群民意进行调适。在公共管理学看来，公众与公共机构之间的交往是“公共管理中的人性面”，其本质就是关于正确管理的交互的、开放的信息交流。“良性运作的现代民主需要其政府官员以关爱与尊重的态度倾听民众的心声，反之亦然。”[13]

可见，乡镇政府作为交流平台的主要提供者，需要协助村党组织、

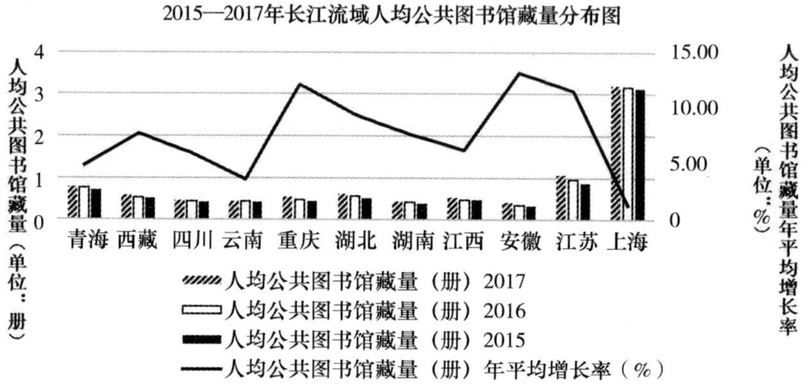

图3 2015—2017 年长江流域人均公共图书馆藏量分布

村委会依托村民会议、村民代表会议等载体，通过民主恳谈会、民主听证会、民主议事会和民情沟通日等进行民主协商。其中，在乡镇政府主导之下，需要适当让渡行政和社会资源，让“政府搭台，群众唱戏”的协作局面遍地开花。质言之，乡镇政府除了对乡风文明建设进行财政支持、政策供给，还需要兼顾民主议事与经济互通，倡导乡镇企业诚信经营、回馈社会，利用市场的力量弥补乡风文明建设中经济资源不足的困境。

同时，沟通交流机制的常态化、制度化，为文化资源与人才资源另辟蹊径。要言之，在乡镇政府统筹协调、多元主体分工负责的交流模式下，对传统乡村社会的宗族活动、文化活动、评选活动等取其精华、去其糟粕，进行现代化的改造。这应由乡镇政府在沟通之中预设乡风文明前进轨道，在计划和预警后避免鱼龙混杂、放任自流，其余各主体也能对乡风文明去伪存精、自我净化。在信息联动场景下的村民主体，通过制定家风家训、宗法族规，规范家庭成员、宗族子孙尊祖爱乡、遵纪守法，这不仅不会让乡村文化资源落入守旧主义的窠臼，而且还会促进敦厚淳朴乡风民俗的形成。此外，以政府主导的沟通交流机制提升了农村人才的地位，也为政府了解群众需求、吸引人才回流提供了绝佳契机。随着道德讲堂、文化讲堂等讲师的延聘，模范乡贤、“最美”乡民等评选活动，为沟通城乡一体化和资源互补提供了可行之道。

当然，乡风文明建设的沟通交流既有制度性，也有临时性。其中，不定时举办的乡风评议会、乡风考评、民意调查等也可衡量乡风文明资源流动是否协同及协同程度是否合理。在沟通之下，乡村能够挖掘自身资源，广泛开展社会主义核心价值观宣传教育，引导人们重道德、讲道德、守道德，以此优化乡土社会的乡风治理。

（五）乡风文明建设的成效共享机制：实现利益协同

“利益是协同社会治理中最根本的序参量，当今中国社会治理最大的挑战是如何建立公平合理的社会利益格局，构建系统、稳健的社会利益整合协同机制，有效化解利益分化所带来的各种矛盾，确保整个社会的和谐发展。”[14]乡风文明建设的多元主体之所以能够主动协同，是因为主体之间的职能划分明确、收益清晰，利益层序条分缕析。一旦利益纠葛达到足以阻隔主体协作，乃至诱发主体矛盾，乡风文明建设的协同机制就可能分崩离析。

过往传统模式中，政权体制的嵌套与管治利益的斗争，导致了乡风文明建设处于不可逆的一元主导格局中，导致“不是东风压倒西风，就是西风压倒东风”的针锋相对现象情况：如果政府更为强势，则会令社会多元活力在行政力量全面渗透下毫无用武之地；如果乡村更为封闭，则会令乡村治理固守宗族边界，行政介入亦会相对疲软。综合来看，尤以第一种“政府全能主义”伴随“政党下乡”而较为常见。因此，在乡村振兴战略实施过程中，要汲取历史经验和教训，首先抓住主要矛盾，利用利益再分配和成果共享机制，下放乡镇政府既得利益和期待利益，使之处于主导地位却又超然于实际利益分配之外，扮演着利益仲裁协调的角色。详言之，作为多元主体的发动者与核心参与者，政府承担乡风文明建设项目的启动、资金注入、政策支持、主动协调等多项职能，但政府并不参与多元主体的直接利益分配，而是追求间接和长远效益，如税收、地区品牌、生活品质等，从而让其他社会主体更好地共享乡风文明建设成果。

第一，经济成效共享层面，乡镇政府应当把握农村土地承包经营权“三权分置”契机，合理使用土地收益注资乡风文明项目，加强农村公共文化基础设施建设；对积极参与乡风文明建设的经济组织、社会组织予以补贴或税费优惠，对先进村委会、模范乡贤给予政策奖励。同时，对农村经济纠纷发挥调解功能，以非诉讼纠纷解决机制贴合农村矛盾化解需求，在乡风文明维护末端做好定分止争工作。

第二，文化成效共享层面，政府主导义务教育、职业技能的培训、防病防疫等公益建设，同时鼓励社会力量参与学校、文化礼堂、讲习所等的开办，在民间广为“提倡新事新办、严禁大操大办”“提倡勤俭节约、反对铺张浪费”“提倡文明礼貌、弘扬孝道文化”等，让脱俗立新的公序良俗深深扎根于乡土文化之中。

第三，生态文明成效共享层面，乡镇政府需要协调发展与保护之间的利益纠纷，既要引导多元主体利用乡村有限的生态资源乃至非物质文化遗产资源等开展产业转型，又要防止过度开发和粗放经营，形成“绿水青山就是金山银山”的生态乡风。

三 促进乡风文明建设协同治理机制有效运转的长效保障

首先，理性的全局观至关重要。“协同治理的基本逻辑建立在对理性世界的信仰之上，相信理性的力量可以化冲突为分歧。”[15]假如各子系统不能将乡风文明建设的希望寄托于理性制度供给和运行上，而是想借助群体性事件突发冲破制度框架，协同治理的信念就形同虚设。因此，在多元主体协同治理乡风时，理性的主体要增强法治信仰和规则意识。在子系统之间存在竞争关系时，必须防范竞争程度过于激烈而突破良性竞争界限，特别要摒弃党委与政府之外的主体对公权力的仇视和过度敏感，使理性沟通和深度协商成为协同的基本方式。

其次，必须厘清子系统之间的边界。政治、经济、文化、社会、生态文明等领域的乡风文明建设事权要避免“你中有我，我中有你”。其原因在于，乡风文明建设的多元主体在行动范围上较为微观，容易产生权力重叠与集中，限制其余自组织的运行与延展。特别是政治事权与经济事权在乡土社会的高度重合，容易滋生乡村腐败和权力寻租，使得乡风文明建设的指导层面出现瓦解协同治理的可能性。不仅如此，混合管理乡风文明建设，会导致党委领导、政府落实的功能被宗族势力绑架，使其地位和功能弱化。于此，广东佛山市南海区在城乡统筹发展过程中，推行“选民资格分离、组织功能分离、干部管理分离、财务资产分离、议事决策分离”的“政经分离”制度设计，明晰乡村各组织职能，理顺了农村基层管理体制，即基层政府指导监督、经济组织经营分配、居委会村居自治，多元主体各司其职，取得了良好的治理成效，可资借鉴。[16]

最后，必须落实多元主体的自身身份意识，强化乡民权利意识与主体定位，激活乡风文明建设的基础细胞。传统的乡风治理以“政府主动、乡民被动”为主，原子化的乡民零散地、孤立地参与乡风文明构建，而没有从家庭共同体凝聚为国家共同体。多元主体协同治理中，需要使乡土社会涣散的乡民被纳入自组织之运转，使其角色从家族成员转变为国家公民，使其对社会忠诚度、凝聚力跃升于家族之上。只有让公民直接与国家和社会建立有机的联系，才能实现有效的社会控制与社会动员。

四　余论：乡风文明建设协同治理机制有效运转的价值

乡风文明建设是一个复杂的工程，协同治理学为观察、分析和建构机制提供了一个新的视角和方法。基层党委、乡镇政府、村委会、经济组织与社会组织、乡民等多元主体作为多个子系统既相互独立、又相互影响，既竞争又协同，在辩证统一中采取集体行动，使乡风文明建设具备整体性和有序性。同时，在这个母系统中，以共同规则为核心的序参数发挥着枢纽作用，启示我们必须依法决策、科学决策和民主决策，使该序参数助推系统拥有变化发展的动力。通过乡风文明建设协同治理机制理论体系的构建，我们能够清晰地发现，多元主体协同不仅不会导致原有的政府行政绩效下降，相反，这会倒逼政府主导共同规则制定愈加科学，使得各主体各展所长，进而以多元主体的协同功效超越传统的线性功效，实现主体协调共赢与乡风文明建设的持久兴盛。

乡风文明建设之系统具有开放性，恰恰贴合了当前我国加大对外开放与乡村振兴力度的实践宗旨。在市场经济改革迈向纵深之际，乡风文明面临城市文明、西方文明与科技文明的挑战与冲击，多元主体之间的竞争关系亦愈加激烈。但是，多元主体要协同发展，就必须尊重其余主体的存在价值与互补关系。协同治理机制的有效运转，会促使强弱不均的子系统处于形式平等，革除片面强调竞争、重视权力的传统机制弊端，为乡风文明建设把握机遇、迎接挑战给予了新的实践思路。

乡风文明建设协同治理，以制度规则为序参数，凝聚多元主体的建设共识，降低了政策制定、落实与监督成本。多元主体协商共治促使政策内涵具备民主性与广泛性，为乡治政策的普适运用提供了群众基础与可持续发展机会。鉴于此，乡风文明建设协同治理机制有助于淳朴乡风、和谐民风、友善世风的形成与维系，增进乡村振兴的精神品质与信念信仰，切合了乡村振兴战略的内在逻辑体系，有助于解决人民日益增长的美好生活需要和不平衡不充分的发展之间的矛盾，谱写新时代乡村全面振兴新篇章。

参考文献：

［1］徐勇．乡村治理与中国政治［M］．北京：中国社会科学出版社，2003：357—358.

［2］沈延生，张守礼．自治抑或行政：中国乡治的回顾与展望[J]. 中国农村研究，2002（1）：136.

［3］李松玉，张宗鑫．中国乡村治理的制度化转型研究［M］．济南：山东人民出版社，2014：126—132.

［4］胡建华．农村民主管理制度——法理分析与法治保障［M］．北京：中国社会科学出版社，2016：261—263.

［5］李增元．协同治理及其在当代农村社区治理中的应用[J]. 学习与实践. 2013（12）：98—106；铁锴．协同复合治理：走出乡村治理困局[J]. 内蒙古社会科学（汉文版），2014（5）：21—25.

［6］［美］亨廷顿．变化社会中的政治秩序［M］．王冠华等译，北京：生活·读书·新知三联书店，1989：366.

［7］［德］赫尔曼·哈肯．协同学：大自然构成的奥秘［M］．凌复华译，上海：上海译文出版社，2005：192.

［8］许国志．系统科学［M］．上海：上海科技教育出版社，2000：29.

［9］吴文琦等．乡村治理体系的完善与治理能力现代化——湖北省恩施州“村医村教进两委”基层体制改革研究[J]. 中国农村研究，2017（1）：124—137.

［10］［美］富勒．法律的道德性［M］．郑戈译，北京：商务印书馆，2009：7.

［11］苏力．二十世纪中国的现代化和法治[J]. 法学研究，1998（1）：1—13.

［12］国家统计局．中国统计年鉴 2018［Z］．http：//www. stats. gov. cn/tjsj/ndsj/2018/indexch. htm. 2019 - 01 - 18.

［13］［美］多丽斯·A. 格拉伯．沟通的力量——公共组织信息管理［M］．张熹珂译，上海：复旦大学出版社，2007：241.

［14］范如国．复杂网络结构范型下的社会治理协同创新[J]. 中国社会科学，2014（4）：98—120、206.

［15］李汉卿．协同治理理论探析[J]. 理论月刊，2014（1）：138—142.

［16］邓伟根，向德平．捍卫基层——南海“政经分离”体制下的村居自治［M］．武汉：华中科技大学出版社，2012：116—119.

On the Construction of the Synergetic Governance Mechanism of the Rural Civilization in Rural Revitalization

Dong Xiaohong[1,2], *Liu Haotian*[1]

(1School of Law, Central China Normal University, WuHan China 430079;
2China Center for the Study of Socialist Theory System with Chinese Characteristics, WuHan China 430079)

Abstract: The rural civilization is the cultural foundation and constant power of rural rejuvenation. The traditional construction of rural civilization is centered on the single governance of the township government, and it is difficult to derive the vitality of the township and the endogenous civilization. Based on the principle of Synergetic, recognize and develop the building functions of grassroots party committees, township governments, village party branches, village committees, social organizations and economic organizations, townships and villages, etc. , with consensus formation mechanism, action integration mechanism, communication mechanism and effect sharing mechanism are the four major order parameters, constructing a new type of synergetic governance mechanism for the construction of rural civilization, and must take into account the rational overall concept consciousness, rights consciousness and power consciousness in the operation of the mechanism, and realize the coordination and win-win situation of the participants and the construction of the rural civilization lasting prosperity.

Key words: Rural revitalization; Rural civilization; Synergetic governance mechanism

乡村振兴战略视域下传统村落的价值审视与制度保护*

马洪伟

（许昌学院中原农村发展研究中心　河南许昌　461000）

内容提要：实施乡村振兴战略的时代背景下传统村落的价值凸显与日渐消失两种维度并存。通过对传统村落在乡村振兴中的文化振兴价值、产业振兴价值、生态振兴价值的重新审视和保护制度缺失的深入剖析表明，推动传统村落的活态保护与保护性开发必须强化制度供给和保障，尽快出台包含传统村落保护内容的乡村振兴法，研究制定传统村落保护专项法律法规，坚持实行规划引领先行，加强乡村治理共同推动传统村落保护。

关键词：乡村振兴；传统村落；价值；制度

改革开放走过四十年辉煌历程之后，占据改革开放起点的广大农村在这场伟大变革中又迎来了实施乡村振兴战略这一新的历史性机遇。长期囿于城乡二元结构转变漫长过程，加之城镇化快速挺进，农村依然是新时代发展不平衡不充分新矛盾的集中体现。分布于中国广大农村的形态各异、特色鲜明的传统村落已经积淀成为中华文明的根脉、农耕文化的精髓、中华民族的精神家园，却面临急剧消失和日益破败的现实困境。党的十九大提出的乡村振兴战略赋予了传统村落保护以新的时代内涵，传统村落的价值得以彰显和重新审视，保护与开发能够相得益彰。随着全面依法治国不

---

*　基金项目：河南省教育厅人文社会科学研究一般项目“河南省传统村落保护的法律机制研究”（2018—ZZJH—505）。

作者简介：马洪伟（1972—　），男，回族，河南许昌人，河南省重点社会科学研究基地、中原农村发展研究中心、城乡协调发展河南省协同创新中心研究员、副教授，研究方向为乡村基层治理。

断向深层推进向基层延伸，强化与改进制度供给可以为传统村落保护提供法治保障。

一 乡村振兴战略下的传统村落价值审视

党的十九大提出的乡村振兴战略以“产业兴旺、生态宜居、乡风文明、治理有效、生活富裕”为总要求，以建立健全城乡融合发展体制机制和政策体系，实现农业农村现代化为总目标，以乡村的产业振兴、人才振兴、文化振兴、生态振兴、组织振兴为总抓手。乡村振兴战略实施进程中传统村落的价值将得到凸显，传统村落与五大振兴之间均存在内在联系，尤其在产业振兴、文化振兴和生态振兴领域更为突出。传统村落自身价值的彰显对其制度保护的需求越发强烈。

（一）传统村落的文化振兴价值

文化振兴是乡村振兴的铸魂工程。文化振兴的重要内涵体现在对中国优秀传统文化的传承与弘扬，中国传统农耕文明铺设了中国传统文化的根基和底色。传统村落既是传统建筑的遗存，也是传统生活的载体，更是传统农耕文明多重形态的紧密集合。传统村落的内涵包括村落物质文化遗存、自然文化遗产和非物质文化遗产三个方面的内容，形成了人文、生态、民俗浑然天成般的综合价值，传统村落成为留存、整理、展示和研究中华民族传统农耕文化和非物质文化遗产的“鲜活”博物馆。一些传统村落同时也是历史文化名村，甚至是全国重点文物保护单位以及省级重点文物保护单位，村落自身凝聚而成了宝贵文化遗产和文化资源。乡村文化振兴的主旨是在广大农村培育社会主义核心价值观，传统农耕文明从物质到精神、从制度到行为、从思想到实践的丰富内涵对于社会主义核心价值观的培育形成在国家、社会、个人多个层面具有思想源头作用。需要深入发掘和研究整理传统村落所蕴含的历史文化价值，并通过有效利用和合理展示等途径使之得到彰显与传承。[1] 步入新时代的中华文明在嬗变中复兴，作为农耕文明载体的传统村落是中华五千年灿烂文化的根与魂，是优秀传统文化的发源地，对传统村落的保护成为坚持文化自信的必然要求。如果任由传统村落在破败中消失，将是对优秀传统文化在某种程度上的无意识抛弃，对“五位一体”总体布局的选择性适用，背离了乡村振兴战略中五大振兴的协调关系。等到传统村落消失后再进行“修复”“重建”

“再造”并不能与亡羊补牢、为时不晚的补救措施相提并论，而是悔之晚矣。庞大的建筑群落在客观上难以真正还原如初，在文化价值上更是相去甚远。

法国年鉴学派第二代宗师布罗代尔提出的“长时段理论”在学术上具有深远影响，具有历史唯物主义思想。布罗代尔认为不同民族的文化历史时期虽然可以分为“短时段”“中时段”和“长时段”，但只有诸如气候地理、生态环境、社会组织、文化传统等长期不变或变化极慢的现象才是真正“结构”或自然时间。只有通过“长时段”来研究历史现象才能从根本上把握历史。[2]传统村落恰恰就是传统文化、社会组织与自然地理、生态环境的长久结合、相互激荡并不断积淀形成的聚落形态，所以传统村落包含了中华民族传统文化的“基因密码”，承载了中华民族的精神特质，体现了优秀传统文化的历史价值。习近平总书记在十九大报告中指出“文化自信是一个国家、一个民族发展中更基本、更深沉、更持久的力量。”“要深入挖掘中华优秀传统文化蕴含的思想观念、人文精神、道德规范，结合时代要求继承创新，让中华文化展现出永久魅力和时代风采。”中办、国办2017年1月印发的《关于实施中华优秀传统文化传承发展工程的意见》对传统村落的文化价值和全面保护提出了具体要求。乡村振兴战略的实施必将强力推动传统农业农村到农业农村现代化的转变，当下中国已经处于传统农耕嬗变的重要历史节点上，传统村落是传统民俗文化的展示舞台，是优秀非物质文化遗产的生长沃土，乡村文化振兴之路需要对承载着传统农耕时代丰富文化遗产和精神财富的传统村落进行深入发掘、整理、研究和保护。深入挖掘传统村落所蕴含的思想观念、民族精神、道德规范，提炼出优秀传统文化的精神标识，赋予新时代的内涵，弘扬时代主旋律和社会新风正气，加强农村思想道德建设和公共文化建设，培育肇始于传统村落的文明乡风、良好家风、淳朴民风，大力发展农村文化产业新业态，提升农民勤劳向上的精神面貌，提高乡村社会文明程度，焕发乡村文明新气象。发掘传统村落文化价值，最终形成社会主义核心价值观在乡村思想文化上的亲和力、凝聚力和引导力，回应时代诉求，起到滋养德治、涵养自治、弘扬法治的实践功能。

（二）传统村落的产业振兴价值

产业振兴既是乡村振兴的经济基础，也是实现乡村振兴的关键环节。产业振兴的终极目标是通过农民持续增收从而实现农业农村现代化。所以产业振兴的路径必须紧紧围绕农民增收目标，大力发展乡村旅游、农村电商、特色民宿、养生健康、高效农业、绿色资源开发等新业态、新经济，走一、二、三产业相互融合的所谓“第六产业”[3]和“接二连三”产业综合的改革创新之路，顺应社会消费升级的必然趋势，符合供给侧结构性改革的客观要求，构筑乡村产业发展的新兴增长极。传统村落往往具有优良的生态环境、幽远的地理位置、独特的建筑风貌、深厚的文化内涵、较高的空置房率等特征，经过房屋内部设施的现代化设计改造、外部环境综合整治和高端化度假品牌量身打造可以从破旧农舍华丽转身蜕变为精品化、小众化的野奢度假综合体，从而唤醒沉睡的资源，化身为乡村振兴的财富。发达国家大量的传统乡村、特色小镇、知名古堡经过外部传统风貌和乡村格调的保护与修复、内部装修提升、生活设施改善而成功开发为特色旅游产品的范例比比皆是，带来别具一格的浪漫体验，成为高端旅游和度假休闲目的地。国内以浙江莫干山民宿为代表的全国最为火爆的民宿聚集地就是起源于莫干山民宿协会、西坡酒店管理有限公司创始人等文创青年人才对传统村落的创意设计，开发式保护，形成了大乐之野、云溪上、莫干山居图等系列民宿品牌，其创意经营理念产生溢出效应，践行“一带一路”战略与宁夏中卫、甘肃武威等地的传统村落签约开发。[4]这些国内外成功的案例能够为我国的传统村落的开发与保护提供成熟的理念和思路。有的传统村落分布着“状元及第”“近士及第”古代退隐还乡官员宅院等传统文化特征显著的建筑，具有更为独特的文化价值、艺术价值和商业价值，适合开发利用进行“活态”保护。实施路径可以通过对传统村落的闲置农宅统一租赁收储进行规划设计、整体改造、度假休闲，把传统村落改造成为有特色、高品质的乡村旅游度假区，与一般的农家乐、乡村游形成差异化竞争，塑造文化气息浓郁、地理环境独特的乡村度假品牌。精品化特色化的乡居度假模式并不以优越的交通区位为首要需求，虽地处偏远但具备道路交通条件的传统村落生逢其时。传统村落具有原生态的乡村景观，浓郁的地域文化品位，这种独特的、天然的、久远的乡土气息与乡居度假模式构成高度契合。

依据住房和城乡建设部、文化部、国家文物局、财政部联合下发的《关于开展传统村落调查的通知》精神，传统村落具有久远的历史，积聚丰富的传统资源，在历史、文化、科学、艺术、社会和经济方面具有一定价值，应当予以保护。[5]传统村落的保护不仅是文物标本式的保存，还应当与适度性开发和现代性改造相结合才能具有持久的生命力，其蕴含的丰富多彩文化遗产，承载的中华民族农耕文明，以及绿水青山生态资源、丰富物产资源都可以产生经济效益。乡愁情节是都市人的情感所依，田园风光是现代人的本性回归，文化保护是复兴者的精神追求，发达国家城乡协调、各美其美、文化传承的城镇化和现代化历程已经对此进行了很好的诠释。真正把绿水青山变成金山银山，让传统村落在保护性开发中“复活”，而不仅仅是封闭形成文化遗存、历史文物，或者因为无力保护而在破败中坍塌消失。传统村落利用自身特点构成文化创意、乡村旅游、休闲度假、健康养生、资源开发的重要依托，实现生产、生活、生态多种资源的产业开发和经济利用。西递宏村、江西婺源、关中袁家村、周庄水乡等传统村落完美地实现了保护与开发的结合，开发挖掘传统文化资源发展了乡村振兴特色产业。

（三）传统村落的生态振兴价值

生态振兴是实现乡村振兴战略的客观保障。传统村落具有天然的生态环境特质，尽显在生态振兴中的典范价值。传统村落大多坐落于具备秀美自然风光、适合人类居住、地域特色鲜明、防御设施齐全等良好生态条件的“风水宝地”，甚至“隐居”深山一隅，有着桃花源般的自然环境，代表城市人所向往的“诗与远方”式田园生活。对于传统村落的保护与开发是在乡村振兴战略引导下贯彻“绿色发展”理念的实践创新路径。乡村振兴不仅要满足人们对高品质物质文化的享受，还要满足人们不断提升的生态环境需求。乡村振兴进程将是城镇化与逆城镇化逐渐并行互通的双向路径，逆城镇化吸引城市人下乡的最大优势在于乡村的生态环境。村落建筑、人文景观与生态环境彼此融合，建筑用料就地取材，建设方式天然环保，生产生活形态自然和谐。传统村落存续至今是基于中华传统农耕文明对于天地和谐、天人合一朴素生态观念的深刻认知，折射出中华民族尊重自然、顺应自然、保护自然的人与自然和谐相处的生态理念，树立了生态环境保护的典范，能够体现乡村在生产、生活、生态场域的有机统一，可以为生态振兴进程中做好开发和保护“两道题”提供理路。传统村落的天人合一性、生态多样性和自然和谐性是中华民族千百年来生存智慧的体现，长期选择的结晶，延续至今显现出传统村落所蕴藏的珍贵生态思想，成为乡村振兴取之不尽的生态资源宝库。通过对传统村落的山水林田河系统治理，全面推动乡村生态振兴，建设生活环境整洁优美、生态系统稳定良好、人与自然和谐共生的生态宜居美丽乡村，使得传统村落既让人们“记得住乡愁”又不落后于新的时代。将传统村落自然生态系统保护与传统村落文化生态系统完整性保护统一起来，构成乡村生态振兴系统工程的点睛之笔。保护传统村落既要针对村落建筑、村落风貌等物质文化遗产，也要指向与村落形态息息相关的自然生态环境，以及保护民间非物质文化遗产和村落人文生态系统的完整性。

二 传统村落保护的制度建设存在缺失

（一）传统村落保护相关法律制度的历史沿革

对传统村落保护的概念经过了起源于历史文化名城，扩展至历史文化名镇名村，之后深入传统村落的成熟过程，经历了一个从单轨制运行向双轨制并行的制度建设路径演进，实现了注重历史文化价值的单向度保护向系统性、整体性多向度保护历史转变。这些变迁基于社会不同历史阶段对传统村落在文化、生态、经济等各方面价值认知上的逐渐深化，以及党和国家关于三农问题阶段性目标任务而做出的安排部署和制度设计。1982年的《文物保护法》将历史文化名城以不可移动文物属性纳入保护范围，随着人们认识上的提升，历史文化名镇名村也进入了保护视野。《文物保护法》于2002年12月修订后出现历史文化村镇的概念，开始对历史文化村镇开展依法保护。[6]1986年《国务院批转建设部、文化部关于申请公布第二批国家历史文化名城名单报告的通知》（国发〔1986〕104号）开始显现出原有的注重对历史文化名镇名村单体文物性、纪念性建筑保护转向对村落所处传统日常性建筑组成聚落的整体性保护。建设部《关于全国历史文化名镇（名村）申报评选工作的通知》（建村〔2002〕233号），开启了全国历史文化名镇名村评选保护进程。《城乡规划法》通过准用性规则的运用，即可以援引适用其他法律法规修正了自身在历史文化名镇名村保护规划编制和实施上的规定不足，从另一个重要部门法的角度形成了制度约束保护。[7]随着行政法规《历史文化名城名镇名村保护条例》（国务院令〔2008〕524号）的颁布，对历史文化名镇名村的保护有了专门化法律法规。

在对历史文化名镇名村实行保护过程中传统村落的概念日益清晰，两者逐渐开始分野，前者侧重精品化，后者倾向大众化，对传统村落的调查与保护开始走向深入。2012 年 4 月，《关于开展传统村落调查的通知》（建村〔2012〕58 号）由住建部牵头，联合文化部、国家文物局、财政部共同发布，以针对中国传统村落的调查为开端，以民国之前建村为时序，以保持传统建筑风貌、保留传统特色选址格局或非物质文化遗产活态传承为特征规定了传统村落的标准。两种村落保护形态的产生使得我国进入保护历史文化名镇名村与传统村落相互并行阶段。财政部也成为传统村落保护的责任单位，从而初步实现了资金的保障。随之出台了《传统村落评价认定指标体系（试行）》（建村〔2012〕125 号），组建了多学科专家构成的专家委员会，实行《中国传统村落名录》保护制度。2013 年、2014 年、2015 年和 2017 年的中央一号文件均出现对传统村落进行保护的具体内容，标志着传统村落保护列入顶层政策设计，引起了党和国家的高度重视。在具体的传统村落保护实施层面不断得到突破，保护机制日臻完善，保护措施更加得力，保护机关不断充实，保护资金更有保证。主要体现在住建部、文化部、国家文物局、财政部、国土资源部、农业部、国家旅游局等七个相关部门于 2015 年 6 月联合下发《关于做好 2015 年中国传统村落保护工作的通知》（建村〔2015〕91 号）。总的来说，尽管出台了上述一系列政府部门的规范性文件，但文件的强制性和约束力难以保障传统村落保护的制度性需求。

（二）传统村落专门性法律保护支撑缺乏

法律制度存在层次和位阶，层次越高的法律其效力越高，适用的范围也越广泛。目前与保护传统村落相关的法律法规形成了三个层次，从全国人大常委会制定的法律到国务院制定的行政法规，再到地方人大制定的地方性法规。在全国范围内适用的相关法律法规包括《文物保护法》《非物质文化遗产保护法》等法律，《历史文化名城名镇名村保护条例》等行政法规，这些法律法规具备各自特定的立法保护对象，其立法主旨并非指向保护传统村落，更多的是针对历史文化名镇名村的法律制度保护体系，只是在一些法律规定上涉及传统村落保护，历史文化名镇名村与传统村落并不完全重合。这些对传统村落保护的法律规定内容既不完整，也不具体。2012 年 4 月，由住建部牵头联合文化部、国家文物局和财政部下发的《关于开展传统村落调查的通知》（建村〔2012〕58 号），同年 9 月，上述四部门出台的《传统村落评价认定指标体系（试行）》（建村〔2012〕125 号），2014 年 4 月上述四部门再次联合发布的《关于切实加强中国传统村落保护的指导意见》（建村〔2014〕61号），2015年6月，住建部等七部门联合下发的《关于做好2015年中国传统村落保护工作的通知》（建村〔2015〕91号），这些作为专门针对传统村落保护的行政规范性文件，在实践中起到重要的行政管理依据作用，但就其性质而言，既不属于法律，也不属于行政法规和部门规章，也就是说不属于广义的法律范畴，只是政府部门的规范性文件，没有相应的上位法律进行支撑。在全面推进依法治国的时代背景下，法律是对传统村落实行保护的最有力依据，行政执法更加需要除《文物保护法》《非物质文化遗产保护法》《历史文化名城名镇名村保护条例》等以外的专门性保护传统村落的法律法规作为执法依据，明确相关部门的法律责任。

地方性法规保护仍然不足。传统村落分布于全国范围内的广大农村，各个传统村落的自然地理、生态环境、建筑风貌、人文历史迥异，所以具体的保护方式并不统一，具有明显的地域性和针对性特征。出台地方性法规和管理办法等更为具体和贴近实际的保护性制度显得十分必要。其中2004年的《安徽省皖南古民居保护条例》、2009年黄山市政府制定的《黄山市传统村落保护利用暂行办法》、2013年的《苏州传统村落保护条例》比较引人注目。近年来一些省市抓住立法制度改革创新的历史机遇开始实行地方性法规立法保护传统村落，如全国首部专项的传统村落保护省级地方性法规《江西省传统村落保护条例》于2016年12月1日起施行。浙江省《台州市传统村落保护和利用条例》于2019年3月1日开始实施。总体来说，全国许多地方在传统村落专项立法保护方面依然较少，往往在实施保护工作过程中缺乏具有地方特色的法律依据，造成传统村落保护的失之于软、失之于简、失之于散。

（三）传统村落古民居产权与保护存在矛盾

首先是产权归属模糊。传统村落里的古民居历史久远，长期以来发生多重辗转、占有、继承等流转关系，房屋地籍资料散失不全，产权不明确且房屋业主相互关系复杂。古民居的所有权或者占有人包括村民，还有村集体，甚至有企事业单位和外来人员等。这种复杂的产权关系对传统村落造成了难以集中统一管理和实施保护的现实障碍。其次是产权和保护存在矛盾。依据相关法律规定传统村落中的建筑部分和院落设施的产权归农民个人所有，这些建筑有的已成为文物保护单位，而文物保护专项资金使用政策规定非常明确，私人产权的文物不能享受专项资金补贴。农民房主缺乏自主维修的经济能力，又难以获得政府修复资金补助，从而无法得到及时保护。根据《民法总则》《物权法》等法律规定，村民对房产拥有所有权的各项权能，特别是大量传统村落民居并非都是文物保护单位，村民可以依法自行处置。法律难以禁止农民拆房建新。最后导致产权保护矛盾加剧。特别是进入21世纪以来，随着新型工业化、新型城镇化进程加快，农村青壮年基本上都外出打工，村落里人去房空，空心村普遍存在，古宅逐渐失去了实用的居住功能，业主不愿维修，任其破败毁灭。还有部分村民因为改善居住条件、娶妻生子住房不足等原因而把古宅拆掉建新，具有文化价值的古宅不断消失。极具文化价值的大型传统院落被村民分割使用或者改建使用，其完整格局受到破坏，文化艺术价值大大降低。实践中地方政府从保护传统村落建筑和风貌的角度出发，依据《城乡规划法》和地方性规划管理办法去限制村民拆旧房建新房，必定会引发矛盾，损害农民合理诉求，造成传统村落保护效果欠佳。

三 乡村振兴战略下传统村落保护的制度保障

（一）乡村振兴法列入立法规划

2018年中央一号文件的主题为《中共中央国务院关于实施乡村振兴战略的意见》，以最高决策形式为实施党的十九大确立的乡村振兴战略进行谋篇布局和安排部署。文件提出，在先行出台乡村振兴政策积极引领的基础上研究制定乡村振兴法提供后续法制保障，[8]把经过实践检验切实可行的乡村振兴政策法定化，通过法律形式明确各级政府的责任，特别是作为振兴乡村“主战场”的县级政府具体责任。充分发挥立法在整个乡村振兴法律运行中的起始性和关键性作用。文件确定“乡村振兴法”起草工作由全国人大农业委员会负责，具备优先发展条件的省、市、自治区可以先行先试出台地方性法规性质的“乡村振兴条例”。“乡村振兴法”和“乡村振兴条例”作为国家和地方实施乡村振兴战略的基本法涉及农村工作各个领域，可以汲取之前系列中央一号文件的政策要求和制度安排，充分体现传统村落作为乡村之魂在乡村振兴中的独特价值，对包括传统村落保护与开发在内的众多乡村振兴法律制度安排做出规定，与其他相关法律法规做好衔接。

（二）研究制定传统村落保护专项法律法规

发挥法律的稳定性、规范性和强制性特点，通过立法、执法、司法、守法的法律运行，使各个环节强化责任意识，为传统村落保护工作提供坚强法律保障。我国传统村落不仅数量众多，而且地域差异明显，各地经济社会发展不平衡，“一刀切”的保护政策难以贯彻落实并可能脱离地方实际，只有专项的传统村落保护法和在保护传统村落领域体现地域特色的地方性法规才会发挥重要作用。根据《文物保护法》《非物质文化遗产保护法》以及《历史文化名城名镇名村保护条例》等相关法律法规的立法精神，之前传统村落仅仅以一种特殊的村庄类型而存在，缺乏像历史文化名村那样有一个法律上的明确概念和法律地位，由全国人大常委会制定《传统村落保护法》这样一部专门的上位法显得十分必要，同时可以实现历史文化名村与传统村落保护的统一与并行，把历史文化名村纳入传统村落系统，使之成为后者的精华和代表。《传统村落保护法》如果能够制定出台，将为各地方制定传统村落保护地方性法规提供专项上位法律依据，有利于地方性法规的制定出台，从而形成自上而下的传统村落保护的法律体系，理顺当下在传统村落保护领域里存在的不同法律制度之间交叉混杂的局面。

抓住立法改革时机，强化传统村落的地方立法保护。地方各级人大应当积极做好相应立法规划，组织传统村落保护立法调研，摸清保护工作存在问题，广泛征求社会和群众意见，充分体现地方特色。2015 年 3 月修改后的《立法法》放宽了地方性法规的立法权限，全国所有 284 个地级市（设区的市）均获得地方立法权，通过授权立法方式，地级市可以制定地方性法规，授权立法主题包括传统村落在内的历史文化保护等领域立法。在一些传统村落分布较多、历史文化资源丰富的地市，关于传统村落保护的地方性法规成为获得地方立法权后制定出台的第一部地方性法规。[9]其他地级市同样可以通过制定地方性法规对本区域内的传统村落实施保护。通过制定地方性法规对传统村落的性质、范围、认定、保护准则、具体实施、法律责任做出明确规定，设立“法律责任”的条款。法规应当包括总则、申报认定、保护规划、保护措施、法律责任和附则等各个方面，需要对传统村落保护的保护原则和总体保护思路、总体保护方针、本地传统村落的概念界定、专门保护机构和专项保护资金等内容进行规定。贯彻整体性保护这项传统村落保护的重要原则，能够使传统格局得以保持，空间尺度和历史风貌不做大的改动。传统村落在整体上与当地自然景观和环境保持和谐，保护工作纳入美丽乡村建设范畴，给予遵守传统村落保护规则和传统工艺的村民以相应补助和扶持。

（三）规划先行引领传统村落保护

规划作为方向性、战略性、长远性、全局性、概括性的计划安排，是对传统村落进行开发性“活态”保护的前置程序。《城市规划法》被《城乡规划法》所替代表明规划由城市向乡村进行延伸，从原来的只对城市建设进行规划的一元化管理转向城乡统筹协调发展规划管理，乡村建设步入规划法制轨道，为传统村落保护提供了重要的规划依据。“乡村具有鲜明的自然文化特征和地域文化特征，其空间基本保存着原有自然地理形态和文化多样性的相互联系。”[10]同时《城乡规划法》的规定充分尊重了村民意见，在报送村庄规划前要经村民会议或者村民代表会议讨论同意，这体现了传统村落保护中村民的重要主体作用。党内法规《中国共产党农村基层组织工作条例》在经济建设章节规定了党的农村基层组织“领导制定本地经济发展规划，组织、动员各方面力量保证规划实施”。在乡村振兴战略实施进程中须认真贯彻《城乡规划法》，坚持乡村振兴规划先行。从中央到地方，对于乡村振兴战略规划都高度重视，按照严格的法律程序开展规划编制，出台了各个层级的乡村振兴战略规划，均以党委和政府联合印发文件的形式进行贯彻落实，体现了乡村振兴的战略性和重要性。如国家层面的乡村振兴战略规划为中共中央、国务院印发的《乡村振兴战略规划（2018—2022 年）》。实行规划引领，从 1 到 N，即从战略规划到各个专项规划，国家规划到县级规划，多规合一，形成规划体系。这些规划中都明确规定了对传统村落实行保护制度。如国家乡村振兴战略规划的第二十三章“弘扬中华优秀传统文化部分”，明确规定“划定乡村建设的历史文化保护线，保护好文物古迹、传统村落、民族村寨、传统建筑、农业遗迹、灌溉工程遗产。”在专栏 10“乡村文化繁荣兴盛重大工程”中的第 5 部分专门规定了如何对“古村落、古民居保护利用”[11]。

依法做好传统村落的规划和实施。县级以上地方人民政府以当地农村经济社会发展水平为根据，结合传统村落本地实际，在确定乡镇规划、村庄规划的区域划分时，依据《城乡规划法》的规定，把传统村落所在的乡镇和村庄纳入乡镇规划、村庄规划的“确定区域内”，依法制定规划，严格依照规划进行管控，防止私拆乱建。对于违反乡村规划，进行违法建设破坏传统村落建筑整体风貌的，由乡、镇人民政府作为传统村落规划保护的执法者依法责令停止建设并限期改正；对于逾期不改正的，依法拆除。根据该法相关规定，可以实现传统村落保护与乡村规划的农村实际、地方和农村特色相结合，这就给传统村落保护提供了契合乡土特色的法律依据。2014 年列入国家级传统村落名录的河南省新县西河湾村坚持高起点规划，由清华大学建筑学院通过调研制定规划方案，贯彻活态保护、可持续的系统开发策略，在良好生态基础上进行风貌整治，突出地域特色景观与文化，开展产业扶贫，规划带来的开发效果和经济效益非常明显。[12]这种科学合理的规划案例对于通过做好乡村规划实现传统村落保护提供了参考理念。

（四）依法提高乡村治理水平助推传统村落保护

传统村落保护与开发的最终落脚点在于村庄本身和村民群体，他们是传统村落的真正“守护者”和保护与开发的第一线主体，村民也是乡村治理的重要主体，传统村落保护作为一种涉及多个方面、多个主体的公共事务离不开良好的政治生态和有序的乡村治理，实践中传统村落保护开发较好的村庄往往也是乡村治理的先进典型。从社会学的视角来说传统村落是一种社会生活共同体，根据法国社会学家布尔迪厄最早提出的“社会资本”概念，[13]“社会资本”是社会资源结合体和体制化的关系网络，社会资本与社区治理之间存在良好互动。每个村庄都具有自己的“社会资本”主体，也就是社会治理主体，只有充分发挥“社会资本”主体的功能才能提升乡村治理的效果。在实施乡村振兴战略的时代背景下应该坚持党建引领，贯彻“一核三治”，不断提高乡村治理水平。2018 年底以来陆续印发的《中国共产党农村基层组织工作条例》和《中国共产党支部工作条例（试行）》作为重要党内法规，为新时代背景下包括传统村落保护在内的实施乡村振兴战略提供了坚强政治保障和组织保证。2017 年 6 月中共中央、国务院下发的《关于加强和完善城乡社区治理的意见》指出，要“探索加强基层党的建设引领社会治理的路径”。基层党组织相对于其他治理主体具有更多“社会资本”和“象征资本”，在乡村治理的结构功能体系中处于统率核心地位。在乡村振兴进程中坚持以基层党组织为核心，统揽村民委员会、村务监督委员会、村经济组织、村社会组织等治理主体共同参与乡村治理，通过加强基层党建实现自治、法治、德治“三治协同”的乡村治理模式，达到农村基层社会的共管共商共治，为传统村落保护搭建乡村治理平台。在城镇化水平不断攀升，进城务工人员日益增多的情况下，对包括传统村落保护在内的村务监督提出了新的更高的要求。通过贯彻《村民委员会组织法》要求，充分发挥村务监督委员会的作用，落实村民民主理财制度，监督村务公开，开展对村委会成员的民主评议。

修改相关法律和党内法规，延长农村党组织和村委会任期，为传统村落保护提供更加稳定的组织保障。进入新时代，广大农村面临新的发展形势和客观要求，无论是农村基层党建、新型集体经济发展还是公共事务管理等各项治理工作都日益繁重，迫切需要更加稳定的基层党组织进行带领，原来三年的任期已不适合，延长基层党组织的任期年限势在必行。十九大颁布的新《党章》把党的基层组织每届任期改为三年至五年，2018年12月28日起施行的党内法规《中国共产党农村基层组织工作条例》根据《党章》规定随之延长了农村基层党组织的任期，乡镇党委、村支委等每届任期都从3年延长到5年。同时把加强农村基层党建的一条成功经验吸收进条例内容："根据工作需要，上级党组织可以向村党组织选派第一书记。"2018年10月28日起施行的党内法规《中国共产党支部工作条例（试行）》从发挥党支部坚强战斗堡垒作用出发，规定了"村、社区党支部委员会每届任期5年"。一系列重要党内法规的修改将农村基层党组织的任期延长至五年，这样使得全党从中央到基层的党组织任期基本上达成一致。作为与之相配套的改革举措，2018年12月29日第十三届全国人大常委会对《村民委员会组织法》作出修改，"村民委员会每届任期五年"。这些制度创新对于稳定农村基层党组织和群众自治组织有着重要意义，起到了坚定农村党员干部干事创业信心的作用，在更长的任期时间内农村党员干部可以充分谋划村集体经济的发展，有充足的精力和底气投入包括传统村落保护在内的乡村振兴伟大事业之中。

参考文献：

[1] 黄勇军．留住传统村落蕴含的乡愁[J]．人民日报，2017.6.21：07版．

[2] 布罗代尔．历史和社会科学：长时段[J]．史学理论，1987（3）：119—120.

[3] 百度百科：第六产业 [EB/OL]. https：//baike. baidu. com/item/% E7% AC% AC% E5% 85% AD% E4% BA% A7% E4% B8% 9A/5182871.

[4] "清华三农论坛2019" 举行 专家学者共论以深化改革促乡村振兴 [EB/OL] . https：//mp. weixin. qq. com/s/p40_ nh_ RRE1WlCyJSMMTgA.

[5] 关于开展传统村落调查工作的通知 [EB/OL] . http：//www. cqss. gov. cn/main/pageDetail. aspx? fid = ea572f58 – c697 – 476a – b7f5 – 60948b3f20cd&fcol = 184001.

[6] 赵勇．中国历史文化名镇名村保护理论与方法［M］．北京：中国建筑工业出版社，2008：9—10.

[7] 郄艳丽．我国传统村落保护制度的反思与创新[J]. 现代城市研究，2016(1)：3—5.

[8] 即将出炉的《乡村振兴法》有哪些保障和限制？［EB/OL］. http：//www. sohu. com/a/242367521_ 100171878.

[9] 信阳出台地方性法规 保护传统村落［EB/OL］. http：//newpaper. dahe. cn/hnrbncb/html/2016 -09/28/content_ 79895. htm.

[10] 徐燕，陈晓东．社区环境卫生实用手册［M］．苏州：苏州大学出版社，2016：94—95.

[11] 中共中央国务院．乡村振兴战略规划（2018—2022）［EB/OL］. https：//www. sohu. com/a/256387132_ 160909.

[12] 徐曼．乡村振兴战略下传统村落活态保护与策略研究[J]. 农业经济，2019(1)：49—51.

[13] 宫留记. 资本：社会实践工具，布尔迪厄的资本理论［M]. 开封：河南大学出版社，2010：1—2.

Value Examination and System Protection of Traditional Villages from the Perspective of Rural Revitalization Strategy

Ma Hongwei

(Xuchang University Zhongyuan Rural Development Research Center)

Abstract: Under the background of the implementation of the rural revitalization strategy, the value of traditional villages and the disappearance of the two dimensions coexist. Through the review of the cultural revitalization value, the value of industrial revitalization, the value of ecological revitalization and the lack of protection system in the revitalization of traditional villages in rural areas. In order to promote the active protection and protective development of traditional villages, it is necessary to strengthen institutional guarantees. Grasping the Rural Revitalization Law to stipulate the protection of traditional villages, Study and formulate special laws and regulations for the protection of traditional villages, Planning to lead traditional village protection, Strengthening rural governance to promote traditional village protection.

Key words: Rural revitalization; Traditional village; value; system

乡村振兴视域下新乡贤的时代要义与培育路径*

郑 涛 王文轲

（四川师范大学 四川成都 610066）

内容提要：乡村振兴是对乡村政治、经济、文化、生态、社会的全面振兴，而乡村传统的主体结构和工作机制难以适应形势发展，内驱力和自组织能力亟待提高，新乡贤由此迎来勃兴机遇。本文在梳理乡绅、士绅、乡贤等相关概念的同时，基于乡村振兴的新要求提出新乡贤的时代要义应涵盖本土精英、热心公益、贤德公认、文化共鸣、风尚引领五个方面；并针对当下新乡贤培育实践的几个误区，提出广建平台、拓展用武之地，加强督导、确保造福乡里，强化激励、倡导见贤思齐，深化互动、巩固文化共鸣等培育建议。

关键词：乡村振兴；新乡贤；时代要义；生成逻辑

农业、农村、农民问题关系到国计民生的根本，是治国理政的重点、难点所在，也是学术研究的热点所系。党的十九大正式提出"实施乡村振兴战略"，并将"乡风文明""治理有效"作为实施的总要求之一；2018 年的中央一号文件更是明确提出"积极发挥新乡贤作用，推动乡村治理重心下移，尽可能把资源、服务、管理下放到基层"[1]；至此，以新乡贤培育、引导推进基层社会治理现代化正式成为乡村振兴战略实施的题

---

* 基金项目：国家社科基金项目（18BJY118），四川省社科规划项目（SC17B079），四川省哲学社会科学重点研究基地——四川民族山地研究中心重点项目（SDJJ1805）。

作者简介：郑涛（1979— ），男，四川乐山人，经济学博士，四川师范大学经济管理学院研究员，硕士生导师，主要从事三农问题、可持续发展研究；王文轲（1977— ），男，陕西咸阳人，管理学博士，四川师范大学商学院副教授，主要从事绿色经济与可持续发展研究。

中之义。2019 年 3 月“两会”期间，习近平总书记在参加河南代表团审议时再次强调，乡村振兴“要夯实乡村治理这个根基”，作为善治的基本表征，新乡贤群体因多元参与而再度成为关注的热点。

一　传统乡贤的语义溯源与概念之辨

乡贤，作为一个颇具历史延续性的概念，与“乡师”“乡大夫”“乡绅”“绅士”“士绅”等名词有着剪不断的联系，然而，学者们对这些概念的理解众说纷纭、各执一端，以致造成了当前新乡贤实践的若干误区，因此，在界定乡贤这一群体前有必要对相关概念及其背景作一整体梳理。

春秋时期，诸侯连年征伐不断，地方秩序维持呼唤国家权力之外的提供者，“乡师”“乡大夫”应运而生；秦汉以后，其社会职能逐步为“三老”及“名仕”所承接，其身份的取得方式为“举荐征召”；隋唐以后，科举替代“举荐征召”成为“取士”的标准程序。① 而据国外学者考证，“绅士”“乡绅”的称呼出现于宋代[2]，但“在明代文献中出现的同类用语中，绝大多数场合用的是‘缙绅’”[3]。国内遗存表明，“乡绅”（“缙绅”）原指居乡或在任的本籍官员[4]，而“绅士”（衿）则专指（未出仕的）科举功名获得者，但晚清“绅士”实际上已演变为对所有“绅衿”的一种尊称[5]。而随着科举在清末被废除，民国时期“士绅”概念的使用日渐广泛。20 世纪 40 年代以来相关研究日盛，涌现出大批代表性学者，国内有吴晗、费孝通、潘光旦、胡庆钧、傅衣凌等，美国有张仲礼、瞿同祖、萧公权、何炳棣、孔飞力、费正清等，日本有本村正一、酒井忠夫、奥崎裕司、山根幸夫、小山正明、重田德等。

纵观学界对“乡绅”等概念理解的分野，大致可归纳出以下三个方面的原因：一是时间区间的推移。即这些概念本身处于不断发展、变化的历史过程，从春秋到秦汉再到隋唐，又再到宋进而到明清最后到民国，其内涵应研究史料的时间区间分布推移而随之流变。二是空间背景的框定。同一概念放之于“国家”抑或是“地域”背景其含义亦随之迥异，遑论不同概念之间因此而生的语义逻辑上的重叠和交错。三是研究视角的展

---

① 参见王春娟，秦行国．乡贤在传统社会的历史形态及其差异[J]．齐齐哈尔大学学报（哲学社会科学版），2017（11）．

开，若以“皇权控制”为脉络，其释义自然多与官职、科举功名等君权延续相关联；若以社会实绩为标准，则更加看重团练、商帮等填补了乡村秩序维护真空的专业菁英；若以“区域支配”为出发点，其定义则更倾向将土地、宗族等基层网络结构纳入其中。尽管称谓莫衷一是，我们仍能就这一群体的共性作以下大致的描摹，那就是：居于乡里，左右着当地地方事务的退居官员、功名仕子、宗族代表及专业菁英。

必须指出的是，“乡贤”与“乡师”“乡大夫”“乡绅”“士绅”等并非完全等同的概念，后者强调结果意义上的“有效控制”，而前者在具备后者能力与威望的同时更加强调过程意义上的“名节取向”，其证据有二：一是作为封建社会治世经典的儒家代表作《论语》的经典论述的渊源流传；二是历朝历代所涌现并留存于文字资料抑或是乡土记忆的民间典型。某种意义上，传统乡贤更加接近史靖对“绅”的要求，“绅也就是缙绅，是专指那些有官职科第功名居乡而能得到乡里敬重的人士……合乎这个定义的就是绅士，否则就是恶霸，是土豪，是地痞，是劣绅，是绅士的干部。”[6]换言之，乡贤应该是乡绅中的良绅，是根植、立足于乡土社会，以其士大夫的文化精神，影响、作用于乡土社会，上利国家，下益乡民的“贤者”。[7]

二 新乡贤勃兴的时代背景与核心要义

（一）新乡贤勃兴的时代背景

在封建社会，传统乡贤存在的历史价值有二：一是在实务上“修路造桥、兴学善堂、赈灾救饥，为地方谋利益”[8]；二是在观念上归化思想、凝聚宗族、维系伦理，维护帝国政府在地方的统治。但是，随着科举的废除、帝制的覆灭、国家政权的向下扩张以及新文化运动的兴起，传统乡贤生存与延续所依赖的社会结构与文化土壤在民国时期已基本被侵蚀殆尽。新中国成立后，农村虽然重回国家建设的舞台，但在革命话语与阶级斗争的意识形态之中[9]，乡贤等民间传统符号所固有的积极意义被几近忽略。改革开放以来，随着国家工作重心再度转移到城市，国家权力在农村从经济到政治全面收缩，与此同时，由于基础设施、就业、教育、医疗等条件差异，农村人口通过高考、农转非、外出打工等途径加速外流。多重因素的叠加之下，土地撂荒、村庄空心、村霸横行等问题在 20 世纪 90

年代以后集中爆发，“三农”问题日益受到学界和政府的关注，并从2004年起连续16年跻身中央一号文件。其中，“新乡贤”概念在2015年后被多次提及，2018年《中共中央国务院关于实施乡村振兴战略的意见》更是明确提出“积极发挥新乡贤作用，推动乡村治理重心下移，尽可能把资源、服务、管理下放到基层”[10]，由此，“新乡贤”以国家治理之名正式登上乡村振兴的历史舞台。

（二）新时代乡贤的核心要义

关于新乡贤的定义，学界观点各异：王先明（2014）指出“他们很多人出自于乡村，成就于城市；成长于乡土，弄潮于商海，在乡村与城市的内在关联上，具有天然独特的优势”[11]；钱念孙（2016）认为“有德行、有才华，成长于乡土，奉献于乡里，在乡民邻里间威望高、口碑好的人，可谓之新乡贤”[12]；胡鹏辉（2017）认为“是指新时代背景下，有资财、有知识、有道德、有情怀，能影响农村政治经济社会生态并愿意为之做出贡献的贤能人士”[13]；高万芹（2018）则对新乡贤作了“精英型”与“平民型”的两种划分，并主张“不同类型的新乡贤以不同的角色，从不同的角度参与到乡村振兴中来”[14]。与此同时，全国各地创新乡贤文化的实践探索则赋予了新乡贤更为广泛的区域内涵。

梳理相关理论定义及实践表达，不难发现其间所包含社会各界对乡村振兴视域下新乡贤的理想寄望：一是着眼“产业兴旺”要求，聚焦资源富集型的官员和商人，希望通过他们带来资金回流、项目回迁，发挥所谓“归雁经济”效应，以弥补乡村在基础设施建设和产业发展上的资源不足，达到“以乡情乡愁为纽带，吸引和凝聚各方人士支持家乡建设”[15]的效果。二是从“乡风文明”要求出发，突出强调农村精神文明建设，发掘宣传“身边好人”“道德楷模”，借以培育与社会主义核心价值观相契合、与社会主义新农村建设相适应的优良家风、文明乡风并以传承乡村文明。三是以“治理有效”为目标，针对传统农村基层治理在主体结构和工作机制方面的缺陷，把热心公益的能人义士作为嵌入乡村治理结构中的新变量[16]，以提高乡村良性治理的内生性动力和自组织能力，最终“夯实乡村治理这个根基”。

需要强调的是，中央对乡村振兴的“战略”表述已经说明其高于政策的基本定位，因为战略必然带有全局性与综合性，战略的设计与实施都是一个宏观的系统工程[17]。由此决定我们对新乡贤时代要义的把握不能局限于单一指标的偏好，而必须着眼于农村“产业强、环境美、民风淳、治理好、生活富”的全局。基于此，本文认为乡村振兴语境下的新乡贤应当同时具备以下时代特征：

1. 本土精英。乡村振兴覆盖乡村建设的政治、经济、文化、生态等诸方面，需要大量的物质资源和知识储备，作为乡贤理念的现代延续，新乡贤对下承载着乡民对以富裕为基础的美好生活的向往，对上则承担着政府“产业兴旺、乡风文明、治理有效”的重托，此等大任绝非等闲之辈所能堪，故而必须具备某方面的突出优势，方能借此“泽被乡里，反哺乡亲”。所谓优势，不仅可以是家财资本、创业技能（如商人、企业家等），也可以是技术专利、学识专长（如技术专家、文化学者等），还可以是社会关系、人脉资源（如离任官员、退休教师等）；而这里的“本土”，应当理解为一个籍贯概念，在空间地理上包括了“在土”和“离土”两种状态。

2. 热心公益。传统乡贤的一大特征是“在乡”，在封闭静止的乡土社会，他们修路造桥、兴学缮堂、赈灾救饥、止分平讼，不仅填补了因“皇权不下县”① 而生的权力真空，其推进乡里公益的贡献亦为乡民所称道。新乡贤虽产生于快速流动的市场经济，但乡村的“封闭特征并未因现代转型而完全消失”[18]，尤其是在城市优先发展的思维惯性和路径依赖下，农地撂荒、宅基废弃闲置、农田基础设施荒废等公共问题的解决无一不须耗费大量人力、物力与财力，而这恰是当下乡村的现实短板。同时，在诸多“试点”收效尚不明显、政策细节尚不明确的前提下，人财物的投入除了要面对“颗粒无收”的经济风险，还要经得起“应该警惕一些乡贤借乡村振兴和资本下乡之名与‘民’争利”[19]的道德拷问。上述两条叠加就决定着新乡贤不仅是有能力追求经济效益最大化的精明人，还同时必须是能够把公共利益放在突出位置，甚至不惜为之实现而牺牲个人利益的热心人。

3. 贤德公认。按照十九大的战略部署，乡村振兴是农业升级、农村进步、农民发展的全面振兴，同时也是多元主体广泛参与的全员振兴，要求必须坚持农民主体地位，充分尊重农民意愿，切实发挥农民在乡村振兴中的主体作用。在此前提下，如何通过自身示范，有效调动农民的积极性、主动

---

① 亦有学者对此持不同态度，参见张新光．质疑“皇权不下县”——基于宏观的长时段的动态历史考证．吉首大学学报（社会科学版），2007（2）．

性、创造性，带动其积极参与到这一新时代中国特色社会主义的重大历史进程，成为新乡贤们所必须面对和解答的问题。对此，相关研究和实践表明，各界对新乡贤的认知正在经历由“地方精英”① 向“民间权威”的转变，“后者则更强调自下而上式的普通民众的主观认可与主动接受，是一种主观上的价值判断与认定”[20]，而“在目前乡村凋敝，特别是道德败坏的现实情境中，普通村民对于道德高尚的追求显得十分迫切”[21]，于是才有了“乡贤文化根植乡土、贴近性强，蕴含着见贤思齐、崇德向善的力量”的官方寄语。由此可见，“贤德公认”应是新乡贤不可或缺的要义之一。

4. 文化共鸣。与传统乡贤的“在乡”不同，相关研究和各地实践表明②新乡贤不少是离土离乡、已经完成或者是部分完成城市化的人群，但因其或多或少依然保有着家族宗族观念、孝亲睦邻思想和落叶归根情结，故而能做到“离土不离心，离乡不离德”。更进一步说，这种文化的共鸣实际包括两个层次：一是对中华优秀传统文化的普遍认同；二是对地域特定文化体系的对口接受；前者决定着“贤”“德”的标准尺度和“善”“恶”的概念边界，而后者不仅关系到乡民对民间权威“普遍期待”的来源，还直接影响着对其“主观认定”的程度。

5. 风尚引领。“风尚”一词在现代汉语词典中的解释为：“在一定时期中社会上流行的风气和习惯”[22]，而“引领”则凸显了对公序良俗的导向作用。新乡贤的风尚引领，首先体现在对社会主义核心价值观的践行上。其身上所集中体现的“爱国”“敬业”“诚信”“友善”等优点不仅是儒家思想的精髓，同时也是社会主义核心价值观的重要组成部分，因此，蕴含着时代精神的新乡贤群体其本身就是文化自信的典型代表。新乡贤的风尚引领，同时体现在对“现代性”的接受上。一方面，在继承和发扬优秀传统文化的同时，新乡贤对技术进步和文化转型等人类文明成果总是抱以宽容甚至是主动迎合的态度，以此确保融入经济社会发展的主流，这一特征与传统的“开明绅士”类似；另一方面，新乡贤对“绿色

① 此处“地方精英”与本文所指“本土精英”并非同一概念，原文中专指“具有较高财富地位的贤达人士”，此处提及仅出于行文需要而并不代表对其观点的认同，详情参见高万芹．新乡贤在乡村振兴中的角色和参与路径研究[J]. 贵州大学学报（社会科学版），2018（3）．

② 参见刘丽华，林明水，王莉莉．新乡贤参与乡村振兴的角色感知与参与意向研究[J]. 福建论坛·人文社会科学版，2018（11）；蒋伟峰，方杰，何斐．从乡贤回归　走向乡村善治[J]. 农村工作通讯，2017（22）．

可持续”“环境友好”“生态文明”等经济发展方式和生活理念的认同程度高、接受速度快，对于促进广大农村特别是民族偏远地区的人居环境整治及移风易俗发挥着不可或缺的“嵌入式”示范作用。新乡贤的风尚引领，还体现在“公权力”的行使方式上。不同于传统社会中长老统治维系乡村社会秩序的“大家长”作风，其公共职能的发挥始终以法律为底线，依托乡贤参事会、乡贤研究会、乡贤调解室等平台，通过民主协商得以实现。

表1　近年来党和国家相关文件对新乡贤的表述

颁布时间	文件名称	表述方式	功能定位
2015 年 2 月 1 日	中共中央、国务院《关于加大改革创新力度加快农业现代化建设的若干意见》	创新乡贤文化，弘扬善行义举，以乡情乡愁为纽带吸引和凝聚各方人士支持家乡建设，传承乡村文明。	文化传承、精神文明建设
2015 年 12 月 31 日	中共中央、国务院《关于落实发展新理念加快农业现代化实现全面小康目标的若干意见》	深入开展“文明村镇”“星级文明户”“五好文明家庭”创建，培育文明乡风、优良家风、新乡贤文化。	精神文明建设
2016 年 3 月 16 日	《“十三五”发展规划纲要》	乡贤文化是中华传统文化在乡村的一种表现形式，具有见贤思齐、崇德向善、诚信友善等特点。借助传统的“乡贤文化”形式，赋予新的时代内涵，以乡情为纽带，以优秀文化基层干部、道德模范、身边好人的嘉言懿行为示范引领，推进新乡贤文化建设，有利于延续农耕文明、培育新型农民建设、涵育文明乡风、促进共同富裕，也有利于中华传统文化创造性转化、创新性发展。	文化传承、精神文明建设
2016 年 12 月 31 日	中共中央、国务院《关于深入推进农业供给侧结构性改革加快培育农业农村发展新动能的若干意见》	培育与社会主义核心价值观相契合、与社会主义新农村建设相适应的优良家风、文明乡风和新乡贤文化。	精神文明建设
2017 年 1 月 25 日	中共中央、国务院《关于实施中华优秀传统文化传承发展工程的意见》	挖掘和保护乡土文化资源，建设新乡贤文化，培育和扶持乡村文化骨干，提升乡土文化内涵，形成良性乡村文化生态，让子孙后代记得住乡愁。	文化传承
2018 年 1 月 2 日	中共中央、国务院《关于实施乡村振兴战略的意见》	积极发挥新乡贤作用。推动乡村治理重心下移，尽可能把资源、服务、管理下放到基层。	社会治理

三 新乡贤培育的认识误区与应然路径

（一）新乡贤培育的认识误区

随着乡村振兴战略的推进实施，新乡贤正在日益成为乡村建设的有生力量，与此同时，学术研究和各地新乡贤的培育实践中也存在一些认识误区，必须予以重视和廓清。

误区之一，将新乡贤身份泛行政化。多地鼓励在外优秀乡贤回村参选村干部引发了一轮“乡贤回归”的热潮，浙江丽水673名乡贤回村当选书记，景宁县在村社换届中新增村两委573名，占全县村级“两委”干部的32%[23]。鉴于《中华人民共和国村民委员会组织法》的开放性，应当指出，从国家到地方，对新乡贤政策支持的根本目的是要推动乡村的自我治理，是进一步推进乡村社会和谐发展的还政于民之举[24]，但是只有常态化的工作机制方能支撑这些回归的乡贤们“留得住”并发挥出预期作用，否则，这一乡村振兴的生力军就有因“身份泛行政化”而武功尽失之虞。

误区之二，将新乡贤功能排他化。尽管费孝通先生认为乡贤“连接了以家庭为单位的社会成员与国家，充当了乡村的治理者”[25]，但胡鹏辉和高继波（2017）认为“新乡贤治村”这一提法有不妥之处，容易使人认为治理乡村的主体是新乡贤。而事实上，乡村治理和乡村建设的根本之路在于推动乡民自发参与、自觉与自决，而不能将希望仅仅寄托于新乡贤，毕竟占据多数的普通乡民才是乡村振兴的真正主体。引入新乡贤的本意，是对原有乡村治理模式的一种有效补充，意在既有“村委会＋党支部”体系之外提供一个额外选项，而非取而代之。为了更好地促进乡村振兴，打造一个多元主体共同参与乡村治理的体系，建立和完善相应的制度规范和监督机制才是长久之计。

误区之三，将新乡贤生成运动化。纵观各地新乡贤的评选活动，尽管花样翻新、名目众多，但基本依循着“政府画像、组织投票”的单一模式，这一模式存在明显的弊端：一是新乡贤作为乡村内生性权威，政府直接站台容易使其“第三方立场”的公信度受到质疑；二是远离乡村生活实际的非利益相关者基于“描述性”简历的投票存在较高的“误判”几率；三是在培育不足、考核和退出机制缺位的前提下，运动式评选的自我纠错功能几乎为零。

（二）新乡贤培育的应然路径

上述误区的存在曲解了新乡贤在乡村振兴中的历史定位，并对其作用发挥产生了不良影响，鉴于此，结合各地实践经验和理论研究成果，我们就各地新乡贤的发掘、培育和使用提出以下建议：

1. 广泛搭建平台，拓展新乡贤用武之地

实践表明，区域间乡村振兴推进效果的差异关键，不在于有没有新乡贤的存在，而在于其作用如何发挥。这就需要各级党委政府广泛搭建新乡贤参与乡村建设和治理的平台，合理让渡权力拓展新乡贤用武之地，在“放得开”的同时保证“接得住”，两手都要抓两手都要硬。一方面，应对照中央所提出的全面要求，通过“放权”大力扶持以促进乡村经济发展为主要目标的“乡贤发展促进会”（如福建壁洲发展促进会），以乡村重大公共决策辅助为己任的“乡贤理事会”（如广东云浮乡模式）、“乡贤参事会”（如浙江德清模式），以调解家庭矛盾、邻里纠纷为职责的“乡贤协调室”（如浙江绍兴的乡贤老娘舅）等平台，不断拓宽新乡贤的用武之地。另一方面，借助有计划的培训和轮训，通过“赋能”增强新乡贤为群众服务的意识，提高其运用现代科技手段和文化平台参与乡村文化治理的水平，增强其对党的理论路线方针政策的学习和把握能力，引导新乡贤学法、懂法、守法，依法参与村务处理。[26]

2. 加强监督引导，确保新乡贤造福乡里

唯物史观告诉我们，乡贤是一个概念同时也是一个过程，它不仅是在政府公文或家谱族录上跃然于纸上的文字，同时是植根于乡民生活经验和文化心理的具体记忆。与之同理，就群体而言，新乡贤所囊括的对象范围和认定标准必然随时间而流变；而就个体而言，其贤德持续与否、公益热心程度等亦始终处于不断发展的过程之中。历史经验充分说明，只有真正自觉坚持人民群众立场，维护人民群众利益，才能得到人民群众的认可。[27]因此，鉴于以往从乡贤中分化而来的土豪劣绅盘剥农民利益以及异化为“村霸”和“宗族代言人”的历史教训，作为乡贤文化复兴的推动者，各级党委和政府应当加强对新乡贤群体的教育引导和过程监督，一方面要以防止其在国家征地补偿、农地流转承包、拆迁集中安置等环节和领域巧取豪夺集体或他人利益；另一方面要强化其与群众的密切联系，站在普通乡民的立场来考虑问题，确保新乡贤造福乡里。

3. 强化考核激励，倡导乡民见贤思齐

为避免乡贤生成的运动化弊端，应当同时抓紧制定和完善相应的考核和激励机制。对于能力上不能胜任和贤德上不再适任的新乡贤，应当以公告的形式予以清退，以确保新乡贤反哺乡梓的“贤能”本色和造福乡里的“生力军”特征。对于尽心竭力造福乡里的新乡贤，在物质上，可以适当予以奖励，但鉴于新乡贤本身的“公益”特征，更为重要的是应当着力思考对其进行精神激励，具体可包括以下几方面：一是在宣传上，要充分发挥主流媒体的阵地优势，广泛借助传统媒体、新媒体、自媒体等技术平台，加强典型事迹的报道力度，切实提升新乡贤群体的自我成就感；二是在生活中，要通过举办修缮乡贤祠、树立“功德碑”“祭拜乡贤”等多种仪式性活动，在全社会形成新乡贤造福乡梓应当受到乡民尊重和支持的广泛社会认同；三是在艺术上，依托新乡贤的故事原型，创作相关题材的文学作品和影视作品，以乡情、乡愁为纽带，使之升华为全社会的群体意识和共同追求。

4. 深化情感互动，巩固双向文化共鸣

鉴于新乡贤的权威并非来自行政命令而是来源于乡民共同期待的契合，以本土乡贤文化传统为纽带强化二者间的文化共鸣，对于维护和提高乡贤在村民中的威信就具有了重要意义。首先，应改良新乡贤的荐评方式，逐步淡化荐评的行政色彩，坚持“自下而上”的原则，候选人产生采取个人自荐、群众推荐、组织举荐等多渠道并举，评选过程采取群众投票、专家组评审相结合的方式，主动接受媒体和群众监督，及时听取各方意见，以夯实当选新乡贤与群众情感互动的基础。其次，可以通过乡贤故事征文、村规民约修订、族谱编撰整饬等方式，充分发动乡民深入挖掘本地乡贤文化的典型个案和演进脉络，并在适当整理基础上将相应成果以祠堂陈列、集市展览、自媒体分享等形式投放于受众，以此滋养新乡贤赖以生存和发展的文化共鸣土壤。同时，各地应以县级全媒体中心建设①为契机，利用网络新媒体技术搭建新乡贤与家乡之间的情感联络机制，以乡情

① 习近平总书记在2018年8月21日召开的全国宣传思想工作会议上指出，“要扎实抓好县级融媒体中心建设，更好引导群众、服务群众。”该指示表明县级融媒体中心建设是做好全国宣传思想工作至为关键的“最后一公里”，也指明了媒体融合纵深推进的方向。2018年11月14日，中央全面深化改革委员会第五次会议，审议并通过了《关于加强县级融媒体中心建设的意见》。

民意、乡韵乡愁勾勒起新乡贤与家乡之间的情感纽带，从而感染汇聚众多贤达回乡服务群众。[28]

参考文献：

［1］中共中央国务院关于实施乡村振兴战略的意见．［EB/OL］．（2018－02－04）［2019－02－04］．https：//baijiahao. baidu. com/s？ id＝1591477702040114928&wfr＝spider&for＝pc.

［2］［日］重田德．乡绅支配的成立与结构［A］．日本学者研究中国史论著选译：第2卷［C］．北京：中华书局，1993.

［3］［日］寺田隆信．关于“乡绅”［A］．明清史国际学术讨论会论文集［C］．天津：天津人民出版社，1982.

［4］黄六鸿．福惠全书：卷4［M］．康熙三十三年刻本．

［5］徐茂明．明清以来乡绅、绅士与士绅诸概念辨析［J］．苏州大学学报（哲学社会科学版），2003（1）：98—101.

［6］费孝通．皇权与绅权［M］．天津：天津人民出版社，1988.

［7］李思琪．新乡贤：价值、祛弊与发展路径［J］．国家治理，2018（3）：28—36.

［8］李晓斐．当代乡贤：理论、实践与培育［J］．理论月刊，2018（1）：161—166.

［9］李晓斐．分离与回归：中国乡村百年实践中的现代性与反思［J］．思想战线，2016（4）：51—56.

［10］中共中央国务院关于实施乡村振兴战略的意见．［EB/OL］．（2018－02－04）［2019－02－04］．https：//baijiahao. baidu. com/s？ id＝1591477702040114928&wfr＝spider&for＝pc.

［11］王先明．“新乡贤”的历史传承与当代建构［N］．光明日报，2014－08－20（1）．

［12］钱念孙．新农村呼唤新乡贤——代表委员畅谈新乡贤文化［N］．光明日报，2016－03－13.

［13］胡鹏辉，高继波．新乡贤：内涵、作用与偏误规避［J］．南京农业大学学报（社会科学版），2017（1）：20—29、144—145.

［14］高万芹：新乡贤在乡村振兴中的角色和参与路径研究［J］．贵州大学学报（社会科学版），2018（3）：127—134.

［15］关于加大改革创新力度加快农业现代化建设的若干意见．［EB/OL］．（2015－02－01）［2019－01－05］．http：//www. gov. cn/zhengce/2015—02/01/content_ 2813034. htm.

[16] 李传喜．政府动员、乡贤返场与嵌入性治理：乡贤回归的行动逻辑——以L市Y镇乡贤会为例[J].党政研究，2018（1）：101—110.

[17] 廖彩荣，陈美球．乡村振兴战略的理论逻辑、科学内涵与实现路径[J].农林经济管理学报，2017（6）：795—802.

[18] 邹心平．论乡村的封闭性与新乡贤的困境[J].老区建设，2017（17）：65—69.

[19] 任九光．"乡贤"的历史发展与近代突变——兼论新乡贤建设应汲取的历史经验教训[J].教育文化论坛，2016（8）：123—130.

[20] 李晓斐．当代乡贤：地方精英抑或民间权威[J].华南农业大学学报（社会科学版），2016（4）：135—140.

[21] 胡鹏辉，高继波．新乡贤：内涵、作用与偏误规避[J].南京农业大学学报（社会科学版），2017（1）：20—29、144—145.

[22] 现代汉语词典（第6版）[M]．北京：商务印书馆，2015.

[23] 蒋伟峰，方杰，何斐．从乡贤回归走向乡村善治[J].农村工作通讯，2017（22）：53—55.

[24] 靳业葳．新乡贤组织的制度设置与治理机制创新[J].财经问题研究，2017（10）：126—131.

[25] 费孝通．乡土中国[M]．人民出版社，2015：11.

[26] [27] 李思琪．新乡贤：价值、祛弊与发展路径[J].国家治理，2018（3）：28—36.

[28] 钱再见，汪家焰．"人才下乡"：新乡贤助力乡村振兴的人才流入机制研究——基于江苏省L市G区的调研分析．中国行政管理，2019（2）：92—97.

The Era Essence and Cultivation Path of New Rural Elite under the Vision of Rural Revitalization

Zheng Tao, *Wang-Wenke*

(Sichuan Normal University, Chengdu 610066)

Abstract: Rural revitalization is a comprehensive revitalization of rural politics, economy, culture, ecology and society. The main structure and working mechanism in traditional village are difficult to adapt to the development of the situation. The internal driving force and self-organization ability need to be improved. Then, new rural elite welcomes this opportunities. While combing the related concepts of nostalgia, gentry, and rural elite, this paper proposes that the era essence of new rural elite should cover the five aspects of local elites, enthusiastic public welfare, ethical recognition, cultural resonance, and fashion guidance based on the new requirements of rural revitalization; For several misunderstandings in the practice of cultivation of new rural elite, the paper puts forward the cultivating suggestions including platform for building platform, expanding the use, strengthening supervision, ensuring the benefits, strengthening incentives, advocating insights, deepening interaction, and consolidating cultural resonance.

Key words: rural revitalization; new rural elite; era essentials; generating logic

吸纳与嵌入：基层党建助推精准扶贫的实现机制*

——基于湖北恩施州“村医村教”进两委的模式分析

杨 涛

（华中师范大学中国农村研究院　湖北武汉　430079）

内容提要：在脱贫攻坚的关键时期，基层社会在应对大量外部扶贫资源输入的情境下，出现了诸如村干部能力不足、基层社会精英流失严重、村级治理成本不断增加等问题，严重影响了精准扶贫工作的有序推进。武陵山连片特困地区的恩施州提出吸纳“村医村教”嵌入村“两委”班子的尝试，旨在从基层内部挖掘治理资源，借助于行之有效的吸纳和嵌入机制，使基层组织重新焕发生机和活力，从而形成以党建助推扶贫工作的良性格局。

关键词：吸纳；嵌入；村医村教；基层党建；精准扶贫

习近平总书记在十九大报告中指出深入推进党的建设是实现中国梦的伟大工程。基层作为党建工作的重要发力点，创新党建工作将成为当前及未来一段时间所面临的重大议题，也将成为影响基层能否实现有效治理、乡村振兴战略能否有效推进的关键所在。文章所关注的湖北恩施，是武陵山连片贫困地区扶贫工作重要地段，实现精准扶贫、推进乡村振兴的工作任重而道远，而坚持党的领导，以党建助脱贫、促发展成为当地脱贫攻坚

---

* 基金项目：教育部人文社科基金项目“村委会下沉自然村的实践、问题及对策研究”（项目编号：15YJC810012）；国家社科基金项目“瑶老制与村民自治：传统治理资源的利用与创新”（17CMZ047）。

作者简介：杨涛（1987—　），男，汉族，山西大同人，华中师范大学中国农村研究院（政治科学高等研究院）2015 级博士研究生，研究方向为基层治理与“三农”问题。

的重要抓手和着力点，恩施大胆尝试将“村医村教”纳入村级“两委”班子，在推进基层党组织建设，改善基层治理诸多问题的同时有效助力精准扶贫工作在基层的开展，并收到了良好的效果。

一 研究回顾与问题提出

近年来有关扶贫的话题一直以来都是学界关注的热点，中国的国家扶贫先后经历了由政府主导型扶贫到参与式扶贫再到如今所推行的精准扶贫的转变。特别是当下，精准扶贫工作已被纳入国家治理体系范畴中，成为国家治理的一项重要内容，同时也是考察中国共产党执政能力、评判国家治理体系与治理能力现代化的重要指标。围绕精准扶贫，学界开展了深入的研究，主要集中在精准扶贫的内涵、实施路径、困境与挑战，以及脱贫成效等方面。2015 年 11 月中共中央、国务院颁布《中共中央国务院关于打赢脱贫攻坚战的决定》（以下简称《决定》），《决定》提出打赢脱贫攻坚战的总体要求，其中在基本原则的第一条就指出：“坚持党的领导，夯实组织基础，切实加强贫困地区农村基层党组织建设，使其成为带领群众脱贫致富的坚强战斗堡垒。”[1]至此“党建扶贫”成为精准扶贫一个新的有力抓手，同时也成为学界关于精准扶贫一个新的研究点。

围绕党建与精准扶贫的研究同样产出了相当数量的成果。总体上看主要包括以下几个方面的成果：第一，从党建理论、治理理论等理论视角对党建扶贫进行解读。例如对党建扶贫的内在机制及深化路径进行分析，指出“我们党通过思想动员凝聚贫困治理共识，通过组织动员凝聚贫困治理力量，通过全方位激励激发脱贫攻坚的内在动力，形成了党建扶贫新模式，为全球贫困治理贡献了‘中国智慧’，提供了‘中国方案’”[2]。另有学者指出：精准扶贫与基层党建的双重推进是更契合“政党—国家”的制度环境的一种新型耦合治理，精准扶贫和基层党建之间相互嵌套所形成的治理机制蕴含着不同于既有理论的新模式。[3]除此之外，还有学者就基层党组织在精准扶贫中的作用展开研究，认为“农村基层党组织在精准扶贫中发挥着引领示范作用、服务发展作用和桥梁纽带作用。”[4]当然，这其中还包括基于调查对各地党建扶贫成功经验的梳理与总结，因这类文献较多，不再一一例举。

第二，以践行基层党建的“第一书记”为切入点，对“第一书记”

参与下的精准扶贫进行研究。这方面的研究也取得了不少的成果，有学者从公共领导力视角入手，分析“第一书记”扶贫与农村领导力供给问题，为如何改进现有的“第一书记”扶贫政策提出了若干建议。[5]还有研究将“第一书记”扶贫制度概括为“双轨治理”的分析框架，认为：“‘第一书记’扶贫是一种既包括国家治理又包括基层治理，是二者相互作用而形成的一种有效的治贫格局”[6]。除了以上的研究之外，还有学者研究“第一书记”扶贫政治行为的嵌入逻辑，指出：“‘第一书记’是党和国家对贫困村的组织嵌入，将本不属于村庄的“第一书记”嵌入村庄，成为党和国家与贫困村之间的中介变量，把上级政策和多种资源带到村庄发展中来解决基层治理中的难题。”[7]

综合上述，从目前关于党建扶贫的研究不难看出，不论是从“政党—国家”、乡村治理作为切入点，还是以“第一书记”作为研究对象所开展的研究，抑或是基于事实的经验梳理与反思，绝大多数研究将视线聚焦于外部力量，强调外部的动员，以及“第一书记”作为外部力量的嵌入等。而在党建扶贫过程中，村落领导力的内生性供给的研究则相对欠缺。这恰恰成为本研究所关注的议题，即村落本土内生性领导力如何融入党建之中来解决基层治理之困并推动扶贫工作的顺利开展。文章选取湖北恩施在党建扶贫过程激活基层组织内生力量的探索进行研究，以期进一步拓宽关于党建扶贫的研究视角，更多的关注基层内生性的活力，并为进入攻坚拔寨冲刺期的扶贫工作提供有价值的参考。

二　鄂西山区的扶贫与基层治理之困

湖北恩施土家族苗族自治州，是我国30个少数民族自治州中成立最晚的一个。作为湖北省唯一的少数民族自治州，同时又被纳入西部大开发地区，是一个集老区、山区、库区、贫困区于一体的特殊地区。截至2016年末，全州总人口401.36万，其中农村人口255.22万，是武陵山扶贫工作的重要地段，扶贫开发工作任重而道远。李克强总理2012年和2013年先后两次前往恩施龙凤镇考察，并做出“要求恩施在扶贫搬迁、移民建镇、退耕还林、产业结构调整等方面先行”的指示。[8]为此恩施州以龙凤镇为点，恩施为片，以综合扶贫为抓手，加快区域发展和扶贫攻坚的步伐，为中西部连片特困地区脱贫致富探路子、找经验。随着习近平总书记关于“精准扶贫”思想的提出，以及国务院出台《关于印发〈建立精准扶贫工作机制实施方案〉的通知》，恩施州的扶贫工作进一步从综合扶贫转向精准扶贫，各项扶贫工作稳步推进。尽管如此，随着各项扶贫惠农政策对接到村一级，农村社区的组织保障问题开始显现，扶贫与基层建设工作仍存在诸多困境，具体表现如下：

第一，基层组织能力不足且问题显露。2012 年十八大之后，随着全面建设小康社会工作的推进，对于地处武陵山区的恩施来说，扶贫工作成为党和政府的重要任务。恩施州处于武陵山区的重要地段，扶贫工作面临着诸多的瓶颈，其下辖的两市六县均为国家认证的贫困县（市），经济发展水平严重滞后，农村精英外流现象严重，村一级党支部班子成员普遍存在年龄大、学历低这类情况。从恩施州关于村“两委”班子情况的统计数据中获悉：“两委”班子成员中，60 岁以上的占 12.7%，初中及以下学历的占 37.8%。与此同时，连续任职四届以上的党组织书记占 26.5%，有 83 个村无合适书记、主任人选。[9]与此同时，村级组织逐渐呈现公司化、行政化、家族化倾向。不少村子的书记、主任都成了企业的老板，一门心思忙着经营自己的事业，对于村级事务疏于管理；同时压力型体制的运作方式，使得上级各部分的事情都往村里压，各类考核、评比给村里增加了不小的负担。最为各级政府工作重点的精准扶贫工作同样遵循这一逻辑。此外，个别村子一直以来被颇具实力的家族所控，一些家族成员成为党组织主干力量。上述村级组织“三化”倾向已经严重影响着基层组织工作的开展。此外，农村基层组织对新知识、新理论、新思想的接受能力比较弱，与当前快速输入的扶贫工作要求相去甚远，严重影响并制约了扶贫工作在村一级的对接与落实。

第二，基层工作覆盖不全且方法滞后。恩施州境内河流纵横，岭峻坡陡，素有“八山半水半分田”的描述。全境国土面积 2.4 万平方公里，山高人稀，人口密度按照常住人口计算仅为 140 人/平方公里。独特的地理环境给基层工作带来了诸多的难度与不便，导致传统基层党组织工作存在许多“空白点”，加之基层党员干部数量有限，很难实现区域内居住分散农户的全面覆盖。与此同时，武陵山区的不少地方仍采取传统的领导方式，习惯采取包办、硬性规定等方式解决村内问题，村民日益多元化的需求难以得到有效满足。随着扶贫工作的深入推进，当地农村基层党组织受设置方式、活动方式、工作体制、工作方法滞后等较为深刻的影响，例如在信息传达方面，在村委会或村口张贴告示的传统方法依然被当地基层组织所采用，这样的传统手段与新媒体时代信息传播的要求相冲突，很难将信息准确细致地传达给每一位村民，直接导致部分居住偏远的农户不能及时获知相关的扶贫惠农政策，亦或因获得信息途径的限制导致信息不对称，从而引发信任危机和不必要的冲突。因此，如果没有主动意识，很容易影响农村社区的基层治理，造成党群、干群关系紧张。同时，基层党组织整合力度不够也会让村民的社区认同感降低，对党和国家实施的扶贫惠农举措产生抵触，与党组织希望村民配合之间产生矛盾。

第三，基层组织对乡村社会精英缺乏足够的吸引力。基层组织队伍“三化”问题显现，特别是文化水平偏低和老龄化的严峻形势下，吸引乡村社会精英加入基层组织显得更为紧迫和必要。然而，笔者在调查中发现，但凡有些能力的乡村能人，或是致富能手，或是拥有学历的年轻一代往往选择到外地生活工作，完全没有加入基层组织服务村落治理的意愿。造成基层组织对乡村社会精英没有吸引力的原因主要有以下几点：一是乡村精英最先考虑的是个人的经济收入问题，这些乡村精英普遍具备获得相对可观收入的能力，显然不能接受进入基层组织做事的收入，这一想法虽显得功利，但也是不可回避的现实情况；二是部分乡村社会精英考虑加入基层组织后自我身份发生变化，相比普通村民而言会受到党纪、国法更多的约束；三是一部分外出取得了一定成绩的乡村精英从观念上已经脱离了农村和农业，他们一部分因自我能力致富之后长期生活在城镇，即便生活在村子里也已经不再是村里的普通人，因此，这些人对于村庄的发展绝大多数表现出漠不关心的态度。

三 村医村教进村级“两委”班子的吸纳机制

针对上述恩施州在推进精准扶贫工作中基层所显现的各类问题，恩施州政府善于发现，敢于创新，采取了吸纳“村医村教”并将其嵌入村级“两委”的大胆尝试，以实现对基层组织的调试与优化。其中，恩施州党建促扶贫的吸纳机制主要有：

第一，发掘并吸纳传统治理资源。据恩施当地村民介绍，在武陵山区一直以来就流传着村医治病救人、村教传道授业的佳话，村里的“赤脚医生”和乡村教师一直以来都非常受当地人的信任和敬重，但凡村民遇到一些大事小情都想着去找村医、村教商量，村民们乐于听村医、村教的意见和看法，也能接受村医、村教给出的建议。因为在当地村民观念里，村医、村教都是读过书、有知识、懂道理的明白人。由此，在当地形成了浓厚的尊师重道的文化传统，时至今日这一传统依然被当地村民所沿袭，村民们依然对村医、村教有着一定的依赖。最为典型的例子就是村民家举办婚嫁喜事的时候都会请村里的教师去做证婚人，他们认为在村里老师见证下的婚姻都会长久美好。正是这一传统恰恰为基层组织结构的创新提供了良好的治理基础。当地政府正是抓住了“村医、村教”在当地良好口碑所创设的良好的治理基础，结合恩施州在精准扶贫过程中基层组织所存在并暴露出的各类问题，2013 年 4 月恩施州委组织部开始将村医、村教纳入村“两委”班子人选视野，率先在恩施、咸丰、宣恩三个市县开展试点。

第二，上下合意，有理有据。吸纳村医村教进入村级“两委”班子可谓是上下合意之举，上级政府有推进精准扶贫攻坚的重要任务，基层有改善治理现状、落实扶贫政策的迫切需求，因此上级政府结合本地实际情况，发掘本土传统治理资源基础之上选定试点开始探索。选定试点也并非贸然推进，而是先行开展摸底调查，了解村级“两委”班子以及村医村教队伍现状，并作出村医村教进入村级“两委”班子的可行性分析，切实做到了有理有据、依法依规。以开展试点的恩施龙凤镇为例，调查统计显示全镇 97. 14% 的村医学历为中专，74. 2% 的村医年龄在 36—55 岁之间，此外，全镇 35. 57% 村的教师在 45 岁以下，60% 的教师学历为大专以上。村医村教学历层次相对较高，有利于改善村级“两委”班子知识结构。同时村医村教学习创新能力较强，有利于弥补现职村干部在法规政策、农村信息化等方面理解运用的“短板”，从而有效解决村干部力量不足、服务能力欠缺的问题。以龙凤镇为例，在接受调查的 35 名村医、104 名村教中，有 75% 的人愿意参与村级工作，他们希望参与宣传扶贫政策、收集社情民意、化解矛盾纠纷、计划生育、农村合作医疗征收、关爱帮扶留守家庭等工作，提供必要的公共卫生服务，组织开展群众文体娱乐活动。其中多名具有党员身份的乡村教师表示，希望能够发挥党员的先锋模范作用，为脱贫致富尽自己的一份力量。

第三，界定吸纳原则，确保合法有效。通过调查论证确定吸纳村医村教方案的可行性之后，正式进入实践阶段。当地政府从遵循法规、方便工作、简化程序、提高效率的实际出发，坚持择优选用、分类进入、职数控制、程序合法的原则，落实吸纳村医村教进入村“两委”班子工作。所谓择优选择，是指将政治素质好、思想作风好、群众基础好、组织协调能力强、熟悉农村工作、自愿参与村级事务的村医村教人选纳入选拔视野；分类进入主要是考虑其是否具备党员身份，对于属于国家公职人员的中共正式党员，可进入村党组织班子，担任村党支部委员，对于没有党员身份的村医村教，则可吸纳进入村委会班子；而职数控制也体现着一种优中选优的原则，每个村子根据实际情况，推荐1—3名村医村教进入村“两委”班子；程序合法主要指的是要按照《中国共产党基层组织选举工作暂行条例》《村民委员会组织法》等有关法律法规程序办理，以确保村级“两委”班子补充人员合法、有效。调查发现，目前在吸纳途径上有两种方式可供选择：一是根据《村民委员会组织法》等有关规定，将符合条件的村医、村教选进村委会班子；二是对在村工作时间较长、群众基础好、条件成熟的党员村医、村教，可由乡镇党委任命其担任村支部委员，村医、村教因其工作量大，通常不再担任村级“两委”委员外的其他职务。在下一个换届年之前，对符合进入村委会班子的村医、村教，可暂由组织推荐任命为村务协理员，待到换届时正式提名参与村委会委员竞选。

四 村医、村教进村级“两委”班子的嵌入机制

将村医、村教吸纳进入村级“两委”班子仅仅是为基层组织输入新鲜血液的第一步，如何让这些新的细胞在基层组织迸发出应有的活力才是关键所在，为了能够让村医、村教真正融入基层组织，发挥其应有的作用，当地政府采取了一系列的措施，这里将其归纳为村医、村教进村级“两委”班子的嵌入机制：

第一，给予身份认定，明确工作职责和范围。获得身份的认定是吸纳为村级“两委”班子的村医、村教能否有效嵌入基层工作的重要议题。从村医村教身份转变为“两委”成员，身份认定是其参与村级事务的前提，从选定方式和流程上看，依规合法的选定是获得身份认定的一个方面，其次对于推选进入村级“两委”班子成员的具体人选，要报送乡镇党委审定，再报州、市组织部门备案，对于村务协理员乡镇人民政府还要予以任命，下发正式的政府任命文件并就任命情况进行公示。这一过程既符合法定程序，又是一种对纳入“两委”的村医村教身份给予认定的正式程序，这将极大地提升其对基层组织的认同感和对基层工作的使命感。

除此之外，对于纳入村级“两委”的村医、村教要明确工作职责和范围，保证本职业务和参与村级工作“两不误”。村医进入村级“两委”，除完成本职工作以外，其参与村级工作的职责可承担宣传贯彻党的路线方针政策、参与讨论村级重大事项、参与新型农村合作医疗征收、了解群众需求、参与制定完善村级班子制度建设、协助调解纠纷矛盾等任务，以及一些必要的公共卫生服务。村教可承担宣传政策、参与讨论村级重大事项、参与村级班子制度建设、负责组织开展群众性文体娱乐活动、负责留守家庭留守儿童关爱帮扶工作、配合完成综治维稳和矛盾调解等工作职责。村务协理员仍履行村医、村教任职后的相关工作职责。对于纳入基层党组织的村医、村教，还肩负着基层党组织建设的使命，诸如践行群众路线以及党员先进性教育活动等。

第二，建立工作待遇保障与激励机制。为了充分调动村医、村教参与村级“两委”工作的积极性，一是建立待遇保障机制。上文中也曾指出，村级“两委”没有吸引力的一个重要原因就是在经济方面没有保障。为了能够让纳入村级“两委”的村医、村教减少后顾之忧，当地将担任村级“两委”委员的村医、村教报酬纳入财政预算，并适当增加村级“两委”工作经费。从调查了解，目前龙凤镇是按照每人每年 1500 元的标准给予通信交通补贴，已经纳入恩施市级财政预算。二是建立考核激励机制，参照乡镇公益性服务单位“以钱养事”办法，按工作绩效与工作报酬全挂钩的原则，严格考核兑现。根据绩效考评结果，确定工作报酬兑现比例，按照管辖权限，考核工作由镇党委组织实施。三是建立管理评价机制，加强对进入村级“两委”班子村医、村教的跟踪管理，定期了解其思想状况和工作情况，完善群众评议等制度，真正让村医、村教发挥应有的作用。同时，对热心服务群众，主动参与村级管理并做出一定贡献的村医、村教，在评先表模和推选各级党代表、人大代表、政协委员时予以优先考虑，充分调动他们参与村级事务管理的积极性。

第三，建立长期的培养机制。基层问题复杂多变，扶贫攻坚阶段的阶层问题更具挑战，对于基本素质相对较高的“村医村教”而言，面对新时期的新问题也要开展必要和专业的培训。要重点进行政治理论、政策法规、扶贫政策、“三农”知识、基层组织建设、群众工作等培训，促使他们尽快进入角色，成为农村工作的行家里手。村医村教作为一支数量较大、素质优良的农村人才队伍，如果不好好利用、不加强培养，必将造成很大的人才浪费。笔者从“关于优选村医村教进入村级‘两委’班子任职岗前培训会日程安排表”所罗列的培训内容了解到，培训涉及主题包括《学习掌握农村基本政策 切实为民做好服务》《运用法制方法 规范村务管理》以及《如何在服务型党组织建设中发挥作用》等，由市委书记、市委常委以及各相关职能部门的主要负责人参与。同时还会定期不定期地组织学习精准扶贫的各项惠农政策，以方便村医村教做好政策宣传。

除岗前培训之外，乡镇还积极鼓励纳入村级“两委”的村医村教加强自身业务学习，在服务村级事务的同时不能将本职工作忽视。对于村级组织开展的各类诸如党员先进性教育活动、群众路线的学习与实践、党和国家主要会议精神学习等，纳入村级“两委”班子的村医村教务必参与其中，并按照要求进行学习心得的总结与汇报。对于没有获得党员身份的村医村教，村党支部会将其列为后备党员重点发展和考察对象，争取早日成为基层党组织的一员。

恩施市优选村医村教进入村级“两委”班子的尝试，简单来看是一次解决基层治理之困的大胆创新，但从深层次考察则是党建助力扶贫的一次成功探索。“中国国家建构中以党建国、以党建制的逻辑决定了民主集中制不仅仅是政党的核心组织制度，而且也是整个国家制度系统的核心机制。”[10]众所周知，基层党组织是基层工作的战斗堡垒，只有将基层党组织建设好，才能将基层工作有序地推进。“中国特色的政党制度所具有的独特制度优势，就是它有强大的政治吸纳和整合功能”。[11]换言之，中国特色的政党制度较为突出的一点表现在对社会各行各业人才资源的吸纳与整合，也正是这样的优势为集中力量攻坚克难实现中华民族伟大复兴提供了必要的人才保证。面对精准扶贫攻坚阶段基层工作所遇到的各类复杂问题，恩施通过发掘村医村教这一本土内生性治理资源，通过合法合规的吸纳机制与路径，将其纳入村级“两委”班子，并通过身份的认定、待遇保障与激励、长期发展的培训等一系列嵌入机制让村医、村教真正融入基层组织，真正做到了留得住、用心做、做得好。这是一次基层组织政治吸纳与“输血再造”的成功尝试，相比“第一书记”的党建扶贫而言，恩施州的吸纳与嵌入是将内生资源激活并焕发生机的过程，开辟了党建扶贫的一条新路径。

参考文献：

［1］中共中央、国务院关于打赢脱贫攻坚战的决定［N］．人民日报，2015－12－08.

［2］彭红波．贫困治理中党建扶贫的内在机制及深化路径［J］．行政与法，2017（12）：59—68.

［3］徐明强，徐汉泽．新耦合治理：精准扶贫与基层党建的双重推进［J］．西北农林科技大学学报（社会科学版），2018（3）：82—89.

［4］山西省党建研究会课题组，发挥农村基层党组织在精准扶贫中的作用研究［J］．中国延安干部学院学报，2017（1）：41—47、53.

［5］王亚华，舒全峰．第一书记扶贫与农村领导力供给［J］．国家行政学院学报，2017（1）：82—87.

［6］谢小芹．“双轨治理”：“第一书记”扶贫制度的一种分析框架——基于广西圆村的田野调查［J］．南京农业大学学报（社会科学版），2017（3）：53—62、156—157.

［7］李利宏，郑甜甜，第一书记驻村扶贫政治行为的嵌入逻辑［J］．中共陕西省委党校学报，201（1）：25—29.

［8］李克强在江西九江和湖北恩施调研［EB/OL］．（2012－12－30）［2016—01—16］．http：//politics. people. com. cn/n/2012/1230/c70731—20059417. html.

［9］湖北省恩施州委州人民政府．优选村医村教进“两委”班子　提升农村基层组织服务水平和治理能力［N］．中国组织人事报，2014－08－25（2）．

［10］张艳娥．党的领导转化为制度优势的逻辑机理与提升路径［J］．西安财经学院学报，2018（1）：104—110.

［11］常欣欣．中国特色政党制度的政治吸纳和整合功能及其建设［J］．科学社会主义，2010（4）：52—55.

Absorption and embedding：the realization mechanism of grassroots party building to promotetargeted poverty alleviation

—— Analysis of the Model of “Village Doctors and Teachers” in village Party branch and village committee Based on Enshi Prefecture，Hubei Province

Yang Tao

（Institute for China Rural Studies，Central China Normal University，
Wu Han 430079，China）

Abstract：In the critical period of poverty alleviation，the grassroots society has encountered problems, such as insufficient capacity of village cadres, serious loss of grassroots social elites, and increasing village-level governance costs in the context of responding to the input of a large number of external poverty alleviation resources, which has seriously affected the work of precision poverty alleviation. to be done with orderly advancement. Enshi Prefecture of the Wuling Mountain contiguous destitute area proposed to absorb the "village doctors and teachers" embedded in village Party branch and village committee, aiming to mine governance resources from the grassroots level and make the grassroots organizations with effective absorption and embedding mechanisms. Rejuvenation and vitality will form a benign pattern of helping the poor with party building.

Key words: Absorption; Embedding; Village doctors and teachers; Grassroots party organization construction; Targeted poverty alleviation

中国乡村振兴研究观察：现状与前瞻*

——基于 CNKI 和 CSSCI 文献的考察

邓正阳

（中国人民大学公共管理学院　北京　100872）

内容提要：基于对《中国期刊全文数据库》（CNKI）和南京大学《中文社会科学引文索引》（CSSCI）中乡村振兴研究文献的全面考察，系统分析当前我国乡村振兴研究领域里的重点研究机构、核心研究群体以及主要研究议题的分布状况发现，重点高校和部属研究机构的研究者是我国乡村振兴研究中的关键主体和中坚力量，其中核心研究机构主要分布于我国东部地区，中西部地区的研究力量有待加强。虽然我国乡村振兴研究总体上在乡村政治、乡村经济、乡村社会、乡村文化、乡村生态等领域均取得了丰富的研究成果，但是仍处于不断深化和推进的阶段，需要进一步拓展研究方法，要更加注重基础理论方面的研究，要更加重视对特困地区的关注，还要注重对域外乡村发展经验的借鉴，不断提升研究服务现实的能力。

关键词：乡村振兴；乡村研究；学术影响力；CNKI；CSSCI

大力实施乡村振兴是党和政府立足于新时代世情、国情和农情做出的一项重大决策部署，是全面深化农村综合改革、统筹城乡区域协调发展、全面建成小康社会、全面建设社会主义现代化国家的重大战略工程，是新

---

* 基金项目：教育部哲学社会科学研究重大课题攻关项目“推进农业供给侧结构性改革的理论与战略研究”（17JZD017）；中国人民大学“中央高校建设世界一流大学（学科）和特色发展引导专项资金”（2019023）。

作者简介：邓正阳（1992—　），男，汉族，湖北黄冈人，中国人民大学公共管理学院博士生，国家发展和改革委员会社会发展研究所助理研究人员，研究方向为乡村发展与社会治理。

时代我国“三农”工作的总抓手。乡村振兴战略的提出极大地推动了这一领域的学术研究热潮。一些乡村振兴战略研究院等专业智库相继在包括教育部直属“双一流”高校在内的众多高等院校成立，各类乡村振兴学术论坛和学术会议接连在不同城市召开，一批乡村振兴为研究主题的科研项目先后获得立项，一系列乡村振兴研究成果不断涌现……但文献检索发现，当前学界主要是基于特定学科专业视角的学理探讨和政策分析，而依托既有文献对乡村振兴的研究状况进行整体性把握、全景式呈现和结构性表达的研究则尚付阙如。事实上，基于文献梳理考察对已有研究进行合理检视和评估可以为后续学术研究的推进提供坚实的基础，对于相关领域的知识生产和理论创新亦有重要的借鉴价值。基于此，笔者基于《中国期刊全文数据库》（CNKI）和南京大学《中文社会科学引文索引》（CSSCI）中乡村振兴研究的文献资料进行梳理分析，系统考察研究了当前我国乡村振兴研究的重点研究机构、核心研究群体以及主要研究议题的分布状况，对乡村振兴研究的学术影响力予以描述，并在总结与反思的基础上探讨未来的研究趋向和发展空间。

一 乡村振兴研究发文状况的整体性考察

通过《中国期刊全文数据库》（CNKI）检索发现，“乡村振兴”的提法最早出现于2015年中国社会治理研究会在武汉主办的首届“中国社会治理50人论坛”。该次论坛围绕“社会治理创新”的主题设置了四个分论坛，而其中首个分论坛的主题便是“乡村振兴与乡村治理”。2016年出现了两篇以乡村振兴为主题的研究文献，分别是《振兴乡村的探索及其启示》和《日本乡村振兴中价值观层面的突破：以能登里山里海地区为例》。但有趣的是，这两篇较早涉足乡村振兴研究的文献作者并不是来自于政治、经济、社会等社会科学领域，而是分别出自于清华大学建筑学院与时称“中华人民共和国住宅和城乡建设部”，且均发表于“建筑科学与工程”类的理工科刊物上。总体来看，乡村振兴的话语表述在此阶段虽被一些研究者使用，但在使用方式上表现出明显的笼括性特征，概念内涵及其内在关系未被做出明确的规定性界定和学理性阐释，大体上与“乡村复兴”“乡村建设”等词义内涵相似，并与其交互使用。2017年党的十九大召开，正式提出了“实施乡村振兴战略”，并明确提出“产业兴旺、生态宜居、乡风文明、治理有效、生活富裕”的总目标。为对这一国家战略作出回应并提供智力支持，学界关于乡村振兴研究的文献数量开始逐渐增多。

表1　《中国期刊全文数据库》（CNKI）收录的“乡村振兴”研究文献的类型分布①

（单位：篇）

库别＼类型	全文	主题	篇名	摘要	关键词
总　库	58000	16261	14980	7541	1128
期　刊	17358	4499	3659	7147	1091
会　议	305	38	31	55	20
报　纸	31924	11634	11242	—	—
博硕士学位论文	8264	48	11	286	16

从表1来看，当前乡村振兴的文献主要是各种报刊文章，占乡村振兴文章数量的55%以上，主要分布于《农民日报》《中华合作时报》《浙江日报》和《金融时报》等报刊上面，内容多为政策解读和评论，及对地方创新探索和实践经验的总结。期刊论文也是重要的呈现载体，从全文精准检索来看，乡村振兴研究的期刊论文约占总文献量的30%，内容涵盖了行业指导、基础研究、政策研究、工程技术、经济信息等领域。学术会议是促进学术争鸣和学术发展的重要平台，随着乡村振兴学术会议的召开，相关会议论文不断显现。从单位维度来看，政府部门及学术科研机构是乡村振兴学术会议的主要组织者。同时乡村振兴还日益成为我国硕博士生学位论文的重要选题，这为乡村振兴研究注入了不可忽视的新鲜血液和活力源泉。

上述梳理表明，当前乡村振兴研究是多类型、多视角和多层次的。但是“从文献的时效性、规范性、理论性等方面综合考虑，学术文章能兼顾上述特征”[1]。故而本文在全面展现当前乡村振兴研究全貌的基础上，以学术论文为主要观察窗口，重点考察该领域的主要研究力量和研究议题。

① 检索日期为2018年10月28日，统计数据为剔除重复和二次转载等文章后的结果，后同。

二　乡村振兴研究的学者分布与机构分布

研究者是学术研究的主体，是知识供给、理论创新和影响政策发展的关键力量。在哲学社会科学领域，尽管人们对评价研究者的学术影响力持有众说纷纭的观点，但文献发表量和被引量无疑是体现研究者在某个领域研究水平和学术影响的基本依据，具有较高发文量和被引率的研究者一般为该领域具有重要学术影响力的核心群体。

（一）乡村振兴研究的主要学者分布

笔者基于《中国期刊全文数据库》（CNKI）收录的相关文献，分别选取乡村振兴研究发文量和被引量排名前30位的研究者，系统考察了该研究领域的核心研究群体状况。笔者所选取文献的检索词均使用“乡村振兴”“农村研究”“乡村研究”及其他邻近主题的文献未被纳入分析范围，以此确保研究精准性。通过文献考察发现，乡村振兴发文量和被引量靠前的学者主要分布于政府系统、高等院校系统、政府下属政策研究机构、科学院系统及党校系统。其中高校在作者高发文量和被引量单位数上均排第一。从发文量来看，来自政府系统的作者数量排在第二位，略胜于来自科学院系统的研究人员数量；但从被引量来看，来自科学院系统的作者数量则反超前者。或许就研究理论而言，政府系统的研究人员更偏向政策型研究范式，科学院系统的研究人员则偏向学理型研究范式。论文引用者通常又以学术研究人员为主要群体，故而以学理性研究为鲜明特色的科学院系统的研究论文获得更多引用。有12名作者同时进入发文量和被引量排名前30的名单，成为高发文量和高被引量兼备的“双高型”作者，他们是长期专注于我国农村研究的知名专家。例如，陈锡文、韩长赋、韩俊、张红宇等既是我国人民代表大会农业与农村委员会、农业农村部、中央农村工作领导小组等部门的政府官员，是政策的规划者和改革者，又是长期从事农村研究的著名学者。这种“学者型官员”的身份使他们的研究成果具有政策面向的宏观把握与理论面向的学术阐述相交融的风格，从而具有较高学术影响力。高校领域的“双高型”学者主要分布于重点高校的农村研究机构。例如，郑风田和周立教授均是中国人民大学农业与农村发展学院的专家；黄祖辉教授为浙江大学中国农村发展研究院院长；王亚华教授为清华大学中国农村研究院副院长。长江学者特聘教授贺雪峰现为武汉大学中国乡村治理研究中心主任，以他为代表的华中乡土学派长期扎根于我国基层治理和乡村发展研究，在乡村治理研究领域具有影响。国务院发展研究中心农村经济研究部的叶兴庆研究员、中国社会科学院的李国祥研究员、四川省社会科学院的郭晓鸣研究员等著名农村问题研究者则分别代表了政府政策研究机构和科学院系统的研究力量。

（二）乡村振兴研究的主要机构分布

大多数学者都有其所属的研究机构，如果说单个学者的发文量和被引量反映的是其个体实力，那么机构发文量和被引量则体现了该机构所有学者，甚至是该机构整个学科的实力状况。而通常“核心期刊一般通俗的描述为每一学科发文量大、品质高、最能代表研究水平和趋势，被读者重视和认可的那部分期刊”[2]。而 CSSCI 期刊作为当前学界普遍公认的核心来源期刊，总体上体现着较高的学术水准和质量。因此，笔者对 CSSCI 期刊相关主题的研究进行了统计研究，发现在 CSSCI 论文发文量和被引量排序前 30 位的机构当中，高校分别占了 21 位和 19 位，比例达到了 70% 和 63%。高校无论是从发文数量还是发文质量来看，都是乡村振兴研究的主力军和中坚力量。从地域分布情况来看，在 CSSCI 论文高发文量高校中，东部、中部和西部的比例大约为 6∶3∶1，东部地区高校占到六成之多，中部和西部地区高校则只占了余下四成。从乡村振兴 CSSCI 论文高被引单位排名来看，东部地区的高校所占比例则达到 70% 多。这反映出我国东中西部地区高校在乡村振兴领域的学术研究实力和影响力的差异。我国高等教育力量在东、中、西部地区发展还不平衡，西部“双一流”等重点高校偏少，一定程度影响了西部地区高校在乡村振兴领域的研究力度。在 CSSCI 论文发文量和被引量排序前 30 位的机构当中，北京地区的高校分别占到了 5 所和 6 所，居于首位，其中清华大学、中国人民大学、中国农业大学、北京师范大学同时位列 CSSCI 论文高发文量和高被引量排名前 30 表单。可以发现，乡村振兴 CSSCI 论文高发文量和高被引量的高校主要是“双一流”高校。当然，国务院发展研究中心、国家发展与改革委员会宏观经济研究院以及中国社会科学院农村发展研究所等享有盛名的“国字号”和部属研究机构，及中共中央党校、国家行政学院、中国社会科学院等重要单位也是我国乡村振兴研究的中坚力量。

三　乡村振兴研究的板块结构考察

乡村振兴作为一个宏观战略规划，具有鲜明的系统性、综合性特征，内容覆盖多方面目标，立基于这种多样性政策目标与实践形态上的研究自然涉及十分丰富的具体领域。为便于全景式呈现当前乡村振兴研究全貌，笔者主要从政治、经济、社会、文化、生态等板块分别考察乡村振兴研究的内容。

（一）乡村振兴研究的政治板块

政治视角的研究是乡村振兴研究的一个重要维度。乡村振兴的政治性具体表现为战略性、历史性和价值性。从战略性来讲，乡村振兴是党和政府对当前“三农”发展新形势新目标新任务的重大判断、重大决策，是新时代中央“三农”思想的集中体现，是贯彻新发展理念，建设现代化经济体系的重要内容。从历史性来看，长期以来我国农业农村农民为支持工业化和城市化优先发展做出了巨大的牺牲和贡献，形成了长期的城乡二元结构，“三农”问题成为当前发展不平衡不充分的突出部分。从价值性来说，如今我国综合国力极大增强，拥有充分的物质条件和技术条件支持“三农”发展，在大力实施乡村振兴战略过程中必须坚持人民主体地位，必须依靠广大农民这一战略主体，必须坚持以广大农民为中心，紧紧依靠和为了广大农民[3]。有研究指出，实施乡村振兴战略是解决我国发展不平衡不充分问题的需要，是满足人民日益增长的美好生活需要的现实要求，是实现“两个一百年”伟大奋斗目标的需要，乡村振兴战略的根本出发点就是要使农业农村现代化跟上国家现代化的步伐[4]。这些研究从历史方位、时代背景、党的战略、发展使命、价值导向等方面对乡村振兴战略的内涵、性质、功能做出了深刻阐释，凸显出乡村振兴战略的政治价值。2018 年中央农村工作会议提出，必须创新乡村治理体系，走乡村善治之路，乡村治理成为了乡村振兴的热点领域和关键内容。相关文献的梳理发现，这类研究所涉及的关键词主要为乡村治理、乡村治理体系、农村基层组织、基层民主、农村社区、乡村干部、村民委员会、村党支部、村委会选举、基层政权、乡镇政府等。例如，有文献从国家治理的视角对传统乡土社会时期的县政村治、集体化时期的国家全面控制、改革时期的乡政村治、城乡统筹时期国家治理的演变和回归等乡村治理形态与制度秩序演变的经验进行了系统回顾与思考[5]；有文献从自治、德治、法治的角度对乡村治理方式的不同选择与治理类型，及乡村善治的路径和方法进行了理论探讨[6]；有文献从治理体系与能力的角度认为，全面实施乡村振兴要实现上下维度乡镇政府职能重心位移；左右维度乡镇政府职能关系重构；前后维度乡镇政府职能方式转型[7]；有文献从政府、市场和农民关系的视角认为，现有权力格局下村庄面临着国家、市场和村民组织三重发育不足的问题，解决乡村振兴需要解决在村庄层面国家的弱化、市场的单一和农民缺少参与的问题[8]。可见上述这些研究对乡村振兴战略中的乡村治理问题进行了丰富的分析。

（二）乡村振兴研究的经济板块

根据CNKI统计显示，在乡村振兴研究的学科分布中，农业经济占比63%以上，宏观经济管理与可持续发展、贸易经济两类占比4%以上。2017年中央一号文件指出必须顺应新形势新要求，深入推进农业供给侧结构性改革，加快培育农业农村发展新动能，开创农业现代化建设新局面。2018年中央一号文件以乡村振兴为主题，对实现由农业大国向农业强国转变进行了全面阐述。乡村振兴研究的强政策关联性和现实回应性无疑使农村经济成为这一研究中最受关注的热点领域。我们对乡村振兴研究前50篇高下载和高引用论文的文献来源进行考察后发现，在众多类别的期刊当中，这些文章主要发表于《农林经济管理学报》《经济与管理》《改革》《中国农村经济》《农村经济》《农业经济与管理》《南方经济》《农业经济问题》《中国国情国力》和《中国经济报告》等经济类刊物及农林类大学学报上。这从一个侧面反映出乡村振兴经济领域研究的火热状况。进一步考察研究的主题分布，经济维度的主题主要包括精准扶贫、农业经营主体、城乡融合、农村集体产权制度、贫困户、农村基本经营制度、合作社、产业融合、农村电商、农村金融、休闲农业、特色小镇、农产品和城镇化等。这些内容涉及当前我国全面深化农村综合改革与推进乡村振兴战略的各方面，是近年来中央“一号文件”关注的重点议题。例如精准扶贫既是实现乡村振兴的前提条件，也是其基本内容。深化农村土地制度和集体产权制度改革是盘活农村集体资源，保障农民财产权益，激发农村集体经济活力的重点任务，是实现农村全面小康和乡村振兴战略的重要抓手。培育新时代农民和专业合作社等农业经营主体，大力促进农村三产融合和城乡要素流动，发展农村电子商务和休闲观光农业，完善农村基本经营制度和农村金融体系，推动特色小镇建设和城乡融合发展等则从经济维度探讨了乡村振兴战略的实现主体、动力来源和方法举措。这些研究积极回应了当前乡村振兴实践中的经济问题，具有强烈的现实性。继续对我国乡村振兴中的乡村土地产权制度改革、乡村经济振兴内生动力、乡村产业发展服务体系等基础性和长期性的问题展开深入研究，在未来学术发展当中仍会具有重要现实价值。

（三）乡村振兴研究的社会板块

乡村社会涵摄范围极为广泛，它既难以脱离于乡村政治而独立存在，又与乡村经济产生着难以剥离的关系。但作为一个研究视角，乡村振兴研究的社会维度起码有两点不同：一是与经济面向的研究不同，社会维度的研究更加关注乡村振兴的社会面域，强调乡村振兴的社会效益而非经济取向。二是与政治向度的研究不同，社会维度的研究更加关注乡村振兴场域中非政府主体、非官方资源和非正式制度等乡村社会自生要素的作用。就前一层面而言，乡村振兴的首要问题便在于认识乡村。一些学者从社会维度对长期以来学界关于乡村的认识进行了理论反思，认为在近百年来的中国现代化进程中，乡村不断衰败与人们简单地将“乡村”与“农业”、“乡村发展”与“农业发展”相提并论，鲜有将乡村视为社会概念来理解的认识传统紧密相关。他们认为，“乡村”既非行政概念，也非经济和空间概念，而是社会概念，“如果不能着力于社会建设来推进乡村振兴，实施乡村振兴战略极有可能沦为一场地方政府推动的经济发展行为，从而衍生更多的社会问题”[9]，强调“在乡村振兴战略实施中，必须始终注重‘社会’这个主体，凸显‘社会建设’这一主题，把‘社会主义’贯穿于乡村振兴全过程”[10]。该视角下的研究显然更关注乡村振兴中的社会建设和社会治理等议题，对乡村社会形态、乡村社会结构、乡村社会治理等乡村振兴的社会基础尤为重视。若就中国乡村建设中长期存在的“重经济，轻社会”[11]和“强发展，弱治理”[12]的政策导向与治理困局而言，此认识对乡村振兴实践确有独特价值。社会维度研究的另一侧面则关注于乡村振兴的社会性主体、资源、方式等。如主张通过培育农村各类新型主体，支持各类人才下乡创业等方式广泛引导全社会资源和各方力量参与乡村建设，充分发挥村规民约等非正式规则在乡村治理中的教育、引导、约束和惩戒作用，构建多元共治的新型乡村治理体系等[13]。这些研究关注乡村振兴的社会组织、社会力量、社会资本、乡规民约、习俗教化、社会参与、多元共治等议题。乡村振兴宏图必然难以依靠政府单一力量实现。而上述维度的研究既从理论层面赋予乡村振兴以社会性内涵和价值，又从具体层面对扩大振兴主体，激活振兴资源，为形成多方主体参与、多样资源耦合、多元形态共存的乡村振兴格局提出了方法和路径。我们认为乡村振兴社会维度的研究对于调和传统发展思维中过度的“经济本位论”和“政府主导论”倾向具有重要价值。

（四）乡村振兴研究的文化板块

乡村振兴不仅体现为物质文明的振兴，更体现为乡村精神文明的振兴。优良的乡村文化蕴含着传统农耕文明中的优秀思想观念、人文精神、道德规范，承载着中华文化的血脉基因，体现着乡土文明的精神风貌，是实施乡村振兴战略的重要内容和宝贵资源。基于 CNKI 和 CSSCI 数据库中的乡村振兴研究文献的系统考察发现，乡村文化维度的研究论文占有较多席位，涉及的主题词主要包括乡村文化、乡风文明、乡村文化建设、文化振兴、文化自信、文化传承、乡村传统、文化复兴、乡村文化产业、传统村落、乡贤文化，等等。在农村问题研究代表性学者徐勇看来，广义视角的文化包含着价值、道德、习俗、知识、娱乐，以及建筑等物化文化，狭义上的文化则主要为知识、娱乐等，但贯穿价值、道德、习俗等思想元素。乡村文化之所以重要，便在于它“为乡村生活赋予了价值和乐趣，使得人们愿意在乡村生活和劳作，形成了安于农村生活的习俗，由此创造了丰富灿烂的农业文明”，因此乡村振兴需要促进乡村文化振兴[14]。而另一些学者则关注到长期以来存在的重经济发展而轻文化建设的乡村建设倾向所导致的消极后果，他们不无忧虑地指出：“一些地方村落共同体解体，德孝文化和诚信文化削弱，守望相助传统消失。邻里矛盾突出，干群关系紧张，乡村增加了不和谐的音符，各种矛盾的积累甚至成为社会不稳定的因素。”[15]事实上乡村文化凋敝的现象也受到了地方政府的重视，一些地方在乡村振兴战略过程中着力推进乡风文明建设，形成了丰富多样的经验。例如，浙江省推出了农村文化礼堂建设的实践样本[16]；江西省通过推进农村移风易俗、文明村镇创建、村史馆建设、文明生态示范村、家风建设等举措形成了乡风文明建设的江西经验[17]；山东省实施了以营造新环境、培育新农民、倡导新风尚、发展新文化、实现新发展为目标的乡风文明行动[18]。这些经验案例既是乡风文明建设的实践创新，同时所形成的成功模式、创新举措、现实困难等内容又为理论研究者提供了生动的现实案例，促进了对乡风文明建设实践经验的研究。综上所述，当前学界关于乡村振兴文化维度的研究主要围绕乡村文化的内涵外延、乡村文化的价值功能、乡村文化振兴的方法路径、乡村文化振兴的案例经验等内容进行了丰富研究。

（五）乡村振兴研究的生态板块

从 CNKI 文献数据库来看，我们以“乡村振兴”并含“生态宜居”进行主题检索，共得到各类期刊论文 171 篇，其中 CSSCI 论文只有 12 篇。这难道表明乡村生态研究不受学者关注吗？事实上，乡村生态文明历来受到党和政府的高度重视，成为了各地乡村建设的重要内容。我们进行更加广泛的文献考察发现，乡村生态研究其实常被融于其他主题的研究中。从具体主题分布看，乡村振兴生态维度的研究主要涉及生态环境、生态旅游、特色乡镇、生态宜居、农村人居环境、美丽乡村、休闲农业、生态观光、田园综合体、生态文明建设和环境治理等。从中可以看出，乡村生态与乡村经济具有明显的关联性和互动性，这反映出近年来我国经济发展理念和发展方式的变化。随着农村地区生态环境问题的凸显与人民群众对美好生态环境需求的日益增加，人与自然和谐相处、可持续发展等生态文明理念受到了越来越多的重视。但实现环境保护和经济发展的有机衔接却是个长期现实难题。一些研究从理论层面对此作出了解答，认为建设生态宜居的美丽乡村不能再延续农业兼业化、农民老龄化、农村空心化的状况，而要通过促进城乡资源要素的良性互动为乡村生态建设提供物质资源和人力资源保障[19]。另一些研究则基于当前的地方经验对此提供了实践经验。例如浙江省仙居县以国家公园体制试点为龙头，构建了以绿色公约、绿色资产清单和绿色货币为标志的“三绿”治理机制，与国家公园产品品牌增值体系一起初步实现了生态产品的价值转化，实现了经济效益与生态效益的结合与互促[20]。生态政治学也是乡村生态研究的重要维度，长期以来我国城乡生态环境基础设施建设存在着严重的不平衡，城镇生态环境治理越来越受到重视，而农村生态环境却被边缘化。有学者从政绩激励的视角对此问题进行了分析，认为城镇生态环境建设所体现的政绩更为直接，因而一些地方领导更倾向于将资金投入到改善城镇生态环境，而对农村生态环境治理则采取较为应付的态度[21]。还有一些研究则强调了环保社会组织在乡村环境保护和生态文明建设当中的重要作用，并对环保类非政府组织与政府合作治理的机制、困难及策略进行了探讨。另一些研究则从文化视角关注了传统村落文化所具有的独特文化艺术价值及其在乡村振兴当中的重要作用。基于上述梳理可见，乡村振兴的生态研究与政治、经济、社会、文化等其他维度的相关研究产生了深度融合，并由此形成了众多交叉领域和研究成果。

四 乡村振兴研究的发展展望

总体而言，国内学界从政治、经济、社会、文化、生态等不同的政策侧面和研究视角对与其相关的诸多理论问题和实践问题进行了全方位、多维度、立体式的研究，并产出了一系列的研究成果，为乡村振兴政策实践和学术研究提供了有益启发。但由于乡村振兴作为一个国家宏观政策提出来的时间较短，相关学术研究仍然需要学界继续深化和推进。

从研究方法来看，当前我国乡村振兴研究大多为政策解读式研究，对政策的阐释性、解读性、宣传性和经验性研究较多，表现为主要聚焦于中央重要会议、领导人讲话以及相关政策文件，着重于从不同维度对乡村振兴战略的提出背景、基本内涵、发展目标以及现实意义进行规范阐释和理论解读，而较少有基于系统的理论体系和分析框架的理论研究。因此，随着研究的进一步推进，有必要聚焦于乡村振兴重大理论问题和实践问题进行基础性和理论性的创新研究。要将“顶天”与“立地”相结合，既要从宏观视角聚焦于中央乡村振兴战略的顶层设计智慧，又要注重从具体层面关注乡村振兴的地方实践经验。要将政策研究与理论研究相结合，乡村振兴作为中国的重大政策，为政策研究提供了生动样本，后续的乡村振兴研究要聚焦实践中的现实难题，服务乡村振兴战略的实施，同时又要注重从扎实的田野调查中提炼出有时代特色、本土风格、学术深度的概念和理论体系，促进当代中国研究原创理论的建构和创新。要将规范研究与实证研究相结合，当前的研究大多为规范性研究，而基于田野调查经验和一线资料的实证性研究相较不足。今后乡村振兴研究应当注重扎根中国现实，加强系统的社会调查、数据统计、经验研究等实证研究方法的运用，实现“学院式研究”与“田野式研究”的融合。最后要更加注重比较性研究。中国地域面积广，不同地区的农村情况差异性强，南方与北方、东部与西部、内陆与边疆、发达与落后地区的农村资源禀赋不同，实施乡村振兴战略的方法路径也必然丰富多样。因此中国乡村振兴研究不可忽视中国乡村的这种多样性、异质性和复杂性现实，不可将中国乡村视为一个无差别的抽象物，应当针对中国不同地区乡村情况的差异加强比较研究，探索乡村振兴战略的差异性实施方案。

从研究内容来看，研究领域仍可拓展。首先，要深化乡村振兴的理论研究。缺乏理论根基的研究是无源之水、无本之木，势必难以延续。因此继续推进乡村振兴研究首先要从历史视野、时代视野和世界视野对乡村振兴战略做出深度的理论阐释。其次，要加强乡村振兴战略的动力机制、执行机制、考评机制、协作机制等体制机制的研究。乡村振兴作为系统性的国家战略如何在地方实践层面落地生根和开花结果？如何建构乡村振兴的动力机制，使乡村振兴可持续推进？如何对不同地区的地方政府实施乡村振兴战略进行绩效评估？如何通过体制机制建设实现政府系统内各部门间的明确分工和相互协作，确保乡村振兴整体推进？乡村振兴从战略蓝图变为实践景象需要对这些问题进行深刻研究。还要注重对老少边穷等困难地区乡村振兴的关注。我国的乡村振兴研究不能仅关注于东部地区、平原地区、发达地区，更要关注革命老区、少数民族地区、边疆地区、山区库区和移民区，这些地区往往自然条件艰苦，经济社会发展落后，劳动人口输出多，是中国广大乡村中资源最匮乏、基础最薄弱、发展最落后、贫困最集中的地区，是推进乡村振兴最困难的地方。深化乡村振兴研究需要对这些地区足够重视和关注，探寻特困地区的乡村振兴之路。最后，要拓展对海外农业农村发展经验的研究。当前对域外乡村振兴经验的研究成果较少，翻译评介国外研究成果的文献较为不足。世界很多发达国家在城市化进程中也面临过乡村衰落问题，并形成了各自的经验，乡村振兴研究要重视这些域外经验，要注重在学习借鉴域外国家乡村发展经验的基础上探索本国的乡村振兴道路。

参考文献：

[1] 王敬尧，晏雯．中国地方财政研究的特色与趋势——CNKI近20年的关键词统计分析[J]．江汉论坛，2014（7）：63—71.

[2] 戴维民．中国特色社会主义研究现状分析——基于CNKI和CSSCI统计[J]．科学社会主义，2014（3）：154—159.

[3] 廖彩荣，陈美球．乡村振兴战略的理论逻辑、科学内涵与实现路径[J]．农林经济管理学报，2017（6）：795—802.

[4] 叶兴庆．新时代中国乡村振兴战略论纲[J]．改革，2018（1）：65—73.

［5］刘守英，熊雪峰．中国乡村治理的制度与秩序演变——一个国家治理视角的回顾与评论[J]．农业经济问题，2018（9）：10—23.

［6］邓大才．走向善治之路：自治、法治与德治的选择与组合——以乡村治理体系为研究对象[J]．社会科学研究，2018（4）：32—38.

［7］黄建红．三维框架：乡村振兴战略中乡镇政府职能的转变[J]．行政论坛，2018（3）：62—67.

［8］王晓毅．完善乡村治理结构，实现乡村振兴战略[J]．中国农业大学学报（社会科学版），2018（3）：82—88.

［9］吴理财．近一百年来现代化进程中的中国乡村——兼论乡村振兴战略中的“乡村”[J]．中国农业大学学报（社会科学版），2018（3）：15—22.

［10］吴理财等．乡村振兴社会建设应先行[J]．江汉论坛，2018（4）：5—9.

［11］李棉管．发展型社会政策与新农村建设的新思路[J]．浙江社会科学，2011（4）：71—76、157.

［12］赵树凯．基层政府：体制性冲突与治理危机[J]．人民论坛，2014（15）：46—51.

［13］魏后凯．如何走好新时代乡村振兴之路．人民论坛·学术前沿，2018（3）：14—18.

［14］徐勇．乡村文化振兴与文化供给侧改革．东南学术，2018（5）：132—137.

［15］朱启臻．乡风文明是乡村振兴的灵魂所在[J]．农村工作通讯，2017（24）：33—34.

［16］王宁．乡村振兴战略下乡村文化建设的现状及发展进路——基于浙江农村文化礼堂的实践探索[J]．湖北社会科学，2018（9）：46—52.

［17］李曜等．建设秀美乡村　共筑幸福家园——江西省推进乡风文明建设的实践与思考[J]．老区建设，2018（15）：47—58.

［18］林聚任等．乡风文明与当前农村新型社区建设——以山东省“乡村文明行动”为例[J]．中国农业大学学报（社会科学版），2018（3）：103—110.

［19］张晓山．实施乡村振兴战略的几个抓手[J]．人民论坛，2017（33）：72—74.

［20］苏杨等．通过构建美丽乡村治理模式实现乡村绿色振兴——基于浙江仙居国家公园经验[J]．环境保护，2018（15）：59—62.

［21］于法稳．实施乡村振兴战略的几点思考[J]．国家治理，2018（3）：3—6.

Research StatusAnd Development Prospect Of Rural Revitalization In China

——A Perspective of Literature Review

Deng Zhengyang

(School of Public Administration and Policy, Renmin University of China

Beijing, 100872, China)

Abstract: This paper is mainly based on a comprehensive review of the literature on rural revitalization in China journal full text database (CNKI) and Chinese social science citation index (CSSCI) of nanjing university, and systematically analyzes the distribution of core research groups and main research topics of key research institutions in the field of rural revitalization research in China. Researchers from key universities and think tanks are the key subjects and backbone of the research on rural revitalization in China, among which the core research institutions are mainly distributed in the eastern region of China, and the research strength in the central and western regions needs to be strengthened. Although China's rural revitalization research has achieved rich research results in the fields of rural politics, rural economy, rural society, rural culture, and rural ecology, it is still in the process of deepening and advancing. It is necessary to further expand research methods, pay more attention to the basic theory research, the hardship areas and the experience of extraterritorial rural development, so as to enhance the practical service ability of research.

Key words: Rural Revitalization; Rural Study; Academic Influence; CNKI; CSSCI

农村社会发展与治理

◆资源禀赋与公共物品合作供给模式的选择——基于鄂中港村水利合作调查的分析

通过对鄂中港村税费改革之后水利合作实践的考察，分析了村组之内水利资源禀赋的参与如何影响小组内部合作模式的选择。本研究发现，在同样的村庄之中，虽然村落内部的社会结构一致，但由于各小组所占有的资源存在差异，以及小组内部邻近水源的条件也不一致，导致其不同小组内部所采取的水利合作供给模式存在差异。

◆非兼并联村治理：制度创新与理性选择——来自贵州P县“三变”改革的实践

在新时期城镇化背景下，农村社区治理从“单一化”向“复合化”转变。本文基于贵州P县N联村治理的实践，分析了“行政村合并”制度设计的治理困境，提出了“非兼并联村治理”的概念和分析框架，探索了“非兼并联村治理”的动因和现实选择。研究发现：非兼并联村治理模式是农村组织制度的创新。政治上表现为各村之间的行政功能重组；经济表现为各村之间的资源配置功能重组；利益诉求上表现为原行政村建制的“完整性”和农村社会治理的“乡土性”。这种治理模式形成过程中存在地方政府（制度供给方）、市场力量、行政村（公众）三种推动力量，非兼并联村治理的形成则是供需双方互动的结果，根本原因是新的制度安排能够满足上述三种力量的根本利益诉求。

◆政府还是企业：资源型地区新型城镇化的路径分析——对山西两个农村城镇化典型案例的调查与思考

资源型地区城镇化是中国城镇化的重点和难点。资源型地区的特殊现实决定了需要在政府或企业主导下快速推进城镇化。在政府主导下，梧桐通过充分发挥政府主导的优势，行政和市场结合，多元主体协同配合，实现了快速城镇化。而留誉则由一个资源型企业主导开展轰轰烈烈的“制造城镇”实践，由于政治逻辑取代了市场逻辑，政府、企业和农民权责不清，城镇化最终以失败收场。通过两个典型案例的分析发现，资源型地区的快速城镇化源于面临的治理困境，实质上都是行政权力推动的政治行为。因此，无论政府还是企业主导的城镇化，都存在明显优势和不足。城镇化的健康发展，需要在政府主导下激发企业推动力。对于资源型地区而言，应通过资源产权制度改革和农民主体意识培育，在充分挖掘政府主导的优势和潜力基础上，走政府引导、企业推动、农民主体的新型城镇化道路。

◆从“悬浮型政权”到“嵌入式治理”：一种乡镇工作机制的考察

在后农业税时代，乡镇政府通过一系列工作制度如乡镇领导挂村制度、驻村工作队制度以及驻村干部“三同”制度等嵌入村庄社会，通过反科层化的技术运作，突破了官僚制行政的束缚，实现了从“悬浮”到“嵌入”的治理转型并提升了乡镇治理的能力。通过对A镇的嵌入式治理的案例深描，展示在精准扶贫和清洁乡村运动中乡镇嵌入性治理所取得的成效，揭示其存在的问题，在此基础上进一步提供相应的对策。

◆福建省农村集体经济发展现状分析与优化路径探索

农村集体经济的迅速发展在改革开放之后对福建省解决农民就业，提高农民收入，加快农村建设发挥了至关重要的作用。但由于各种制度瓶颈与市场经济改革推进逐渐脱节，福建省的农村集体经济，已逐渐趋于弱化，甚至出现空心化趋势。但随着国家乡村振兴战略与福建省相关政策的出台，如农村土地产权制度“三权分置”革新的推进，以及利用集体建设用地建设租赁住房试点方案的创新探索又给农村集体经济发展破除制度瓶颈，迎来新的发展机遇提供了可能。本文在分析福建省农村集体经济的发展历程、发展形势、面临问题与制度革新的基础上，以及通过分析法律制度、激励机制以及信息互动机制的建立对于实现农村集体经济跨区域协调发展的重要性，对探索新时期福建省农村集体经济发展的优化路径提出部分政策建议。

资源禀赋与公共物品合作供给模式的选择*

——基于鄂中港村水利合作调查的分析

狄金华　赵箴吾

（华中农业大学社会学系　湖北武汉　430070）

内容提要： 通过对鄂中港村税费改革之后水利合作实践的考察，分析了村组之内水利资源禀赋的参与如何影响小组内部合作模式的选择。本研究发现，在同样的村庄之中，虽然村落内部的社会结构一致，但由于各小组所占有的资源存在差异，以及小组内部邻近水源的条件也不一致，导致其不同小组内部所采取的水利合作供给模式存在差异。

关键词： 水利合作；资源禀赋；合作模式；激励

一　问题提出

化解公共物品合作供给中的困境一直是公共管理学和社会学等领域研究者长期关注的话题。研究者之所以关注公共物品供给中的合作，一方面是因为公共物品的“公共”属性，它涉及群体（公众）的利益[1][2]；另一方面则是因为它所提供的物品或服务无法由市场等机制来完成[3][4]。新世纪以降，伴随着“三农”问题被中央所关注以及农村空心化状况加剧，农村公共物品的供给更是备受关注。农业税费改革之前，绝大部分地

---

* 基金项目：国家社科基金重点项目“乡村振兴战略实施中的地方政府行为研究”（18ASH005）。

作者简介：狄金华（1982—　），男，博士，华中农业大学社会学系教授、北京大学人文社会科学研究院访问教授，研究方向是组织社会学、农村社会学；赵箴吾，女，华中农业大学社会学系硕士研究生，研究方向是组织社会学、农村社会学。

区的农村都延续着自20世纪80年代“大包干”以来的公共物品供给的代理机制，即在村社范围内，村民将资源（包括人力与财力）的支配权让渡给村干部，由村干部自主决定筹资与筹劳量，村干部根据村社内生产与生活的需要来安排和组织公共物品的供给。这种“代理制”在税费改革之后发生了改变，村社内公共物品的供给更多地依赖于“一事一议”这种协议机制。与代理机制不同，由于“一事一议”需要村民协商来达成合作，因此税费改革后的合作本身缺乏强制性，这使得此一时期农村公共物品的合作供给陷入一种“有组织的无序”状态之中。近年来对农村公共物品合作供给存在的困境业已展开了较为丰富的案例研究，这些研究更多地侧重于解析合作供给公共物品背后的结构性困境，相比之下对合作供给公共物品成功案例的解析较少，尤其是缺乏对导致这些合作成功及合作模式差异性的分析。本文则是试图以鄂中港村水利合作案例为基础，解析不同村民小组何以采取不同的合作方式来完成水利供给，并探讨各小组水利资源的属性如何影响其合作模式的选择。

二　合作供给公共物品的影响机制：一个文献的简单回顾

对农村公共物品供给的研究常常区分出分田到户前后供给机制的变化，认为农作制度的变迁导致农村公共物品的供给机制发生了变化：农户承包责任制的引入动摇和瓦解了集体化的耕作制度在集中提供公共物品方面的制度安排，当原有的由国家承担、动员并组织群众以劳动替代资本的供给模式随着集体农作制度的瓦解而消解时，财政制度的分权化又进一步瓦解了基层政府进行公共物品供给的意愿和能力，从而令家庭联产承包责任制之后的农村公共物品（特别是农村水利设施）持续破败[5][6][7]。在“大包干”的体制中，影响农民合作供给公共物品的因素一直是学术界关注的重点，围绕此一议题，学者们形成了多种视角的解析。

第一种是以组织规模为视角的研究。这一视角的研究可以追溯到奥尔森的《集体行动的逻辑》，他指出，只有小群体的组织形式才可以有效解决搭便车的困境，即在其他因素相同的情况下，组织规模越小，组织成员间的行为则越容易被观测与衡量，搭便车的行为越不容易发生[8]。这一视角的分析强调，组织规模决定了激励与监督的成本，组织规模越大，激励与监督的成本就越高，绩效越差。温铁军在对农民合作行为的研究中也表明，在合作与集体经济发展中，小村具有组织优势[9]，温铁军等人的分析基本延续了奥尔森对组织规模的强调。

第二种是个体间博弈视角的研究。贺雪峰、吴理财、罗兴佐等在分析江汉平原农民水利供给中的“不合作行为”时指出，农民并不是依据自己实际得到的好处计算，而是根据与他人的收益比较来权衡自己的行动，即农民看重的不是合作使自己获得了多少收益，而是别人不能从自己身上得到多少好处[10][11][12]。胡振鹏基于江西农民水利协会的案例，建立了合作的博弈模型，指出如果参与合作的农民不是进行单次博弈，而是在延长博弈链的基础上进行重复博弈，长期的合作则容易达成[13]。赵晓峰等则指出，在农业灌溉水利具有资产专用属性的情况下，农户的有限理性思维和投机行为势必会进一步瓦解水利供给的合作[14]。

第三种则是社会文化视角的研究。这一视角的研究侧重于导致农民合作/不合作机制背后社会与文化的分析，虽然社会学对乡土社会发展的解析一直强调乡村社会内部的“熟悉”特征以及在此基础上衍生出的“维系私人的道德”[15]，其有助于乡村社会之中人与人之间形成信任[16]；但显然这种整体主义取向的解释并不能解释不同农村在公共物品供给合作中的异质性。对此，研究者们更多的则是从区域社会文化的视角来分析，蔡晓丽在分析宗族势力强大的福建农村后指出，即便正式责任制度薄弱，基于共同责任和共同利益而建立的集团仍然能提供可替代正式责任制度的非正式制度，来给予合作参与者以道德压力，进而保障合作的达成[17]。与此相对应，在社会原子化、社区能力下降的农村，农民无法建立稳定的合作预期，故导致合作中的重复博弈无法实现[18]。狄金华与董磊明则将公共物品供给机制设置的核心视为对合作中“搭便车”行为的惩罚，他们认为能否形成对“搭便车”行为的有效惩罚是合作能否持续的关键，而惩罚机制的设置则与社区内部的社会关联度高低有关[19]。

综观上述研究，它们极大拓展并丰富了对农村公共物品合作供给议题的分析，并对合作达成且持续的内在机理进行解析与呈现，已经打开了合作困境的部分黑箱，然而，上述视角在解析公共物品合作供给议题时仍然有不逮之处，如在同样社区社会文化结构之中，缘何在同样的公共物品供给中会存在多种不同的合作形态。如果既有的研究更多的是侧重合作主体（组织规模、个体理性）及其所在的社区文化结构，那么显然合作供给公共物品的自身资源属性对合作行为的影响是被忽略了。本文则是从资源属性的视角来解析其对合作行为的影响。

三 港村的水利合作

（一）港村水利合作的背景

港村①位于江汉平原S镇南部，整个村庄被东港河与西港河两条河流所夹，形成一个长条形的格局。港村共有十个村民小组，根据2016年的统计信息显示，全村共有280户、994人，其中一组至九组为本地村民，十组村民为20世纪60年代因为水库建设从河南整组搬迁而来的移民。大田农作是港村的主要产业。在2015年新一轮土地确权确地实测之后，港村登记的耕地面积为3284.83亩，户均11.7亩。

港村东西分别邻东港河和西港河，其中东港河上接黄前水库和静安水库，西港河则上接老山水库。西港河由于本身水流就不大，再加上常年无人维护，导致西港河的水流量已经无法供给村民的灌溉用水，村民们将西港河戏称为“西沟”；相比之下，东港河的水流量则要大得多，再加上其上游有距离较近、储水量较大的水库，因此几乎村里面的灌溉用水都来自于东港河。但是即使是这样，对东港本身而言，在农忙时节也无法供应全村村民的用水需要。港村本身是一个以水稻和小龙虾为村民主要收入来源的村庄，对于水源需求的时间和数量都有严格且固定的要求，因此水源在该村是保证村民能够得到基本生活开支的重要保证。正是由于港村村民的户均耕地较多且采取“虾稻连作”这种经济收入较高的经营模式，因此与其他地区农民因水利无法合作而抛荒或改变旱作经营结构不同，一旦水利的供给无法达到农民的经营需要，村民则可能去找村干部甚至直接去乡镇及更高的部门上访。

（二）港村水利合作的变化

税费改革之前的港村如中国绝大多数农村一样，由小组长牵头组织小组内部包括水利在内的公共物品。小组的村民在农田需要供水时则找小组长，由小组长再组织统一供给，或者小组长安排特定的人员抽水。从某种意义上讲，税费改革前的小组长事实上兼任着管水员的角色。作为回报，

① 按照学术规范作者对所涉及的地名和人名进行了处理。

小组长会从村集体中领得一份工资，而这一份工资亦是村民所缴纳的“三提五统”的一部分。由于小组长的工资是由村委会提供的，因此他也由村一级进行监督管理，村民除了缴纳规定的税费之外，并不需要额外缴纳水费及小组管水费。

2005年的税费改革改变了港村水利供给的组织基础。税费改革使村干部的工资由此前的“村提留”转变为财政转移支付，相较于前者，后者不仅金额少，而且约束硬化。税费改革倒逼基层进行改革，港村也顺应这种趋势进行了小组合并，精简村干部人数，并取消原有的小组长制度。小组长取消之后，村民对水利供给的需求却并未减弱；相应地，村民的这种水利供给的需求则因缺乏小组长这个中间层而直接呈现到村干部面前。税费改革之后新上任的港村书记张某尚有积极推进村庄治理与村庄建设的诉求，试图积极回应村民的水利诉求。受财政约束的限制，港村张书记开始探索改变原有由小组长负责管水的制度设置，而是由每个小组选出自己的管水员来管理小组内的供水，其所产生的成本亦采取“谁受益谁负担”的方式由村民自行承担。由此，港村的各小组在张书记的推动下开始了不同模式的合作水利供给探索。

（三）税费改革后港村水利合作的模式

如前所述，税费改革改变了此前村民合作供给的组织基础，在合作供水需求硬化的压力之下，为了村民能够及时在自己组的范围内得到水源以保障农田水利的需要，港村在村干部劝说及村民讨论之后，决定设置管水员制度，由各小组所选举出来的管水员负责组内的水利事务。

港村的管水员所负责做的事情中最为主要的一块就是管水，在这里细分为管水员和抽水员，不同的村民小组分别配备有管水员一名和抽水员零至三名不等，管水员主要负责年初的共同生产费的收取、日常村一级事务上传下达、抽水电机的维护材料采买、组织村民完成小组共同事务（例如清理水渠或者涨水时搬电机）以及干旱时组织人员守水防止偷水等工作。抽水员主要负责根据管水员的指令用电机把水从水源处抽到组内的堰塘或田地中去，保管电机机房钥匙①，电机的维护，缴纳电机的电费。确定管水员和抽水员主要在开年之后大概2月底3月份的时候，包组干部下到组内召集组内的户长进行开会产生。管水员和抽水员的工作期限为1—8年不

① 部分村民小组在东港河边上设置有抽水电机的机房。

等，干满自己任职年份的管水员在次年的2月底3月初同下一任的管水员进行工作交接。交接之后管水员则根据上一年的情况作为参考，定下下一年每户需要收取的共同生产费，并挨户收取。虽说各小组都实行了这一制度，但各小组具体的实践都又有不同。笔者以管水员的职位是否固定以及是否有报酬作为维度对不同小组的水利合作模式进行比较（见表1）。

表1　　港村水利合作模式类型

职位是否固定 / 是否有报酬	固定	轮值
有报酬	Ⅰ	Ⅱ
无报酬	Ⅲ	Ⅳ

类型Ⅰ有报酬并且职位固定的管水员模式出现在1、4、10这三个小组，这三个小组的共同点是管水员的任期不是按照一年一换来交接的，而是类似于管水员个人承包的形式进行，小组村民在开年的时候由包组干部组织起来在一起开会讨论出承包者和抽水定价，定价或按照抽水时间或按照年份缴纳共同生产费，同时和承包者达成职责和价格的协定（但是在这里除了4组之外其他两个小组都没有和小组或村里签订正式的承包协议①）。之所以这三个小组出现这样的模式，是因为在此前的选举中这三个小组没有人愿意做管水员，当小组内农地灌溉管理出现混乱局面后，包组干部不得已召开小组会议并提高了管水员工资并以此激励农户来承担这个角色，才有了这一合作供给水利的模式。类似于承包制，在采取这种合作模式的小组中，只有一个管水员，并同时兼任抽水员的职责，其工资也是相当于其他小组管水员和抽水员的工资总和，故相对于其他小组管水员而言，这一模式中管水员的工资明显偏高，因此也基本实现在一个时间段内此一职位的相对稳定。

就内部的治权结构而言，在这种模式中，由于管水员类似承包者的身份，其所需要承担的工作量要小于类型Ⅱ和类型Ⅲ中的管水员，小组内部

① 4组的承包协议其实也不具有正式的契约意义，据小组村民反映，4组的管水员承包者到了承包年限之后是不会续约或者重新签订承包协议的，而是继续做管水员做到自己因为种种原因不愿再做为止。

关于农事水务工作的部分权力还掌握在村干部的手中，其实管水员手中能够进行自由裁量的事务会大大减少。这就导致了在管水员变更过程中工作交接以及天气较容易产生干旱的时候，村干部需要对于小组内的水务工作投入更多的关注。虽然管水员相应的自主权力会减少，但是由于管水员本身拿着相对较高的工资，因此管水员的积极性比较高。在这种情况下，村干部会随时过问管水员的工作情况，村民也可能根据管水员的工作情况随时向村干部进行反映，因此管水员的职责履行会受到来自村干部与村民两方的监督。

类型Ⅱ是有报酬且轮值的模式，该模式是当前港村水利合作供给中最为普遍的模式。在采取这种模式的3、5、6、7、8、9组中，同时设有管水员与抽水员，并且二者的职位以一年为期限进行轮换，其职责基本与其他类型相同。之所以采取轮值的模式，是因为管水员和抽水员担任此一职务时所获得的工资较低，而担任这一职务又势必将“禁锢”在村里，不能够出去打工。对于一般农户而言，这一选择是非理性的。同时，管水员在农忙时除了要照顾自己家里的农田外，还要及时监督抽水员以确保整个小组的农地都能及时得到灌溉。这种“费力不讨好”的事情之所以有人愿意来承担，是因为承担者自身都种植着较多的农田（十亩以上），其要想获得农田收成就必须有充足的水利供给，而因为大家都需要水利，于是最优的模式就是大家轮值，哪怕这一年因为轮值导致自己无法外出务工。这种轮值的方式由于分担了合作的成本（每个家庭都会面临同样的工作难度），因此反而容易达到合作均衡。在调查时，港村张书记就介绍，“别人（管水员）来给你做服务收钱你不支持，现在你也给他搞服务，他也给你搞服务，我们都出来尝一下酸甜苦辣，才知道人家搞这个事情的时候我们要支持他，不然我搞的时候人家不会支持我。”

就内部治权结构而言，在这种模式中，村干部将具体的治权几乎全部下放到了管水员的手中，村干部不需要付出过多的精力来对其进行催促和劝说，因此全组以管水为主的全部公共事务管理的剩余控制权几乎全部掌握在管水员的手中。相比于其他模式而言，此一模式因为管理的事务更加繁杂，管水员更加像是原来的小组长，村民对于他们的能力的认可度也更高。

类型Ⅲ固定且无报酬的模式在当前的港村并不存在，它比较类似于税费改革前港村由村民小组长兼任管水员的角色。对于村民而言，如果不是种养殖大户或是农业合作社成员，他们种养殖的收入通常都不如进城务工的收入高，因此理性的港村村民都不愿意担任管水员。在类型Ⅱ中，村民之所以担任管水员是因为其预期“今年我给大家服务了，明年大家就会为我服务”，才愿意花费一年的时间“留守”村庄为大家服务。这种轮值的方式事实上是农户以一年的“成本”预期着此后多年的“收益”，而一旦这种合作由轮值转向固定化，则意味着成本终由一个人承担。在税费改革之前，小组长制度的设置使得此一职能由小组长兼任，当小组长领取其作为村组干部的工资时，其实并未获得独立的管水报酬。待税费改革倒逼小组长制度取消后，这一模式也就从港村消失了。

类型Ⅳ是无报酬且轮值的管水员模式，这是港村2组采取的合作模式。2组管水员的确定是通过三年一次的抽签定下来的，抽签时一次性抽取三年的管水员，每户轮值一年，三年之后前面三年参加抽签的管水员不再参加下一次抽签活动。通常而言，由于管水员需要承担一定的工作，因此其收取一定的报酬是情理之中的事情，但2组却采取了一种“无薪酬”的运作方式。这需要从2组管水员的工作说起，在2组由于水利条件较好，大部分田地直接靠着东港，再加上整个小组呈现出狭长形的地形，村民几乎直接可以从东港自行提水灌溉，因此进行轮值的管水员其实并不需要过多管水，管水员其实更多的是负责小组同村集体之间的上传下达工作。

就治权结构而言，在这种类型中，管水员几乎很少管事，因此整个小组的行政权力几乎全部到了村干部的手中，管水员也本身没有多大的自由裁量权。再加上缺乏工资激励，处于空架子的管水员事实上直接推到小组内的公共物品供给，后者的工作更多的是依赖村干部发动小组内的党员来完成。正因为管水员激励很低，大家都不是太愿意来担任这样的职务，再加上水源获取相对便利，为此村民也几乎不会在意是否有管水员的存在与工作绩效，更不会对其行为进行监督。

四 资源属性对水利合作模式选择的影响

对农民水利合作的研究常常强调社会结构（社区结构）对农民行为的形塑作用，这种分析路径受到了社会学中结构化理论的影响，其多用于不同地区及社区结构之间的比较。在这一分析路径下，研究者一般强调不同文化结构之下的合作行为存在差异，而同一区域和文化结构内农民的行为则具有稳定性。但是，为什么在同样的村庄之中，不同小组之间的合作却又存在不同呢？在这种情况下，则需要从各小组之间的水利状况，即本文所讲的资源属性的角度来展开解释。

对港村而言，其所处地域的气候条件决定了其不能完全依赖气候的自然降雨来保障用水需求，因此必须在特定的时节引水灌溉。对于毗邻东港河的村组而言，其自然无须花费太多的人力与财力即可将河水引入农田，而对于那些非毗邻东港河的村组而言，其或是要修建较大的堰塘蓄水，或是以小组合作的方式出资去上游的水库购水，引入自己的农田之中。这种水利资源获取难易成本的不同事实上决定了农民水利供给的成本，同时也影响着农民合作的成本。

在这里还需要补充的一点是，港村现有的公共农业灌溉设施方面其实也存在着资源的稀缺甚至是缺失。整个村庄中的包括抽水机、水渠、机房等设施而言，按照预设的情况应该能够满足整个村庄在农忙时期的供水需求。但是在调查过程中发现，全村几乎所有拥有抽水机的小组的公共灌溉设施都是在税费改革之前甚至是包干时期留下来的，并一直沿用至今，其抽水能力在用水高峰时期需要夜以继日昼夜轮转才能勉强保证小组内的用水量。抽水设施如果出现了问题则会由管水员来负责维修事宜的联系。而诸如水渠一类的灌水设施大多数因为当初修建时不够贴近村民实际的灌溉需求而大多废弃，或是村民自行为自家农田挖出新的灌溉通路。整体而言，由于建设年代久远，且/并且港村的土地在历年的政策变动下也根据时代的变化等因素产生了一定的变化，村内的公共灌溉设施资源几乎已经无法满足村民的农业灌溉需求，因此小组内部的灌溉合作需求进一步得到加强，而以上的问题都是客观存在的。

回到港村的社会生活之中，就主观方面而言，虽然近年来村民通过“稻虾连作”的方式大大提升了单位面积的收益，但这仍然无法改变村庄内中青年壮劳力外出务工的趋势，再加上港村本身地处华中平原地区，相比于西部地区的交通不便导致的出行不便而言能够以较低的成本外出到周边大城市或是沿海地区打工。因此除非年老力衰或受家庭羁绊无法外出，村民们的首选便是外出务工；相比之下，管水却是一项极其烦琐的事情——管水员不仅要根据具体的农时与天时来决定何时引水以及如何引水，同时其还可能要协调组内村民筹资和与上游村民引水事务。正是因为如此，管水员在村民看来是一个费力不讨好的差事。

那么怎样给予不同小组的村民以激励来保证这样的合作能够在既有的条件下开展下去，也就形成了不同小组各具特色的管水模式。前文分析的类型Ⅱ以及类型Ⅳ，也就是港村的2、3、5、6、7、8、9组的村民“用脚投票”产生了轮值担任管水员的模式。在这种情况下，小组内部各户之间的水资源获取难度的差异性其实是较小的。对于小组的村民而言，此时通过合作选出专人来保证水资源的供给所付出的成本是远低于独自获取水资源的；而且由于上述小组在管水员轮值过程中将耕地面积在十亩以下的农户排除在轮值人选之外，这事实上保证了以轮值方式进行供水合作者内部的同质性。既然每家耕地面积差不多，且对供水都有较高的依赖，因此轮值合作的成本较低。在此模式之下，村民都预期到自己也会担任管水员，因此当其他村民在担任管水员需要予以合作的时候，便极少采取不合作的行为，这就大大降低了合作过程中的“摩擦力”，客观上形成了“人人为我，我为人人”的合作格局。再加上在相对较为封闭的农村社会中，对于一个人的评价标准是以人品和个人能力为基准的。如果在担任管水员的过程中能够较好地完成自己的本职工作，或者是额外对于小组内因为供水或产生的其他矛盾能够起到消减作用，那么这个人在村庄内部以个人名誉评价也会有较大的提升，这对于村民自身而言也是一种类似个人成就感的激励。而且轮值中担任管水员的村民在任期间需要花费精力来进行组织与协调，予以一定的报酬是在情理之中。如果将以上讨论的这两种报酬视为一种激励的话，显然这样的激励只是一种弱激励，一是因为现代村庄的连接性已经由于原子化影响对于个人的作用大大降低；二是因为其所获薪酬较低，且其是固定薪酬，与其劳动量多少、绩效的好坏并无关联。

在轮值担任管水员的合作模式中，类型Ⅳ的第2小组在2012年时其薪酬模式又发生了一次改变，即由有报酬转变成无报酬，就其本质而言，是从有外生激励变成无外生激励。对这种合作模式变化背后原因的分析亦需要从第2组的水利资源状况与属性分析起。第2组的耕地绝大部分都直接毗邻东港河，组内的村民用水几乎不存在困难，除非遭遇大旱、东港河缺水，他们才需要合作向上游的水库购水。正是由于各户的农田都毗邻东港河，村民可以直接从东港河抽水，而无须像其他小组一样，管水员要逐一将水引到各家农田，如此使得各家农田灌溉中的相互性问题大大降低。在不存在相互性问题的情况下，农时问题便凸显出来，即农忙期大家用水的时间几乎是在同一个点上，囿于设备及人手的限制，当管水员依旧采取逐一放水的方式来供水时，时间上靠后得到水的农户就因为“地块灌溉不及时”而心生不满，在第二年收取税费的时候总以各种理由推脱或赖账，甚至/更甚者不再参与合作而自行购买设备直接从东港河抽水灌溉。2012 年之后，第 2 小组的管水员自己放弃收取报酬，因为收取报酬本身已经成为一件麻烦的事情，对管水员而言，这些微薄的报酬即便收上来也并不足以形成有效的激励，可以说合作所付出的成本已经超越了得到的激励。鉴于大家都会轮值当管水员为大家服务，因此当值期间是否收取报酬就变得不那么重要。所以对于该组管水员而言，能够维持其是否坚持担任管水员的因素也只剩下对于个人评价这一激励因素了，包组干部也经常会用“起到带头作用”这样的字眼去对管水员人选进行游说，这一种弱激励能够保证管水员担着“管水员”的虚名同时去完成村干部下达的一些简单的村组上传下达的工作。

如果说轮值担任管水员是全体合作者轮流分担合作的成本，那么在类型Ⅰ中固定担任管水员的 1、4、10 组则是因为各户之间水资源获取难度的差异性较大，为了激励或补偿管水员所需要承担的这一部分成本则需要给予其强激励。这种强激励主要表现为管水员的薪酬是计时或计件制，其收入完全与其劳动付出相关联。导致 4、10 组采取固定有报酬且强激励制度设置的主要原因是因为这些小组的水利条件非常差，小组因远离河道而致使提水成本提高。在这些小组，为了保证农时期间能够获得相应的供水，则必须进行一定的投入，如建一个或数个大的堰塘进行储水。虽然这几个小组堰塘建设的筹资途径不一致（或者组内村民集资，或是基层政府出资），但堰塘的管理，特别是提前储水及合理有序抽水需要专人管理，这个管理人则需要进行前期的专用性资产投入。要鼓励他们进行专用性资产的投入，则必定要给予强激励，这也正是此一制度设置的核心与关键。

对于第 1 小组而言，小组内的农田获取水利的异质性较大，加之其大部分耕地因相互性问题而无法跨过其他人的耕地自行取水，这就使得村民们必须采取合作，但水源条件的异质性使得管水员在统筹合作时需要花费更多的精力，因为水源条件好的村民总认为自己条件好，靠近水源，自行取水的成本较低，故在合作时总有“搭便车”的动机。在这一情况下，只有予以管水员强激励，其才有动力去花费精力进行动员与协调，进而保障合作的持续。

五 结论

本研究针对港村水利合作模式的产生和运作，侧重于资源属性来分析乡村内部在税费改革后管水员制度这样的水利合作方式，以及产生不同类型合作的影响因素。通过研究本文发现，税费改革之后，虽然村庄依照上级政府的期待对内部的管理人员进行了精简，但村集体所面临的治理负荷却仍然存在，为了应对这一局面，村庄进行了一定的制度调整。在港村，当小组长制度取消之后，原有的小组长角色的缺位不仅造成了村庄治理中上下沟通的不畅，更为重要的是导致公共物品供给等事务管理的不济。管水员制度的设置事实上正好弥补了旧有小组长角色的缺位。

从港村水利合作的情况来看，当管水员承担以水利资源管理与水利合作为主的治理事务时，其行为受到特定结构的约束。这一结构包括：既有的村组公共农业灌溉设施老旧或缺失；管水员需要负责小组以水源管理为主的几乎所有公共事务的管理工作；现有村庄村民外出务工使得村庄发展原子化导致管水员工作的开展只能依靠个人评价和酬劳这两种激励方式来维系；水资源在村组内部分布各异，不能够以其他小组作为参照基准。面对上述结构，虽然在同样的村庄之中，村落内部的社会结构一致，但由于各小组所占有的资源存在差异，以及小组内部邻近水源的条件也不一致，因此导致不同小组内部所采取的水利合作供给模式存在差异。细言之，若小组内水利资源的异质性较小，分布较为均匀时，村组内采取的则是个人评价同较低酬劳两方面的弱激励；反之，当小组内部水利资源的异质性较大时，管水员组织合作的成本就越高，为了激励管水员“有所作为”，其所采取的合作模式就必须予以管水员高酬劳的强激励。

参考文献：

[1] 徐勇．如何认识当今的农民、农民合作与农民组织[J]. 华中师范大学学报（人文社会科学版），2007（1）：1—3.

[2] 陈辉，朱静辉．村庄水利合作的逻辑困境——以安徽长丰县薛村、李庄为个案[J]. 中国农村观察，2012（5）：80—86、97.

[3] 埃莉诺·奥斯特罗姆．公共事物的治理之道：集体行动制度的演进［M］．上海：上海译文出版社，2012.

[4] 田原史起．日本视野中的中国农村精英：关系、团结、三农政治［M］．济

南：山东人民出版社，2012.

[5] 张军，何寒熙．中国农村的公共产品供给：改革后的变迁[J]. 改革，1996 (5)：50—57.

[6] 张军，蒋维．改革后中国农村公共产品的供给：理论与经验研究[J]. 社会科学战线，1998（1）：36—44.

[7] 狄金华．被困的治理［M］．北京：生活·读书·新知三联书店，2015.

[8] 曼瑟尔·奥尔森．《集体行动的逻辑》，上海：上海三联书店，1995.

[9] 温铁军．中国农村基本经济制度研究［M］．北京：中国经济出版社，2000.

[10] 贺雪峰．熟人社会的行动逻辑[J]. 华中师范大学学报（人文社会科学版），2004，43（1）：5—7.

[11] 吴理财．对农民合作"理性"的一种解释[J]. 华中师范大学学报（人文社会科学版），2004（1）：8—9.

[12] 罗兴佐．农民合作的类型与基础[J]. 华中师范大学学报（人文社会科学版），2004（1）：11—12.

[13] 胡振鹏，李武．农民水利协会的合作机制研究[J]. 自然资源学报，2009，24（2）：185—191.

[14] 赵晓峰，袁松．泵站困境、农民合作与制度建构——一个博弈论的分析视角[J]. 甘肃社会科学，2007（2）：8—10、119.

[15] 费孝通．乡土中国［M］．北京：北京大学出版社，1998.

[16] 翟学伟．信任的本质及其文化[J]. 社会，2014，34（1）：1—26.

[17] 蔡晓莉，刘丽．中国乡村公共品的提供：连带团体的作用[J]. 经济社会体制比较，2006（2）：104—112.

[18] 吴秋菊，林辉煌．重复博弈、社区能力与农田水利合作[J]. 中国农村观察，2017（6）：86—99.

[19] 狄金华，董磊明．农民合作行为中的惩罚机制及其实践基础研究[J]. 中国行政管理，2011（3）：102—106.

Nature of resources and the choice of public goods cooperation supply mode

Di Jinhua, Zhao Zhenwu

(Department of Sociology, Huazhong Agricultural University, Wuhan 430070)

Abstract: This article analyzes how the participation of water resources within the village affects the choice of cooperation mode by inspecting the practice of water cooperation after the tax reformation in Gang Village, Central Hubei Province. This study found that although the social structure is same within this village, there are differences in the water supply cooperation modes in the different groups due to the difference in the resources occupied by groups and the inconsistent of the water resource close to different groups' conditions.

Key words: water cooperation; natural resources; cooperative mode; incentives

非兼并联村治理：制度创新与理性选择*

——来自贵州P县“三变”改革的实践

伍国勇[1]　于福波[2]

（1 贵州大学经济学院、中喀研究院　贵州贵阳　550025

2 西南大学经济管理学院　重庆　400715）

内容提要：在新时期城镇化背景下，农村社区治理从“单一化”向“复合化”转变。本文基于贵州P县N联村治理的实践，分析了“行政村合并”制度设计的治理困境，提出了“非兼并联村治理”的概念和分析框架，探索了“非兼并联村治理”的动因和现实选择。研究发现：非兼并联村治理模式是农村组织制度的创新。政治上表现为各村之间的行政功能重组；经济表现为各村之间的资源配置功能重组；利益诉求上表现为原行政村建制的“完整性”和农村社会治理的“乡土性”。这种治理模式形成过程中存在地方政府（制度供给方）、市场力量、行政村（公众）三种推动力量，非兼并联村治理的形成则是供需双方互动的结果，根本原因是新的制度安排能够满足上述三种力量的根本利益诉求。

关键词：非兼并联村；治理模式；制度创新

---

* 基金项目：2016年贵州省科技厅软科学项目“农村产权改革与精准扶贫的对接研究”资助；20162016年国家社科基金重点项目“IAD框架下集中连片特困地区主动协商型扶贫开发模式研究”（16AGL016）；2017 贵州大学重大项目“贵州旅游扶贫对城镇化影响机制研究（GDZT201703）”；2017贵州大学“农林经济管理国内一流学科建设项目（GNYL［2017］002）”。

作者简介：伍国勇（1979.6—　），教授，博士，贵州大学经济学院副院长（主持工作）、中国喀斯特地区乡村振兴研究院执行副院长。研究方向：农村发展，生态经济；于福波（1992.4—　），西南大学经济管理学院农业经济管理博士研究生。

一　治理问题：行政村兼并的时代局限

20世纪80年代中后期，行政村合并率先从我国山东、安徽等地农村发起，起初是为适应农村税费改革、降低财政负担而进行的。2006年农业税取消后，随着新农村建设、农村城镇化等的推进，以“迁村腾地”为由的村庄合并在全国较大范围进行着。[1]农村社区是承担着多重功能与多维任务的复合体，宏观上承担着政治巩固、政策贯彻的统治功能；微观上需建立良好的自我治理秩序，为社区居民提供发展所需环境和条件。当前，新型城镇化、城乡一体化持续推进，农村社会正在经历着一场深刻的变革和转型，在国家、市场、社会等多方面力量的推动下，农村社区不仅在形态上呈现出综合化、多样化的特征，而且在治理模式上也从“单一化”向“复合化”转变。农村社区形态的演变及其治理模式的变化是对当前国家、社会、市场发展水平和社会治理矛盾的自我调适，是生产关系对生产力的能动反映。[2]

事实上，行政村合并的初衷是为更好地统筹城乡发展，解决农村城市化过程中的资源闲置和乡村凋敝问题，从而实现农村地区的更好发展。值得注意的是，行政村合并的实践面临着“治理模式与实践需求相背离”的困境，在这套制度设计逻辑的背后，出现了一系列新的治理困境：第一，行政村合并后降低了管理层级，却扩大了管理幅度，降低管理成本的同时客观上增加了管理难度，引发民主管理问题；第二，行政村合并虽然能够达到资源整合的目的，却面临集体资产归属、处置，财务赤字化等经济问题，容易引发“新行政村”与“原行政村”以及村民之间的经济利益纠纷，甚至产生暴力冲突；[3]第三，行政村合并改变了原有的社会结构，“集中居住”隔断了传统以“地缘和血缘”为纽带的社会关系，在强化经济功能的同时容易忽略农民的社会和文化价值诉求，使得农民对“新村”以及“新身份”存在认同障碍。那么，是否存在一种合理的模式既能够满足农村社区治理需要，保障城乡一体化的进程稳健推进，促进农村经济社会发展的同时又能够避免行政村合并过程中所产生的治理困境呢？答案是肯定的，基于上面的讨论，本文提出“非兼并联村”的治理模式，采用探索性案例研究方法对贵州P县N联村治理的实践进行个案研究。本研究具有探索性意义，主要体现在制度创新和理性选择两个方面：一方面，非兼并联村党委的组建形成了从乡镇党委、联村党委、村党支部三个层级领导体制；另一方面，之所以采取“非兼并联村”治理而不是“兼并”治理，是基于政策需求、经济发展、社会关系、合作理性、文化诉求的多重复杂逻辑，是经过实践探索的理性选择。

二 运动路径：非兼并制度供需关系的重塑

（一）概念界定

“兼并”一词通常用于企业管理学领域，指的是一家企业通过契约的方式使被兼并企业丧失法人资格的过程，也称作“吸收合并”。近年来，也被移植应用于农村改革过程中。其中行政村兼并意为：富村兼并穷村或强村兼并弱村，从而使原自然村失去其行政村或建制村资格，直接并入或联合成立新的行政村或建制村的过程。兼并类型分为扩张式兼并、扶贫式兼并及联合式兼并（秦庆武，1996）[2]，而联合式兼并划分为镇区吸纳、强弱兼并、区域联合（刘卫东，1997）[3]，认为联合式兼并不但加快了农村城镇化步伐，而且也促进了农村社会和经济的增长。本文所提“非兼并联村”治理是在“联合式兼并”① 基础上发展起来的。其概念界定为：在保持原行政区划和自治主体不变的前提下，以“联村党委”为纽带，使自然村突破行政区划约束进行联合发展。由联村党委对产业布局、基础设施等进行统一规划，通过政治一体化进而推动经济一体化，从而实现资源要素的优化配置及区域统筹发展。需要指出的是，非兼并联村模式是组建模式的创新，同时也是一种制度创新，根据不同的情况，可以划分为村村联建、村企联建、村园联建等模式。

“非兼并联村”治理与所讨论的“联合式兼并”有着共同之处，表现在联合方式上均通过契约或合同的方式进行合作；在功能上皆为推进城镇化进程的一种路径。同样，两者也存在着本质差异：其一是后者本质上是一种渐进性的农村组织变迁过程，结果将导致自然村的人口和土地逐渐向中心村聚集，最终丧失行政村或建制村资格，而非兼并联村则保持原行政

① “联合式兼并”的概念由秦庆武首次提出，用以解释村庄兼并的形式。这是一种渐进性的行政村合并的方式，虽然原有行政村之间的组织和管理体系不变，但人口最终会流向中心村或企业驻地，导致原行政村萎缩。参见文献［2］。

区划不变、村民自治主体不变，且集体资产的产权不改变，财务上实行独立核算，只是在工作上统一规划、部署和落实；其二是联合式兼并会促使中心村之外的自然村走向衰落，甚至最终消失。而非兼并联村会发展壮大集体经济，使自然村走向强盛。

（二）运动路径

20世纪70年代，戴维斯、诺思指出制度创新是创新者为了追逐追加利益，运用制度发明、模仿、演进等手段使现行制度发生变革的过程。在制度变迁过程中，制度创新是制度变迁过程中最核心的阶段，所以制度变迁理论一般将制度创新等同于制度变迁。并进一步指出，制度创新的动力源自各方利益主体在过程中减少摩擦成本和实施成本的诉求，谋取自身利益最大化的企图；制度经济学派认为，制度具有公共产品的性质，因此与其他产品一样都具有供给和需求，因此，制度创新的过程事实上是作为产品的制度在供给与需求的动态变化过程中达到均衡的过程。基于以上分析，行政村的演变同样遵循着制度变迁的理论范式，属于制度变迁范畴，从单一的行政村到非兼并联村，正是各方利益相互博弈导致制度创新的结果。任何时期，制度变迁都脱离不开当时的政治、经济、文化环境，同样如此，非兼并联村治理模式的形成过程中必定受到所处环境的政府意志、市场要素等因素的影响，而这些因素将直接作用于实施联合的一方和接受联合的一方，如果将实施联合的一方看作是需求方，而接受联合的一方看作被需求方，可以认为，行政村的非兼并联合是供需双方互动的结果，因此本文将在“需求—供给”框架下，总结联村治理的模式，在此基础上，分析实施联合的中心村P村为何选择联合却不兼并其他自然村的动因，整个研究逻辑如图1所示。

（三）制度供需关系重塑

如图1所示，非兼并联村治理是农村产权制度改革过程中制度需求与供给动态平衡的结果。在政治上行政重组，经济上资源重组，价值诉求上保留原行政村建制“完整性”和社区“乡土性”，在治理路径上采用了“统筹发展”的综合治理方式，是一种适应现代农村发展需要的制度创新。[4]非兼并联村治理模式形成过程中，存在着市场力量、行政村及其公众、当地政府三种基本力量，这三种力量共同推动着非兼并联村治理模式的形成。市场力量的介入，重塑了原有行政村间以及行政村与村民间的利益基础，满足市场力量对资源整合的需要，在制度上需要一个中介功能的

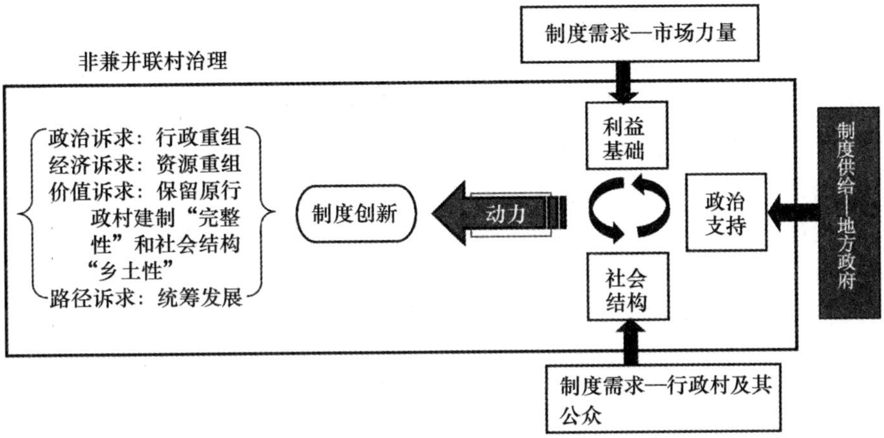

图 1 非兼并联村治理的运动路径

来源：作者自制。

机构作为协调各方利益主体纽带；面对市场力量的冲击，行政村及其民众往往采取较强的防御态度，如果新的利益协调机构的产生不能够满足他们自身行政村建制完整性、社会关系乡土性、社会结构稳定性、经济发展的持续性等价值诉求，他们往往拒绝这种联合；这两种力量也形成了制度需求方。[5]而具有排他性公信力的地方政府作为行政规则的制定者和制度的供给者，在提供一项新制度时，既要处理政绩需求也要处理发展需求，同时需要平衡各方利益，客观上推动了制度的变迁。

三 形成过程：贵州 P 县 N 村联合治理实践

（一）形成背景：问题催生“三变”改革

N 村辖区总面积 6.17 平方公里，其中耕地面积占 57%，民族有彝族、苗族，农业人口占 98%。2012 年之前该村主要以种植稻谷、小麦、玉米等粮食作物为主，年人均纯收入不足 700 元，属于典型的“老、少、边、山、穷”地区。2012 年一位返乡创业“能人”带着“富不忘家乡”的愿景，出资 2000 万元注册了村级农民专业合作社，计划带领村民共同致富。由于该村经济状况较差，大多数村民手中只有维持生计的土地资源，少数拥有少量闲置资金，农户入社积极性普遍不高。为此合作社探索出以“兜底”的方式鼓励农户以土地承包权认股加入合作社。然而，这一措施在调动村民入社积极性的同时碰到四大难题：N村位居大山深处远离市中心，交通不便；产业单一且规模小，产品无法与大市场对接；由于发展环境条件差异对比强烈，与周边村寨之间矛盾频发；大多数青壮年举家外出务工，劳动力越发紧张。为解决产业发展与人才缺乏问题，地方政府创造性地提出“三变”改革的模式，推动周边村将8.5万亩集体资源折股量化到该村高原湿地生态农业旅游开发公司，同时配套2252万元的财政扶持资金，吸纳1.2亿元民间资金入股该村用于项目建设，该措施使得1300余户农民直接成为合作社股东。合作社以每月不低于1500元的固定工资聘用入社持股农民，带动了失地农民就业及青年劳动力返乡，就近就业模式极大地解决了合作社发展人才缺乏问题。同时，为解决村寨之间矛盾频发问题，政府创造性提出“创新基层组织设置、非兼并方式组建联村党委，统筹资源共同发展”的建议。2013年7月，在县乡党委的推动下，该村打破传统的行政界限及功能约束，联合周围7个行政村的党支部以及村属农民专业合作社，依托生态农业示范园区建设，采取“8+1”模式共同组建联村党委。所谓“8+1”，即8个行政村加一个合作联社。联村党委的成立不仅为8个行政村的发展聚集了资金和人才，同时促进了村级集体经济发展。到2016年底，联村农民的人均纯收入达到10800元，人均增收3800元以上，集体经济累计达到22万元，共带动辖区内人口脱贫2450人次。

（二）“非兼并”：功能与资源重组前提下的“党政统筹”

非兼并联村的一个重要特征是保留原来的行政村的建制资格和自治主体权利不变，核心上行政功能的重组和发展资源的重组，本质上有别于传统的行政村合并。首先，行政村合并会改变原行政村的建制资格并进行行政重组，其根本的标志是村庄组织方式和管理方式双重变革，并通过旧村改造和居住集中化等方式，改变以血缘和地缘为纽带的社会网络关系，促使人口和资源的聚集以及农村劳动力实现非农转化，最终打破城乡二元结构，实现城乡一体化；而非兼并联村一般只涉及村域管理方式的变革，不改变居住格局和居住方式，在不改变主体资格前提下实施行政功能重组。其次，非兼并联村不涉及村集体资产和发展资源的产权转移。行政村合并后面临问题之一是村集体资产产权归属问题，由于原行政村之间集体资源、资金以及债务情况不尽相同，行政村合并后，原行政村的资产权属归原村集体成员还是新村集体成员存在争议；而非兼并联村不涉及村集体产权归属问题，联村成立后村集体资产产权仍属于原行政村，资源重组容易统筹协调。其三，行政重组的方式不同。行政村合并后，一般会撤销原行政村的党支部和村民委员会，进而成立新的“两委”，受到行政村规模、行政功能和编制的影响，村级干部人员流动较大，矛盾和问题较多；而联村党委制度不会破坏原有村的党支部和村民委员会，联村党委的成立巩固了党在基层组织中的领导地位，原行政村的党支部在联合中得到了均衡发展。

非兼并的另一个重要特征是联村党委的成立并没有削弱原行政村村委会的职权，使党从行政事务中脱离出来，党组织与村委会的权责更加分明，联村实行“党政统一”，领导地位更加巩固。各行政村党支部书记在联村党委中有两方面的职责：一是协助联村党委书记，协调联村园区建设项目、联村统筹的产业项目和其他各项村级治理和公共事务工作；二是宣传党在农村的各项方针政策，抓好基层党建工作。可以看出，原行政村的党支部的权力并没有削弱，且随着联村党委的成立，党在基层组织中的领导地位得到了巩固。而传统的行政村直接合并后，原行政村村民委员会及超编岗位自行消失，超编人员自行解散；新村的治理很难实现“党政统一”和“功能统一”的高效率。2015 年 4 月，P 县政府整合资金 2.6 亿元，甄选了计生、禁毒、维稳和村庄整治四项工作中的 28 项公共服务和辅助性管理事项，向村（居）委员会进行购买。一方面推动管理和服务关口前移，将原来分散使用的 1.2 亿元财政转移支付资金充分整合，实现了钱随事转，改革了财政支付方式；另一方面，将村组干部报酬提高到每月 2000—4000 元，健全了村、组干部目标管理、量化考核、不合格退出等机制，推动了村干专职化管理。政府购买服务实现了行政事务完全由村（居）委员会负责，N 联村党委和政府购买服务，进一步推动了村域治理模式的“党政统一”和“功能统一”。

（三）组织“联合”：联村行政事务统一治理

联村党委被定位为区域性的综合议事和协调机构，按照“一村一特色、一支部一产业”和“村村联建、村企联建”的发展思路进行农村公共事务管理，其职能集中体现在职责、协调机制、组织架构、管理模式、工作方式、决策模式等方面。在职责划分上，联村党委负责总体规划，党支部带头实施，合作社党支部负责提供资金、技术支持；在人员配备上，联村党委共有正式党员175名，设置党委书记1名，副书记2名（每位副书记分管4个行政村党支部）。党委委员共有11名，由8名行政村党支部书记、1名联村合作总社党支部书记（兼联村党委副书记）、1名乡党委组织委员（兼联村党委副书记）与1名党委书记（能人担任并兼乡党委副书记）共同组成。在协调机制上，推行“村务共商、规划共谋、资源共享、产业共建、矛盾共调”五项协调机制，并围绕协调机制履行正常职能、共同协商多方事务，从而推动产业联动发展以及集体重大项目的稳步推进。在联建方面，主要按照“地域相邻、产业相联、功能相近、资源融合、发展互促”的原则进行组织架构设计。为适应组织架构的调整，联村党委采取党委、党支部、党小组、党员负责制的管理模式。联村党委采用“四议两公开”的工作方式，所谓“四议”，即村党支部会提议、村两委商议、党员大会审议、村民代表会议或村民会议决议，“两公开”包括决议公开和实施结果公开。在决策方式上，自然村重大事务由村委、支委一起开会决定且上报联村党委，由两委共享公共管理权力，“联村党委决策模式”加强了党在基层事务中的领导地位。

（四）产业“联合”：“三变”统筹发展资源配置

联村党委成立后，针对“产业单一、规模小”的问题，探索性提出农村产权改革的“三变”概念。以行政功能统筹引领经济资源配置，聚集和盘活农村各种资源以实现资源整合，进而实现规模效应。这种模式在我国广东、浙江等一些较为发达的农村地区往往被称为“股份合作制改革”。第一，农民变股民。鼓励老百姓用土地入股联村合作社，通过联村合作社及时把他们分散和撂荒的土地集中起来发展刺梨、猕猴桃、蓝莓、红豆杉特色产业，并建起了生态农业产业园。第二，资源变资产。引导周边各村将8.5万亩村集体的生态公益林地、草地、溶洞、水面等资源通过折算入股到园区。第三，资金变股金。联村党委将周边8个村的200万元扶贫开发资金及99万元的同步小康专项资金转为村集体持有资金，入股到联村合作社科技示范园、蓝莓园等利润高、见效快的产业园，使政府性帮扶资金从“一次性”投入转为“长效性”投资，让“死板”的帮扶资金用出新效果。行政重组实现了公共资源的有效整合、社会秩序和发展公平的维系，包括集体土地的承包、租赁，项目的立项建设、集体资产购置与处理、集体借贷、集体企业改制，以及新农合、计划生育、农村低保等政策落实和制度建设。

（五）路径“联合”：联村党委（总社）+村支委（分社）+村民（股民）

在联村治理路径“联合”过程中，合作社扮演着重要的载体角色，载体功能表现为对上承接“发包”项目资源，对下“目标动员”。从县政府到联村党委通过逐级“发包”和“打包”的方式实现基础设施、财政、教育、医疗等专项资金的转移支付，最终由合作社进行“抓包”并实现目标动员任务①。为了实现治理目标，联村将村级合作社作为“联合”治理的重要“工具”，并在实践中探索出“联村党委+联村总社+村级分社+村民（股民）”的治理路径。在功能上表现为对上承接“发包”资源和对下完成“目标动员”任务：基础设施、财政、教育、医疗等专项资金通过逐级“发包”和“打包”实现从县政府到联村党委的转移支付，最后由合作社“抓包”并实现目标动员任务。

第一，联村党委发挥领导功能，联村合作社发挥行政执行功能。联村党委与村级合作社的关系是整个治理环节的基础，联村合作社直接接受联村党委的领导。在合作社内部，合作社理事长通过公开选举产生，而且“村级两委”不得担任理事会成员，只允许担任监事会成员，合作社的项目投资、开发等事务由合作社研究决定，并接受“村支两委”的监督，这些关系决定了联村党委能否将合作社作为“政策工具”服务于治理过程，因此是整个治理环节的基础所在。

第二，村支委发挥领导执行功能，村级分社接受村支两委领导和联村总社的业务指导，具体组织执行联村总社发展目标。与村级分社的关系则是整个治理环节的关键环节。N联村合作社既属于其他7个村级合作社的总社，也属于P村的村级合作社，负责统一规划、统一布局、统一培训、统一标准、统一经营，即“五统一”；各村级分社负责将农民的土地承包经营权吸收入股，再将土地承包经营权形成资产入股到总社，同时负责组织群众发展产业。这样一来，便形成了“总社牵头抓规划、分社负责抓实施、群众参与抓生产”的格局，构成整个治理环节的核心。

① P县政府所推动的村级合作社与传统合作社的路径“联合”有着本质上的区别，村级合作社不是搞“合作化运动”，更不是新一轮的人民公社化运动。它不改变家庭承包经营制度，可以进一步丰富和完善以家庭承包经营为基础、统分结合的双层经营制度。坚持农民自愿、市场运作的原则，有关法律对农民自愿参加合作社的农民民主权利和财产权进行保护。

第三，非兼并联村治理模式，强化党委领导的政治功能，巩固了合作社行政执行的管理功能，激活了农村发展潜力，解放了农村生产力，也改善了农村生产关系。村合作社在不改变家庭承包经营制度的前提下，丰富和完善了以家庭承包经营为基础、统分结合的双层经营制度，强化了基础权利主体的经济地位。同时坚持了“农民自愿、市场运作”的基本原则，农民民主权利和财产权得到有效保护。联村总社通过“三变”改革整合相关村域撂荒土地的同时，也将“失地”农民聘为合作社员工，参与合作社的生产和管理，每月有不低于1500元的固定工资收益，也有权参与年终股份收益分红（股民），实现了就近就业，名副其实地成为了“上班族”。联村治理模式总结如表1。

表1　　非兼并联村治理的运行机制

参与主体	公共服务提供	治理规则和行动机制			集体资源使用
		协商方式	决策方式	协调机制	
①上级指派村域管理机构 ②当地企业家 ③分散的行政村	①行政供给 ②集体供给	“四议”： ①党支部会 ②村两委会 ③党员大会 ④村民代表会	①联村党委决策	①分散的契约谈判	①基于国家权威共同管理 ②路径：合作总社＋分社

四　制度逻辑：非兼并制度供需均衡的理性选择

（一）制度框架：内生变量与外生变量对制度的动态影响

非兼并联村治理形成的制度逻辑是基于这样的假设：制度安排受到一个或多个因素发生变化的冲击时，制度安排的供给与需求之间会产生一个动态的作用过程，运动的结果将导致起始的均衡发生变化，新的制度安排将取代旧的制度安排。需要说明的是，制度变迁的过程中“供给和需求”不一定同步发生，无论是制度需求或供给发生变化都将导致新旧制度之间的更替（戴维·菲尼，1995）①。对制度变化的供给与需求分析采用如表2所示的框架，对于制度环境的基本而深刻的变化则无法用该框架进行解释。庆幸的是，这里讨论的重点在于分析制度安排供需均衡而不是制度环

① 戴维·菲尼：《制度分析与发展的反思——问题与抉择》。

境。因此，框架对于非兼并联村治理形成的动因及制度逻辑讨论具有解释力。在这个框架中，制度被分为宪法秩序、制度安排以及规范性行为准则三种类型，宪法秩序和规范性行为准则被视为外生变量，制度安排被视为内生变量。其中宪法秩序可以定义为对管理条款和条件的规定，包括口头形式和书面形式保留的传统，属于第一类制度，其重点在于集体选择的条款和条件；制度安排是宪法秩序内所创立的，包括法律、规章、合同等，属于第二类制度；规范性行为准则跟宪法秩序一样，比制度安排的变化缓慢，难以改变，包括文化背景、意识形态等。制度安排及其利用程度是内生变量，外生变量则归类于对制度变化的需求或供给。从制度变化的需求角度来说，当现有的制度安排不能够满足行为者潜在的利益时，改变现有的制度便可以获得在现有的制度下得不到的利益，但是行为者是否选择新的制度安排，取决于新的制度安排是否可以使行为者的预期利益为正，有若干的外生因素影响对新制度安排的需求的因素，这些因素包括相对产品和要素价格、宪法秩序、技术、市场规模。非兼并联村治理是一种新的制度安排，县乡政府是决策的制定者，属于第一行动集团；各行政村、合作社党支部及乡村能人能够促进利益的实现，因此属于第二行动集团[①]，而非兼并联村治理模式则是行动集团实现利益所采用的工具。

表 2　　制度需求与供给的分析框架

①制度类别 　宪法秩序 　制度安排 　规范性行为准则	③外生变量：对制度变化的需求 　相对产品和要素价格（包括人口） 　宪法秩序 　技术 　市场规模
②内生变量 　制度安排 　制度安排的利用程度	④外生变量：制度变化的供给 　宪法秩序 　现存制度安排 　制度设计的成本 　现有知识积累 　实施新安排的预期成本 　规范性行为准则 　公众态度 　上层决策者的预期净利益
⑤动态顺序 　途径/制度演变	

① 诺斯认为第一和第二行动集团既是制度创新的主要力量也是决策主体。

（二）制度失衡：市场力量冲击了传统制度供需均衡关系

N村“能人”的介入本质上是“资本下乡”的过程，市场资本力量介入引起以N村发展为目的的土地流转和产业发展，导致与相邻行政村之间的发展差距扩大，进而引起其他经济利益的协调诉求。然而这种利益诉求超出其治理范围，使得村寨之间利益诉求难以统筹平衡，甚至引起村民之间的矛盾和冲突，根本上冲击了原村落之间“都是贫困村”的社会认同关系均衡，以及都是以“家庭联产承包责任制”为基础的村级治理制度均衡和地缘血缘为基础的生产关系均衡。[6]

首先，N村项目建设需要占用邻村土地资源，直接导致了利益关系的失衡，客观上需要区域性利益协调主体或机构。N村农业生态产业园区的建设和旅游项目扩大了对土地规模的需求，必须占用其他村的土地。园区建设和项目施工需要征得其他行政村的土地（部分属于集体资产，部分为农户承包地或宅基地），因此N村不但需要处理与其他村寨之间集体资源占用关系，还要处理与其他村寨村民的关系。N村目的在于以较低价格取得属于周边行政村的集体土地；而其他村既需要考虑交易方式的合规性合法性，也需要博得自身利益最大化。面对这种由市场力量冲击而引起的利益关系，以单个行政村为界限的治理方式无法满足村寨之间的矛盾调节需求。针对村庄之间的利益纠纷，N村可以通过土地买断或者兼并的方式进行，但是前者交易成本过高，后者则会面临新旧村落集体资产产权归属、行政重组等新的治理问题，如果处理不当会进一步激化村寨之间的矛盾，因此客观上需要具备区域性协调功能的机构或主体出面处理。

其次，现有制度安排无法满足市场对土地资源规模化整合的需求，表现为制度安排对治理需求变化的供给滞后，使得集体资产产权和农民土地承包经营权受到确权定价的非客观性因素影响而不能自由规范化流转。联村党委成立之前，村民委员会自治、家庭联产承包责任制、以血脉和地缘为纽带的自我管理是主流社会经济制度安排。治理方式上实行以家庭联产承包责任制为基础的统分结合的双层经营体制，此种制度安排在充分提高劳动生产率，激发农民生产积极性等方面，表现出非常明显的制度优势。但是由于家庭分散经营，农户耕地面积小，适合于精耕细作的方式进行劳动集约化生产，这也导致农村资源分散、农民分散、资金分散，使得农村发展无法与市场对接，也具有明显的劣势。N村的股份合作制和产业规模化经营，由于产权问题以及管理体制、土地流转制度等秩序的不规范，使得其他行政村的土地资源不能完成自由配置而流向N村。同时，封闭性、与外部隔绝以及资源流转不畅是以血缘和地缘为基础的单个行政村治理方式面临的最大问题和困境，在面对市场力量的冲击时，暴露出无法实现规模化发展的治理问题。

（三）制度重构：政府公信力和相关者利益诉求形成了新制度安排期望

资本下乡在村寨之间的秩序冲击上表现为矛盾纠纷和利益分配不均，然而其本身却无法承担因此而造成的外部性问题，进一步具体化为地方社会治理问题，这就需要由具有公信力的地方政府承担协调责任。原因在于地方政府乐于推动资本下乡和土地资源整合，这与他们推动城乡一体化的预期收益是相符合的。然而，政府解决治理问题提供新制度安排既要面临“宪法秩序、现存制度安排、制度设计的成本、现有知识积累、实施新安排的预期成本、规范性行为准则、公众态度、上层决策者的预期净利益”等理论因素，也要面临“村寨自治需求和土地利益诉求”两方面的现实因素。[7]作为制度供给的P县政府，在协调N村发展矛盾过程中必然需要从自身利益出发完成协调工作。联村党委模式是既能够降低行政成本又能够妥善村寨矛盾的必然选择。首先，这种模式可以降低因合并所带来的摩擦成本和实施新安排的预期成本；其次，模式符合上级政府的预期利益，上级政府可以借助联村党委更好地推动“扶贫”以及国家其他政策的落实，也能以低成本化提供新的制度安排解决当前N村发展问题，还能加快推动城乡一体化的发展进程。

公众态度对政府推行联村制度的影响体现在上级政府需要充分考虑村民对于新制度安排的接受程度，P县政府借“三变”改革的动力进一步推动城乡一体化的过程中，面对市场力量的冲击，N村可以采取土地买断或者兼并其他行政村的方式达到目的，但这两种方式都需要付出较高的交易成本，在过去的实践中已经反映出直接行政合并后会面临更多问题。为降低交易成本，非兼并联村治理的制度安排为解决多重诉求问题提供了可行的路径。联村制度安排也充分考虑到行政村建制的“完整性”和农村社会结构的“乡土性”，尊重以血缘和地缘建立的乡村基层自治的结果。[8]联村党委的中介作用和担保功能使得土地流转能够顺利且低成本地完成，同时能够保护基层自治的需求结构稳定和保障行政村及村民的根本利益，形成了利益相关者对新制度安排的期望。N村与各行政村联合的过程可以看作是互惠的过程，从而确保这种联合使相关的人和组织相互受益，联村党委成员则产生于行政村之间及其代理人之间。为了稳定和发展这种模式，非兼并联村治理的制度安排必须充分公开，充分体现上级政府的能力和意愿。

五 发展价值：多维绩效与推广意义

（一）政治绩效：兼顾了降低行政成本与实现民主管理

一种制度的安排只有在创新方面改变了潜在的利润或降低了创新成本的情况下才会发生，包括“外部利润”内部化和“内部利润”外部化所致的制度安排。而非兼并联村治理的制度创新类型属于后者，同时兼顾了强化党委领导、降低基层行政成本、提高决策效率又扩大了民主管理范围。

第一，强化了党的领导。在当前的体制下，对行政村公共事务的管理一般包括村委会和党支部委员会，即“村两委”，并且由两委共享公共管理权力。村级重大事务的决定由村两委一起开会决定，而最后决定权分为“书记中心决策模式”“主任中心决策模式”和“共同决策模式”（胡荣，1998）。但有学者认为在这种传统的体制下，村党支部与村委往往职责不清而且存在交叉任职，造成“党政合一”的领导体制，弱化了党的领导，影响村民民主自治的权利。而联村党委的成立，改变了形式化“党政分开”的权力结构，避免了权责不一、推诿扯皮等情况的发生，提高了村民委员会民主管理能力，促进了基层组织党政之间的团结，进一步强化党组织对地方行政事务的领导和治理水平。第二，精简了人员结构。N联村的决策组织从原来的8个行政村“两委”合并为“联村党委”；村委会组织法规定村委会由主任、副主任和委员3—7人组成，村党支部一般由5—7人组成，因此原8个村“两委”核心成员至少由64人构成，经过人员精简之后核心成员只有11人。党委书记1名，副书记2名。党委委员共有11名，由8名行政村党支部书记、1名联村合作总社党支部书记（兼联村党委副书记）、1名乡党委组织委员（兼联村党委副书记）与1名党委书记（能人担任并兼乡党委副书记）共同组成。第三，提高了决策效率。联村党委的成立创新了行政村的公共管理权力，这种模式一方面从根本上解决了原村委会主任和支部书记哪一个权力更大的问题，在解决民主管理问题的同时也降低了行政决策成本，提高了决策效率，是一项重要的制度创新。此外，原行政村集体资产产权关系保持不变，降低了制度变迁过程中的交易成本，而且就业机会对征地补偿的替代，使得产业资本能够以较低成本进入，进而减少经济资源交易成本，提高了发展效率。

（二）经济绩效：小资本小队伍带动大产业实现大发展

在经济上，既达到资源整合目的，又妥善处理经济利益问题。第一，以小资金撬动大产业。N 联村将 2252.14 万元的财政扶持资金通过资金转股金投入项目建设；通过周边村闲散资金入股、企业担保贷款入股等方式，撬动了 1.2 亿元民间资金参与产业园区发展，1300 余户农民变成股东。如今 N 联村的农业园区面积已突破 14.2 万亩，刺梨、猕猴桃、红豆杉等特色农业面积达 2.18 万亩，2015 年农业产值达 1100 余万元，带动 3010 户年均增收 4000 元，其中贫困户 1472 户；天山飞瀑、水上娱乐、温泉度假村等旅游项目陆续打造完成，成功申报成为国家 3A 级景区。2015 年至今接待游客 22 万人次，旅游产值达 4000 余万元。第二，以小队伍统筹大发展。联村党委的成立使 8 个村互动互助、齐头并进，推动 8 个村形成优势互补和特色产业发展的布局。形成示范一村，带动一片，致富一方的效应，且在资源整合的过程中，不涉及原集体资产的归属、处置以及财务赤字化解等问题。组建联村党委整合 8 个村的驻村干部，组建“联村驻村工作队”，把 8 个村 42 名驻村干部整合起来，8 个村同规划、同部署、同落实，改变原来各自为政、发展不均的状况；整合景区 8 个村的“第一书记”和驻村干部成立联村驻村扶贫工作队，按照扶贫攻坚先行先试、专业技能跨村共享、扶贫项目联合实施，实现驻村扶贫资源的有效整合、精准利用、科学配置，提升了驻村帮扶成效。

（三）社会绩效：小牺牲小变动促进大区域实现大稳定

第一，小牺牲带来大利益。我们可以将 N 联村的行政组织和人员精简看作“体制成本”外部化的过程，即俗话所说的“甩包袱”。一般而言因改革而被精简的人员通常被看作需要付出很大成本的改革对象（包袱），因为他们往往被视为消极被动的。但事实上，那些被改革的对象能够主动利用外部市场环境和新制度安排中的有利因素，将自身从改革过程中的“被动”地位转变为“客体”地位，展现出其积极的一面，这不仅不需要为“甩包袱”付出成本，反而使其成为新制度的构建者和改革的推动者（李芝兰，2013）。非兼并联村治理模式的形成中，原有行政村的党支部书记全部被安排到联村党委，使得制度变迁的过程相对平滑，进一步为新制度安排节省了成本。第二，以小变动巩固大稳定。联村党委的组建，必然牺牲一部分村级干部的“利益”，使他们感觉在发展改革中“被淘汰”，可能带来潜在的不稳定因素。但事实上这部分人在后续的发展过程中并没有感觉失去“利用价值”，而是发挥了更重要作用。在价值诉求上，协助上级政府推动城乡一体化发展的同时，保留了原行政村编制完整性和社会结构稳定性，兼顾了农村“乡土性”人文需求。传统的以行政区域为单位设置党组织，一定程度上造成生产要素、资源的自我封闭和人为分割，但联村党委使得8个分散的行政村在不改变行政建制的情况下，既实现统筹城乡发展的目标，又符合行政村及其村民的文化价值诉求，以小部分人的变动实现大范围的坚固的稳定发展。

（四）推广意义：兼顾多维利益诉求的集约化治理模式

通过上文的讨论，我们发现非兼并联村治理模式并非简单的加法也非简单的减法，而是基于制度创新和客观现实的必然选择，具有多重推广价值。首先，联村党委在保证行政效率的同时节省了行政成本，是在原来的制度安排之上形成的一种新的制度安排，是制度创新的结果；联村党委的成立推动了农村地区资源、资金等要素的转移和重组，实现了产权制度的创新。其次，非兼并联村治理模式能够满足行政村之间以及政府的潜在利益要求，表现为既能满足各行政村对新制度安排的需求，也能够使政府达到对新制度安排的供给要求，是行政村对制度安排变化的需求和政府对制度安排变化的供给综合考虑后做出的选择，是一种面对现实情况的必然选择，而非生搬硬套的制度复制。再次，非兼并联村治理方式为农村城镇化提供了一种可以借鉴的范式。在避免了原行政村合并过程中的“一刀切”问题以及摩擦成本和实施成本过高等问题的同时，推动了城镇化的进程。最后，需要提醒的是，联村治理模式与“资本下乡”有着密切联系，由于“资本下乡”具有不可控性，在改变村社利益格局的同时，可能会对乡村治理造成危害。因此，在联村治理的过程中，政府应当加强党委的领导作用，建立相应的保护机制，免受资本的过度攫取，从而保证共同体的利益能够得到均衡发展，但政府的权力应当适度控制才能在保障基层治理民主自治的基础上实现联村模式的可持续。

参考文献：

［1］聂玉霞，宋明爽．国内外关于“村庄合并”研究述评［M］．山东农业大学学报（社会科学版），2015（1）：73—78.

［2］秦庆武．村庄兼并现代化中的农村社会变迁——山东村庄兼并现象考察[J].战略与管理，1996（5）：23—30.

［3］刘卫东．联合兼并：创建农村区域经济发展新体制——山东荣成市宁津镇调查[J].中国农村经济，1997（9）：44—56.

［4］罗必良．村庄兼并：农村社区的组织制度创新——农村经济组织制度的实证分析之一[J].南方农村，1999（2）：9—14.

［5］殷德生．制度创新的一般理论：逻辑、模型与扩展[J].经济评论，2003（6）：33—36.

［6］陈靖．城镇化背景下的“合村并居”——兼论“村社理性”原则的实践与效果[J].中国农村观察，2013（4）：14—21.

［7］仇叶．富人治村的类型与基层民主实践机制研究[J].中国农村观察，2017（1）：52—66.

［8］张善喜．“村改居”社区居委会选举困境与治理路径——以城乡协调发展为视角[J].中国农村观察，2016（4）：13—22.

Non-collision Merger of Regional Villages: Institutional Innovation and Rational Choice
——A case study of N village in P city, GuiZhou

Wu Guoyong Yu Fubo

(1 School of Economics, Guizhou University, China-Kazakhstan Institute;
GuiYang China 550025
2 School of Economics and Management, Southwest University;
CHongQing China 400715)

Abstract: Under the background of urbanization, rural community governance transformed from “simplification” to “recombination”. This article is based on a series of analysis of the governance dilemma of “administrative villages merger” behind the system design and the theory of “merger and coalition”, proposing the concept of “non-collision merger of regional villages”. Futher, under the “demand-supply” framework, this article analysed this new form of rural community governance mode and its producing mechanisms motivation by the case of N village in P city, GuiZhou, the study found that: the model of non-collision merger of regional villages is the innovation of the rural organization system and has three leading level, including township party committee, the Lian Village party committee and villages party committee. What's more, this model is characterized by administrative restructuring politically and resources reorganization economically between administrative villages, besides, to retain the original administrative villages in the administrative system and rural social "native". There are three driving forces in the process of this kind of pattern, inclunding market force, the local government, administrative villages and its public, the local government is the system provider and the other two are the system demander, the formation of this pattern is resulted from the interaction of supply and demand, the root cause of this kind of pattern formation is that the new institutional arrangement could meet the demand of the above three kinds of basic interests of power.

Key words: Non-annex liancun; Governance model; System innovation

政府还是企业：资源型地区新型城镇化的路径分析*

——对山西两个农村城镇化典型案例的调查与思考

张嘉凌

（山西大学政治与公共管理学院　山西太原　030006）

内容提要：资源型地区城镇化是中国城镇化的重点和难点。资源型地区的特殊现实决定了需要在政府或企业主导下快速推进城镇化。在政府主导下，梧桐通过充分发挥政府主导的优势，行政和市场结合，多元主体协同配合，实现了快速城镇化。而留誉则由一个资源型企业主导开展轰轰烈烈的“制造城镇”实践，由于政治逻辑取代了市场逻辑，政府、企业和农民权责不清，城镇化最终以失败收场。通过两个典型案例的分析发现，资源型地区的快速城镇化源于面临的治理困境，实质上都是行政权力推动的政治行为。因此，无论政府还是企业主导的城镇化，都存在明显优势和不足。城镇化的健康发展，需要在政府主导下激发企业推动力。对于资源型地区而言，应通过资源产权制度改革和农民主体意识培育，在充分挖掘政府主导的优势和潜力基础上，走政府引导、企业推动、农民主体的新型城镇化道路。

关键词：资源型地区；快速城镇化；政府；企业；路径

一　问题的提出

城镇化是伴随工业化发展，非农产业在城镇集聚、农村人口向城镇集

* 基金项目：山西省哲学社会科学规划课题“山西省新型城镇化路径研究”（项目编号：2016054002）。

作者简介：张嘉凌（1992—　），女，山西平遥人，山西大学政治与公共管理学院博士研究生，研究方向为资源政治、基层民主与乡村治理。

中的自然历史过程，是人类社会发展的客观趋势，是国家现代化的重要标志。[1]党的十六大第一次把城镇化问题写进了报告，提出“要逐步提高城镇化水平，坚持大中小城市和小城镇协调发展，走中国特色的城镇化道路”。党的十八大、十九大都提出坚持走中国特色新型城镇化道路。刚发布的《2019 年新型城镇化建设的重点任务》也指出，城镇化是现代化的必由之路，也是乡村振兴和区域协调发展的有力支撑。协调推进城镇化，成为中国实现现代化的重大战略选择。协调推进城镇化，关键在于探寻符合中国实际的城镇化推进模式。所谓城镇化的推进模式，即城镇化通过何种运作机制、运作过程、运作方式进行[2]。一般而言，城镇化主要受两种力量的作用，一是市场力量，一是行政力量，不同力量主导会形成不同的推进模式。

关于中国城镇化的推进路径或者动力机制，多数学者认为，中国的城镇化是自上而下推动的，在政府主导下、靠行政力量来配置资源以实现城镇化。张孝德、钱书法（2002），项继权（2011），陈志武（2013），文贯中、柴毅（2015）等都持此观点，认为中国城镇化的内生动力不足，政府在城镇化推进中所起的作用远远超过市场所起的作用。也有研究认为尽管中国是政府主导的城镇化，但是其他力量尤其是市场在城镇化推进中的作用越来越突出，企业、农民、村集体等在实践中推动了不同形式的城镇化（蔡继明、王栋、程世勇，2012；许秀川等，2017；陈多长，2018）。同时，研究者大都主张中国应注重发挥市场的基础作用，走政府和市场相结合的城镇化路径（简新华，2003；马凯，2012；厉以宁，2014）。

资源型地区城镇化是中国城镇化的重要组成部分。资源型地区主要是拥有特定矿产资源，并以资源的开发和分配为主要产业支撑的地区。资源型地区交通闭塞，自然条件较差，生态环境脆弱，加上长期的资源掠夺式开采造成的地质灾害和生态破坏，农民失去了最基本的生存环境和生产生活条件，必须向城镇搬迁集中。这种特殊性决定了资源型地区需要快速推进城镇化。同时，经济发展高度依赖资源开采的现实又决定了必须采取就地城镇化的方式，通过快速的小城镇建设，让农民在乡村中实现生产生活和权利的市民化。就地城镇化是资源型地区城乡一体化过程中摆脱发展困境的现实需要和必然选择。正如李克强总理指出的，资源型城市转型是推进新型城镇化的重要任务，资源型地区要走可持续的新型城镇化道路。产权是资源型地区治理的核心因素，围绕资源产权，形成了独特的政府、企业和农民关系。政府、企业和农民三者关系组合的不同，会形成不同的城镇化推进路径。

关于资源型地区城镇化的推进路径，相关研究较少。景普秋、张复明剖析了山西省资源型城市化道路的形成与存在的问题，提出山西省以及资源型地区应走以民营经济为主体、多种产业共同推动、工业化与城市化协调发展的可持续城市化道路。[3]王海燕等认为，农村城镇化是资源型地区城乡发展的必然选择，而产业结构和空间布局的优化调整是促进农村城镇化的重要保障。[4]陈晓燕以一个企业主导农村城镇化的典型案例为研究对象，围绕着“企业为什么制造城镇”的问题意识，从农民、企业与政府三个主体层面，论述了企业制造城镇的政治逻辑。[5]董江爱进一步对企业主导农村城镇化的模式进行了分析。[6]霍小霞分析了山西 A 县政府主导与煤矿企业参与城镇化的城镇化路径，认为政府主导和企业参与城镇化是资源型地区探索地方发展的勇敢尝试和有益实践，同时，这一路径又存在与生俱来的内生缺陷与不足。[7]在这些研究基础上，董江爱、张嘉凌提出资源型地区由于其资源禀赋及其开发带来的特殊问题，造成其农村城镇化道路非常特殊，主要是通过生产要素聚集促使分散农民集中居住的方式把农村变成城镇的就地城镇化过程，体现为政府、企业、农民等不同主体的关系组合，进而形成不同的城镇化模式。[8]

上述研究具有重要的启发意义，但是这些研究对于新型城镇化的推进模式关注较少，对资源型地区城镇化推进模式的探讨更是十分欠缺，如何推进新型城镇化，政府、企业、农民等不同主体应该发挥怎样的作用，是个十分关键的方向性问题，关乎新型城镇化的成败。目前理论研究尚未对这些问题做出有力的解答。同时，已有研究多是宏观论述，重在阐释城镇化的内涵、特点、问题以及中国新型城镇化道路的意义等，缺少有针对性的微观分析，尤其没有深入扎实的个案研究。城镇化不仅是理论问题，更是实践问题。对于城镇化尤其是资源型地区城镇化的推进路径，需要进行实证调查和对比研究。山西省是典型的资源型地区，全省接近 80% 的县区拥有煤矿资源。从山西省城镇化的现实状况来看，主要有政府主导和企业主导两种不同路径。那么，资源型地区的城镇化应该如何推进，究竟是政府主导，还是企业主导，笔者试图通过两个典型案例的比较，分析不同推进路径的缘起、逻辑及形成条件，探寻资源型地区城镇化的可行路径，为资源型地区新型城镇化的健康发展提出对策建议。

二 政府主导型快速城镇化：梧桐的实践

梧桐镇隶属于山西省吕梁市孝义市，被誉为“吕梁的南大门”，处于太原都市圈南部区域的重要节点。镇域面积35.8平方公里，下辖20个行政村，人口29149人。梧桐本身缺乏煤炭等矿产资源，但其利用优越的地理位置、平坦的地势、丰富的土地和水资源、便捷的交通、通达的物流，将附近丰富的煤炭资源运输至此，并以煤炭为基础发展煤焦化工业，工业经济发达。目前已经发展成为全省四大焦化集中发展区之一，也是省级孝义经济开发区梧桐煤化工园区的重要支撑极，逐步形成以焦化产业为主导，化工、电力、洗煤、耐材、物流等多元发展的产业体系，到2017年，梧桐煤焦化工园区共有企业79家。

（一）缘起：发展导向与政策扶持

梧桐镇城镇建设的推进，首先源于自身面临的发展困境。在企业迅速发展的过程中，由于规划缺失和环保滞后，企业持别是煤焦化企业布局不合理，企业和村庄互相包围，形成“村在企中，企在村中”的格局。这样的状况使得，一方面，人居环境受到破坏，新农村建设难以推进。煤焦产业产生的废水、废气、废渣以及粉尘和道路扬尘等，严重影响了人民群众生产生活。多年以来梧桐镇大力推进植树造林、节能减排、环境治理，投入大量资金、人力和物力进行小城镇和新农村建设，由于在旧村上建设新村，所建设的新农村仍处于焦化企业的包围之中，并没有从根本上改变环境污染带来的困扰。另一方面，煤焦企业陷入难以发展壮大的境地。2009年之后，省市相继出台政策，整合焦化产能、建设大机焦，梧桐大部分机焦企业成为被整合对象。建设大机焦至少需要上千亩土地，而企业和村庄相互包围的状况又难以挤出足够的项目用地，如果无法引进大机焦项目，就意味着梧桐被整合焦化企业将全部关停，进厂务工的农民面临失业。这两大问题成为制约梧桐镇经济社会发展的瓶颈，破解发展难题势在必行。

在遭遇困境的同时，梧桐也面临难得的发展机遇。梧桐镇先后被列入全国重点镇、山西省重点扶持中心镇、百镇建设工程首批示范镇和全省首批扩权强镇试点，这些政策机遇能够使梧桐获得更多来自上级和其他方面的支持，尤其是有助于破解发展中较为棘手的资金、土地、拆迁三大制约难题。于是，2007年梧桐镇新一届领导班子决定抓住机遇，建设梧桐新区。

（二）过程：行政主导与多元参与

从 2007 年开始，梧桐镇秉持“全域城镇化”理念，坚持“宜居宜业宜人”定位，按照“人口向新区集中，企业向园区集中，土地向项目集中”思路，确立了特色城镇化和新型工业化同步推进的发展战略。在推进过程中，政府始终处于主导地位，政府不仅是城镇规划的制定者和执行者，更是保障资金投入、推动建设实施的主体。同时，建立了“政府指导，村委实施，企业投资”的工作机制，村两委和企业共同参与，全面推进城镇化建设。

1. 动员与规划

梧桐的城镇建设并非是“自然而然”的演进过程，而是带有强烈的政府推动色彩。作为政府推出的一项发展战略，需要进行广泛动员，以获得各方面的支持。对于如此大规模的搬迁、土地置换等，干部群众不理解、不信任。梧桐镇对干部群众进行宣传、动员，召开数次动员大会以及数百次的村镇干部工作推进会，挨家挨户进行说服动员。同时，通过动员、政策调节、税收优惠等措施引进企业，并引导和激励企业参与城镇化建设。梧桐的企业多是与煤矿相关的资源型企业，生产活动受政策的影响较大，加之自身也是新区建设的受益者，对于政府的动员自然积极响应。梧桐于是开启了城镇建设的步伐，聘请国内一流规划设计单位把全镇 20 个行政村 35.8 平方公里作为整体区域进行规划，提出实行迁村移民式的将居民区与工业区分离的建设方案，规划了占地 1500 亩、总建筑面积 130 万平方米、容纳 3 万居民的新区工程。

2. 启动与实施

如何启动和实施是整个城镇建设的关键和难点所在。“中国城镇化的典型特征是政府主导、大范围规划、整体推动。”[9] 梧桐镇建立了“政府指导，村委实施，企业投资”的工作机制，镇政府全面负责全镇移民搬迁安置的组织领导、统筹协调、计划安排、监督验收等工作，指导村“两委”具体实施，推进村庄整体搬迁。“一些地方在改革过程中形成了一整套框架规则、执行规则、操作规则，农民通过讨论规则、制定规则、落实规则来促进改革，实现自治。”[10] 梧桐镇也不例外，整个新区建设的启动与实施有着严格程序和步骤。

第一步，村“两委”积极与企业进行交流协商，达成由企业建设住宅楼的协议。政府在新区给各村划分地段，由企业和村集体先行垫资设计、建设住宅楼，工程质量监管由镇政府聘请的监理人员和所在村的村民代表组成的监督小组负责。村庄搬迁后，各村置换出的村庄占地一部分用于整理复垦，实现占补平衡；其余土地以70年为期限无偿用于企业占地。第二步，村“两委”充分与企业协商，结合实际制定出台村庄搬迁初步实施方案，召开“两委”、村民代表、党员大会进行表决，并入户征求意见。若超过三分之二的户代表同意，村“两委”可根据征求的意见，制定具体的搬迁实施细则。第三步，制定搬迁实施细则，内容包括村民资格认定、房屋认定、新住房标准、选房办法、残疾人和“五保户”安置方式以及其他应约定的事宜。第四步，形成决议。对村庄整体搬迁实施细则进行表决通过后，形成书面决议。“两委”“两议会”联席会议通过后，召开村民大会进行公决。第五步，村集体申请。如果拥护进行村庄整体搬迁的户数达到全村户数的90%以上，村委会可以向镇政府申请进行村庄整体搬迁。经镇政府批准后，村委方可实施。随后，村委会配合镇政府分别进行房屋评估和户型选择，并与农民签订协议，之后进行建设。

3. 资金筹集

新区建设资金来源是关键。梧桐新区建设采取互惠互利的办法，多渠道筹资，主要有企业征占土地的费用、农民购置住房集资、上级政府扶持补贴、国家扩大内需资金等方面，形成了政府引导、社会跟进的共同投入格局。除政府投入外，梧桐有几个重要的资金来源。首先是亚行贷款。梧桐镇历经四年，争取到了亚行贷款，借助贷款先期启动了小学、初中、幼儿园、就业培训中心及水、电、气、暖等基础设施建设，并主动对接市政府投资2.1亿元建设城市主干路网，实现了新区基础设施一次规划、一步到位。其次是实行企业捐建置换冠名权、开发权。积极引导企业家捐资“两区”基础建设，并给予企业冠名的优先权。同时，通过给予土地开发权调动社会资金，建设了酒店、金融大厦等服务设施。

4. 建设产业园区

没有产业支撑的城镇化会出现城镇的空洞化和贫困化。围绕“产业转型和小城镇建设”发展目标，梧桐镇建设总投资500亿元的千万吨级煤化工循环经济园区。待全部建成后，园区将可直接提供工作岗位2万余个、间接工作岗位3500余个。投资500万元改造中小微企业创业基地，为入驻企业和项目提供人才、信息、技术、标准、质检、研发等长期服务。以阿里巴巴“千县万村”试点配送中心落户梧桐为契机，建设阿里巴巴县域中心站，促进传统商贸企业和电子商务实现网上网下融合，带动村民创业就业。同时，建设就业培训中心，举办梧桐镇春、秋两季用工大型招聘会，积极协调市就业中心和用工企业，为广大群众快速就业提供服务。

5. 提供公共服务

生活方式的城镇化是空间、保障、服务及发展等多重生活方面的城镇化。[11]梧桐镇新区建设了完善的设施，水、电、路、气、暖、污水处理厂、停车场、便民服务中心等市政基础设施，小学、培训中心、综合文化大楼等文化教育设施，老年公寓、医院等医疗卫生综合服务设施，凤凰广场、曹溪河等休闲健身设施，“汽车城”“建材城”、梧桐商厦等商业服务设施，与新区同步建设。同时，把土地承包经营权、宅基地使用权置换为土地流转收益金、社会福利和社会保障，为新区居民提供住房、有线电视、水、电、气、热等定额补助，以及学生学费、医疗保险、养老保险、老年公寓等方面的补贴。

（三）效果：新区建成与农民共享

在政府主导下，梧桐镇在城镇化进程中实现了翻天覆地的变化。当前，梧桐新区一期工程已全面竣工，二期、三期工程顺利推进。先期2.5万人基本入住，新区建设已经由大建设转入大搬迁、大管理阶段，一个交通便利、设施完善、配套齐全的生活新区初具规模。产业发展也在快速推进，“1+4”的产业集群、全国一流的1500万吨新型煤化工循环经济园区初步建成，为群众提供充足的就业岗位，为生活新区构筑起了雄厚的产业支撑。在城市治理方面，实行“政府主导，企业和村庄参与”的协同治理机制，政府指导成立梧桐新区物业管理公司，承担新区物业管理服务工作；建成新区社会管理服务中心，实现中心站所及20个村委集中入住，设立便民服务中心，实现“一站式”办公、“零距离”办事。梧桐镇实现了农村变社区、农民变市民、村民变股民的转变，圆了群众“享受城市品质，感受乡愁乡恋”的“梧桐梦”。

三　企业主导型快速城镇化：留誉的实践

企业是推进城镇化的重要主体，企业参与城镇建设比较常见，但是企业主导一个乡镇的城镇化设计和规划，筹集资金并具体组织实施，建设新城镇，就相当少见。在山西省柳林县留誉镇，企业主导全镇进行了城镇化建设的尝试。柳林县是国家扶贫工作重点县和财政补贴县，但是拥有得天独厚的矿产资源，石灰岩、煤炭、铝土等储量丰富。留誉镇位于柳林县南部，镇域面积154平方公里，人口19646人，管辖18个行政村、52个自然村，耕地面积45773亩，其中90%以上的耕地是坡度为25度以上的旱地，气候条件糟糕，经常是“春夏干旱深秋涝”，农业生产靠天吃饭。留誉是全县没有煤矿的两个乡镇之一，没有任何工矿企业，年轻人外出打工，生活极度贫困。而且生存条件恶劣，每逢雨季，道路被山石滑坡截断，各村就变成了“孤岛”，早在1994年联合国教科文组织就认定这一区域不适合人类居住。

（一）缘起：企业理性与政策驱动

2002年由于“矿权改制”，柳林对全县最大的国营煤矿进行公开拍卖，LS公司以8000万元的价格买断，组建了全县最大的民营企业山西LS能源集团。公司组建以后，兼并了县域范围内的多家煤矿，随着煤炭价格一路高涨，LS公司迅速发展成为一个集原煤开采、焦炭、煤化工、电力、房地产等多元产业为一体的大型民营企业。到2010年，公司资产就由刚成立时的不足2亿元积累到580亿元，全县1/10的人都是LS的职工，员工近3万人，拥有主体矿井23对，井田面积200多平方公里，上交税金30多亿元，占了当年全县财政收入的近一半。

对于山西来说，丰富的煤矿资源既是发展的重要条件，也可能成为发展的制约因素。资源型地区并没有因为煤矿开采实现快速发展，反而陷入了“资源诅咒”，经济社会发展严重不平衡，贫富分化严重，生态环境问题突出，社会矛盾尖锐。面对治理难题，2006年山西省提出“以煤补农”政策，鼓励煤矿企业支持和参与所在地区的新农村建设。2009年，柳林县也提出了煤矿企业“1+2”转型发展模式，要求煤矿企业在做大做强煤炭主导产业的同时，开办一家非煤企业，领办或扶持一个农业园区项目，以实现煤矿企业对农业农村农民的反哺。[12]对于资源型企业来说，一方面必须积极回应政府的政策要求，以便获得政治上的收益；另一方面，通过开展城镇化建设，可以获得国家对“三农”的各项补贴，并利用城镇建设和农业园区项目建设获得更多银行贷款，投入主导产业。此外，面对价值不断攀升的土地资源，LS公司也希望抓住机遇，低成本流转土地进行开发，利用开发的农用地置换城市土地开发房地产，“迁村并镇”，建立现代化小城镇，促进企业的转型和多元发展。

自企业组建以后，LS 公司积极从事公益事业，投入了巨额资金。LS 公司的负责人从小生长在留誉镇，对家乡充满了感情。对于留誉镇，LS 公司更是不遗余力，为其修路、修蓄水池、建学校、建养老院等，获得了村民的普遍赞誉和信任。对于留誉镇的村民来说，他们迫切希望 LS 公司能够帮助和带领村民脱贫致富。于是 2008 年底，在留誉镇第八届村民委员会换届选举中，公司负责人被老家的全体村民选为村委会主任。2009 年春，该村周边三个村的全体村民联名申请加入该村组成联合村，由该负责人担任联合村主任。到 2011 年留誉镇第九届村民委员会换届选举时，全镇 18 个行政村中的 14 个一致选举该负责人为村委会主任。未选举该负责人为村委会主任的其余 4 个村，也将部分土地交给 LS 公司流转。

这样，LS 公司就把企业转型与乡村发展结合起来，计划投资 100 亿元，对全镇 154 平方公里的土地进行集中开发，准备打造一个农业产业化、农村城镇化、农民工人化的新城镇。由此可见，“以煤补农”政策的驱动、基层政府摆脱治理困境的需要、资源型企业发展转型的诉求以及农民脱贫致富的渴望，共同促使留誉镇走上了企业制造城镇的道路。

（二）过程：单一包办与错位失序

LS 公司主导建设城镇的过程中，一方面通过建立农业公司和农业生态园区，规划产业布局，吸纳农民就业；另一方面通过整合土地资源建立居住区，使分散的农民集中居住实现就地城镇化，改变农民传统的生产生活方式，实现农民市民化。

1. 规划和建设新城镇

城镇化是一个规划性社会变迁过程。LS 公司聘请了美国建筑设计公司、中国建筑设计院等多家机构进行总体规划，按照“节约土地资源、优化产业结构、创造优美环境、改善居住条件、提升服务功能”等原则，对新城镇的选址、土地资源整合、人口和占地规模、基础设施建设、城镇特色塑造等进行全面设计，计划用 10 年的时间，打造一个集种植观光、休闲度假、健康疗养、居住餐饮等为一体的新城镇和特色生态观光旅游区。LS 公司计划投资 40 亿元建设 5000 套农民住宅和 2000 套工人住宅，4000 平方米的商贸大街，20 万平方米的配套公共服务设施，包括学校、医院、图书馆、酒店、商店、广场、公园、活动中心、农民培训中心等。新城镇建成后可容纳5万人，占地4000亩。在方案制定过程中，公司要求尊重农民的选择和意愿，积极征求农民的意见，与民众进行沟通。

规划工作完成后，LS公司主导开始城镇建设。新区在D村选址，LS公司先将D村各户的承包地、宅基地以及房屋等进行有偿收购，以现金方式向村民发放补偿款，同时为每个村民发放每年6000元的租房费以及每月2袋白面、2000元钱的生活补助。农民获得补偿款后，在规定时间内搬离村庄，到外面租房或是投靠亲友。随后LS公司对D村进行拆迁，建设住宅楼。一期工程投资9.8亿元，用了不到半年的时间，16栋住宅楼拔地而起，建设新居2250套，建筑面积36万平方米。开工建设后，全镇的年轻劳动力都成为了建筑工人，农民非常高兴，不仅有补偿款，享受基本生活补助，每个月还有稳定的工资收入。

2. 大力推进农业产业化

"城镇化的本质在于对农业产业结构和生产结构的调整，创造现代化农业生产方式。"[13]2009年春，当LS公司负责人被选为四个行政村的村委会主任后，四个村组建了农民土地专业合作社，农民的土地经营权入股，由企业平整土地，统一开发。2011年，全镇18个行政村的农民以户为单位，将承包地流转给合作社，各村的集体土地、四荒地、林地等也全部流转给合作社。以合作社为基础，组建了LS农业开发有限公司，农民的土地经营权拥有40%的股份，LS公司注入资金拥有60%的股份。在园区产生收益之前，公司每年为每个村民提供2000元的土地分红金和2袋白面，确保农民的基本生活。LS农业公司计划在2011—2020年的10年间，投资100亿元建设生态农业园区，对全镇的"山、水、田、林、路、村、企"进行综合治理和开发，组建十大农业开发企业，构建四大产业体系，发展五大支柱产业，组建四个科技创新基地，推进十大项目建设，以实现产业化助推城镇化的目标。

3. 能力培训和文化建设

新型城镇化的核心是人的城镇化，人的城镇化要求农民的素质和能力走向现代化。LS公司向园区52个自然村派驻驻村大学生，他们组织引导村民了解园区、支持和参与园区建设、了解农民意愿、帮助农民转变思想、丰富文化生活。为了培养现代农业所需的专业技术人员，LS公司与国内外农业院校和科研单位合作，建立现代农业职业技能培训学院，邀请专家学者开展专题讲座。为了加快城镇化步伐，LS 公司召集企业职工进入农村，组建宣讲团，宣传党和国家的城镇化政策和企业的城镇化规划，让农民支持企业的事业。同时，注重激活农民自身力量，组织有特长的农民，用脍炙人口的形式向农民科普知识，吸引农民投身城镇建设；组织开展星级家庭评选活动，促进农民自我教育、自我管理、自我约束。

可以看出，在留誉镇快速城镇化的进程中，企业主导甚至包办了整个建设过程，而许多原本应该由政府承担的职责，比如对城镇和产业的规划引领、公共服务以及村级治理等，政府却没有承担起来，交由企业去处理。企业逾越了自身的角色定位，政府则明显缺位，必然会造成失序的状况。

（三）效果：企业退出与造镇失败

LS 生态农业园区开工后，先后投入了 20 多亿元，在推进城镇化建设尤其是农业产业化方面取得了引人瞩目的成效。园区已完成土地平整 4 万亩、培育生态林 2 万亩、核桃林 3.5 万亩、钙果林 5000 亩；打坝 63 座、平整/治理淤地 7000 亩，农业综合治理效果显著，农业基础设施有了极大改善。同时，在城镇建设方面，先后建设了学校、卫生院、幸福院、体育场、公园等基础设施，建设园区道路 100 多公里，完成柳石通道留誉段 12 个景观工程和 15 公里通道绿化；半年之内落成了 16 栋居民楼，新镇一期工程获得初步成效。

企业是市场的主体，市场的波动会直接影响企业的经济效益，进而影响企业主导城镇化的成败。2012 年，由于煤炭价格持续下滑，LS 公司的效益大幅下跌，连工人的基本工资都难以发放，城镇化建设和现代化农业园区建设的资金投入更是无法保证。周转不灵的 LS 公司无奈于 2013 年公开企业负债情况并申请重整，但因多方面原因重整遭遇失败。随着企业的退出，新城镇和农业园区成了“半拉子”工程，一些已经建成的工程也因没有企业接手无力继续建设而普遍废弃。由于园区的停滞，农民失去了工作和补助，那些村庄已经被拆迁的农民更是无家可归、无地可种，生活再次陷入困境。政府则因企业的退出而遭遇财政压力和信任危机，农民将生活的变故归咎于政府而引发了矛盾和纠纷。在整个乡村社会的失序状态下，留誉镇的城镇化无奈失败。

四 两种快速城镇化推进路径的内在机理分析

政府主导和企业主导是当前资源型地区推进城镇化的两种不同路径。就两个山西农村城镇化的典型案例来看，政府主导的城镇化取得了较好的成效，而企业主导的城镇化则遭遇失败。这两种路径是在不同背景下形成的，有着各自的内在逻辑、形成机制及条件。

（一）政府何以“成功”

在政府主导下，梧桐镇通过新区和园区建设，实现了快速城镇化，农民的生产生活发生了巨大变化。从深层次上看，政府主导的速镇化之所以能够成功，是因为充分发挥了政府主导的优势，行政和市场结合，多元主体协同配合，确保了城镇化的顺利推进。

城镇化的发展必须有推动力。政府作为促进经济社会发展的最主要的力量，自然应是城镇化的重要动力来源。从城镇化发展的普遍情况看，政府作用发挥得好，城镇化就能顺利推进；政府作用发挥得不好，城镇化就充满波折。就中国的城镇化来说，政府是最重要的推进主体，具有关键且不可替代的作用。政府作为城镇化的启动者，要做好规划、合理布局、调控节奏、把握质量。“如果政府处事正确，就会促进增长。如果它们做得太少或太多，或处事错误，就会妨碍增长。”[14]政府主导能够充分发挥社会主义制度优势，有效整合资金、人力和物力，协调配套措施，合理进行调控，做到原则性和灵活性的统一，在较短时间内实现城镇化目标。

城镇化是一个综合发展过程，涉及生产、生活、农民权益、制度安排等一系列变革，需要一整套的配套措施，只有政府主导，才有能力破解诸多难题、持续健康推进，否则很有可能异化或失败。新型城镇化是以城乡统筹、城乡一体、产城互动、节约集约、生态宜居、和谐发展为特征的城镇化，是以人为本的城镇化，只能以公益而非利益为导向，因而无法通过市场调节自发完成，只能由代表公共利益、具有统筹协调功能的政府来主导。同时，政府需要通过政策和制度安排，保护农民的利益，服务企业作用的发挥，激发社会力量。此外，政府的主导作用还体现在“兜底”方面，担负起进入城镇农民的就业和生活保障等问题，为城镇化可持续性发展提供保障。而资源型地区的特殊历史和现实，更加要求发挥好政府的主导作用。

梧桐城镇化实践的成功在于有效发挥了政府的作用，使政府主导的优势和潜力得到充分的挖掘。梧桐镇的城镇化是政府发动的，是发展导向和政策扶持共同作用的产物。面对资源型经济的转型现实，梧桐镇将城镇化作为摆脱治理困境、谋求持续发展的良方。政府不仅是规划的制定者和执行者，更是资金投入和建设实施的主体。在政府主导下，城镇建设的执行力强，注重城镇的生活和生产功能，注重城镇制度建设和机制配套，注重多方参与和成果共享。在城镇化推进过程中，面对复杂的关系网络和利益纠葛，面对资源、人口与环境的失衡状况，政府以其灵活性和执行力，进行协调平衡，进而有效解决了各种问题和挑战。

同时，在政府的主导下，企业和农民的潜力被激发出来，各个利益主体实现了有效整合与协同。政府主导不等于用行政命令、违背发展规律强制推进城镇化，更不等于政府包办的城镇化。城镇化需要政府主导，更需要多元参与。就资源型地区来说，资源型企业和农民是城镇化建设不可或缺的重要主体。村集体和农民的利益调和与积极参与确保了梧桐城镇化的稳步推进。在规划和实施阶段，政府主导下企业、村集体和村民也不同程度参与进来，比如借助企业的资金力量发展教育，发挥村民的主体性做好搬迁。城镇化涉及人类生产生活方式的根本转变。依靠企业的资金支持和就业保障，镇域内的农民没有因为搬迁和失去土地而陷入困境，反而实现了自身的市民化。在政府的统筹协调之下，企业和农民都发挥了自身优势为新型城镇化贡献力量。

当然，梧桐政府主导的快速城镇化并非完美无缺。城镇化是自然而然的长期的历史过程。短时间内快速推进的城镇化，必然存在各种问题。首先，城镇建设的可持续性问题。由于是政府主导，政府的过多包揽、过度干预使得市场的配置作用难以充分发挥，村民参与程度不深，造成政府的负担过重，一些公共服务和社会保障难以落实到位；同时，带有强制性的行政力量推动，对农民差异化的利益诉求调节不力，引发了不少利益矛盾。其次，治理方式的转变问题。全镇村民分散居住进居民楼，原来以村庄为单位的社会结构发生了改变。“村落并不是凭空产生的，它因人们从事农业生产并伴随着其他人类活动而逐渐形成的一个居住单位和社会单位。”[15]原来基于人情、关系等的村落治理基础不复存在，但是管理依然以村庄为单位开展，新旧体制衔接不畅，村民无法参与，为新区的社会治理增加了困难。

（二）企业何以失败

在政策驱动、政绩冲动、企业理性以及农民意愿的共同作用下，一个资源型企业主导了留誉镇轰轰烈烈的“制造城镇”实践，为资源型地区转型发展探索了道路，虽然取得了一定的成果，但最终无奈停滞。企业主导城镇化的失败，表面上是企业陷入困境城镇建设无法持续，本质上却是市场逻辑为政治逻辑取代，政府、企业和农民权责不清的必然结果。

城镇化是市场机制和政府调控共同作用的结果。企业作为市场主体，通过发挥它的作用和优势，能够为城镇化提供资金支持和产业支撑。从中国城镇化的发展趋势来看，越来越需要企业等市场力量的推动。西方国家的经验告诉我们，在依靠市场动力的同时，还需要借助政府行政力量的推动。对于中国来说，企业还无法作为单一主导力量推动城镇化进程。由于长期以来行政驱动的城镇化实践，企业参与城镇建设的能力和经验都非常欠缺，更无法主导城镇化。同时，企业依靠市场推动城镇化，必然担负一定的市场风险。作为市场主体，企业活动受市场的调节、受利益的驱动，其行为选择带有很大的自利性和风险性，因而也会给城镇化发展带来不确定性。这就需要政府做好调控和规划引导，规避企业的短处，从而避免市场失灵。

也就是说，城镇化的健康发展，需要在政府主导下激发企业的推动力。明确了政府和企业的定位，实际上也是界定了双方各自的角色和功能。政府作为公共权力的行使者，从公共利益出发，做好城镇化规划、调控和基础设施建设等；企业作为财富的创造者，在市场机制调节下，参与城镇化建设，提供产品或服务，并承担相应的社会责任。政府和企业之间应该有清晰的权责边界，两者在各自的边界内运作，做到“政府的归政府，企业的归企业”。同时，政府要通过自身职能的发挥，为企业参与城镇化创造良好的环境，并约束企业的不当或偏差行为。但是政府不能越过权力边界，不能干预企业的决策和经营活动，同时企业也不能逾越作为市场主体的边界。在发挥各自职能的基础上，政府和企业有效配合，促进城镇化有序发展。然而，留誉的实践却让我们看到与正常路径完全不同的选择。

从企业“制造城镇”的发生来看，企业主导城镇化完全是政府主导下的行为。面对发展困境，政府希望通过赋权企业，让企业主导城镇化建设，帮助政府破解治理难题。而企业也瞅准了制造城镇的经济利益和政治优惠，从政府政策中谋求收益，实现企业转型发展。政府是推动企业制造城镇的关键力量，政府的政策驱动，加上产权制度不完善、产权保护机制不健全，企业对政府权力的依附，做出了违背市场规律的行为。企业制造城镇更多是出于政治考量，而非真正基于长远利益的理性选择。于是，“政治逻辑取代市场逻辑成为了资源型企业的主要行为准则，企业制造城镇就是企业遵循政治逻辑的一个表象”[16]。在政府权力驱动下，企业主导的城镇化从一开始就是扭曲的，这也决定了其推进必然是畸形的。

从企业“制造城镇”的过程来看，企业的行政化倾向与单一包办的制度缺陷，造成企业的社会责任无限扩大，使企业发展和城镇化建设面临可持续性的危机。“城镇化进程有其自身的发展规律，……在依靠市场动力的同时，还需要借助于政府行政力量的推动。”[17]企业的行政化倾向和单一投资的压力将企业陷入危机。政府协助企业成为了18个联村单位的管理者，使全镇成为了一个大型治理单元。企业家不仅是公司的管理者，更成为公共权力的代理者，使得企业具有浓厚的行政化色彩。企业不仅承担着产业发展和城镇建设的重任，更肩负了大量公共产品供给和农民生活水平提升的重任，企业几乎承担了全部的城镇化职能，不堪重负。同时，企业自身的局限性和不足，需要政府的合理调节，但是政府的逐利动机使其职能缺位。城镇化建设中原本应该由政府承担的公共服务和制度配套职责甩给了企业。而部分政府官员还在企业中任职，充当企业的“代言人”和“顾问”，无法在公权力与私权力之间做好平衡。政府“角色混乱”使得政府行为与农民需求脱节，政府与农民之间失去了应有的良性互动，由此引发治理危机。同时，在企业主导的城镇化过程中，农民成了旁观者和“边缘人”，没有发挥主体作用。本该由农民自主选择的市民化过程却由企业给予，农民无法形成自主的集体行动，造成城镇化动力的严重不足。

可以说，由于权责不清，行政化的企业承担的职责和功能远远超过了其自身的界限，企业错位、政府缺位、农民主体性缺失，导致了建设过程中的混乱行为，城镇化最终以失败收场。企业主导农村城镇化违背客观经济规律，是资源产权不科学和市场机制不完善条件下的畸形产物，最终导致企业破产、农民权益受损和地方治理失序的严重后果。[18]

五　结论与进一步讨论

前文介绍了政府主导和企业主导城镇化的两个典型案例，分析了两种不同路径的内在机理，通过上述研究，可以得出几点结论，深化对于资源型地区城镇化路径的认识。

第一，资源型地区的快速城镇化源于面临的治理困境。无论是政府主导型城镇化，还是企业主导型城镇化，都源于基层政府破解发展难题的现实需要。由于受到资源开发和分配中的不合理因素的影响，资源型地区普遍存在突出的经济社会矛盾，面临较为严重的治理问题。基层政府把城镇化视作解决经济社会问题的出路，积极推进快速城镇化。也就是说，城镇化并非经济社会发展的自然产物，而是基层政府的政治行为，是实现发展的特定手段，带有明显的功利色彩，且在实施中往往急于求成，这就注定了城镇化的坎坷命运。

第二，资源型地区的快速城镇化来自于行政权力的推动。无论是政府主导，还是企业主导，实质上都是行政权力推动城镇化。一方面，行政权力主导开启城镇化进程。政府主导型城镇化开启于政策扶持。而企业主导的城镇化，则是行政权力与企业联盟，以行政方式强推、揠苗助长式的“人为造镇”。另一方面，行政力量干预了城镇化的推进。在城镇化推进中，主导资源配置的是行政权力，而不是市场机制。行政权力干预容易导致城镇化畸形，不论这种干预是过度干预，还是错位干预。过度干预造成政府负担过重，错位干预造成城镇化陷入混乱。

第三，无论政府还是企业主导的快速城镇化，都存在明显的优势和不足，政府和企业都不能作为城镇化的单一主导力量。在行政权力控制下，大范围规划、整体推动，是中国城镇化的典型特征。资源型地区围绕资源的开采和分配形成了特殊的政府、企业和农民关系。城镇化的有效推进需要三者共同参与、协同推进，离开三者的有机合作、功能互补，任何主体的单一主导，必然会导致城镇化的推进出现偏差。政府主导型城镇化虽然成效显著，但由于弱化了市场作用，造成政府负担过重，城镇化面临可持续性问题；企业主导的城镇化更是由于主体间的错位失序，而归于失败。

第四，对于资源型地区而言，理想的城镇化快速推进路径应是政府引导、企业推动、农民主体。“成功的城镇化，既是市场调节、自然发展的过程，又是政府调控、规划引导的结果。”[19]因此，政府要尊重市场规律和城镇化发展规律，做好规划引导，发挥好企业等市场主体配置资源的基础性作用。同时，“‘农民上楼’是城镇化的结果，也是农民生活品质提升的表现。”[20]政府要完善基础设施和相应体制机制，尤其把促进城乡公共服务均等化作为着力点。此外，农民是城镇的主体，只要最大限度地让农民参与城镇化过程才能更好地保障其主体权益，为城镇化注入持续发展的动力。

此外，还需要进一步讨论的是，推进资源型地区的快速城镇化，需要厘清政府和企业各自的边界。基于特定的资源产权形态，形成了不同的主体关系组合，决定了城镇化的推进路径，因此如何通过资源产权制度改革，构建起利益协调与平衡机制，是厘清政府、企业和农民权责关系的关键，更是确保政府有为、市场有效、农民有力的前提。同时，资源型地区普遍发展落后，经济结构单一，社会力量发育缓慢。如何培育农民主体意识，创新社会力量参与机制，促进政府、企业和农民的良性互动，也是城镇化推进中需要充分关注的。

参考文献：

[1] 国家新型城镇化规划（2014—2020 年）. 人民日报，2014 - 03 - 17（9）.

[2] [9] 李强，陈宇琳，刘精明. 中国城镇化“推进模式”研究[J]. 中国社会科学，2012（7）：82—100.

[3] 景普秋，张复明. 中国资源型地区城市化道路研究——以山西省为例[J]. 东南学术，2004（4）：56—63.

[4] 王海燕等. 资源型地区农村城镇化发展中产业布局优化研究[J]. 煤炭工程，2017（6）：107—113.

[5] 陈晓燕. 企业制造城镇的政治逻辑——以山西 Y 镇为例 [D]. 山西大学博士学位论文，2015.

[6] [18] 董江爱. 企业主导农村城镇化的缘起、过程与结果——一个资源型地区城镇化模式的解释框架[J]. 山西大学学报（哲学社会科学版），2017（3）：151—158.

[7] 霍小霞. 政府主导与企业参与：资源型地区农村城镇化的动力与限度研究——以山西省 A 县为例 [D]. 山西大学博士学位论文，2018.

[8] 董江爱，张嘉凌. 新型城镇化进程中农民集体行动的困境及出路——对资源型地区企业主导农村城镇化典型案例的调查与思考[J]. 学习与探索，2019（3）：

64—71.

［10］邓大才，张利明．规则—程序型自治：农村集体资产股份权能改革的治理效应——以鄂皖赣改革试验区为对象[J]. 学习与探索，2018（8）：85—90.

［11］［16］陈燕芽．新型城镇化建设与农民土地权益保护之关系辨析——基于“三块地”改革的视角[J]. 广西大学学报（哲学社会科学版），2017（6）：63—68、75.

［12］白占全，魏冕瑾．县域转型发展“1＋2”新模式——山西柳村的探索[J]. 人民论坛，2012（31）：69.

［13］王勇．新型城镇化进程中现代乡村文明建设的逻辑与理路[J]. 西安财经学院学报，2017（5）：72—77.

［14］［英］阿瑟·刘易斯．经济增长理论［M］．周师铭，沈丙杰，沈伯根译．北京，商务印书馆，2002：523.

［15］李华胤．家村关系：中国村落社会异质性认识的新视角——基于“深度中国农村调查”材料的分析[J]. 广西大学学报（哲学社会科学版），2019（1）：127—134.

［17］陈鹏．改革开放四十年来我国城镇化道路的探索和完善[J]. 广东行政学院学报，2018（5）：15—21.

［19］马凯．转变城镇化发展方式　提高城镇化发展质量走出一条中国特色城镇化道路[J]. 国家行政学院学报，2012（5）：4—12.

［20］王海鹏．新型城镇化进程中农民财产权益的损害与保护[J]. 西安财经学院学报，2018（6）：64—69.

Government or Enterprise: The path Analysis of the new urbanization in the resource-based areas

—— Investigation and reflection on the two typical cases of the rural urbanization in Shanxi Province

Zhang-Jialing

(School of Political Science and Public Management Shan Xi University, TaiYuan, Shanxi 030006, China)

Abstract: The urbanization in the resource-based areas is the focal point and the difficulty of the urbanization in China. The special reality of the resource-based areas determines the need for rapid urbanization under the leadership of the government or enterprises. Under the leadership of the government, the town of Wutong achieved rapid urbanization by giving full play to the advantages of the government, combining administration with market, and cooperating with multiple subjects. However, the town of Liuyu achieved the vigorous practice of "manufacturing towns" led by a resource-based enterprise. Since the political logic replaces the market logic, the rights and responsibilities of the government, enterprises and farmers are unclear, the urbanization finally ends in failure. Through the analysis of the two typical cases, it is found that the rapid urbanization of resource-based areas originates from the governance dilemma, which is essentially the political act promoted by the administrative power. Therefore, there are obvious advantages and disadvantages in the government-led urbanization and the enterprise-led urbanization. The healthy development of the urbanization needs to stimulate the impetus of the enterprises under the leadership of the government. For the resource-based areas, we should adopt the reform of resource property rights system and the cultivation of farmers' consciousness. On the basis of fully exploiting the advantages and potential of the government-led, we should take a new road of the urbanization, which is guided by the government, promoted by enterprises and the main body of farmers.

Key words: The resource-based areas; The rapid urbanization; Government; Enterprise; Path

从“悬浮型政权”到“嵌入式治理”：一种乡镇工作机制的考察*

蒋永甫[1]　宁　西[2]

（1 南京审计大学公共管理学院　江苏南京　211815

2 广西大学公共管理学院　广西南宁　530004）

内容提要：在后农业税时代，乡镇政府通过一系列工作制度如乡镇领导挂村制度、驻村工作队制度以及驻村干部“三同”制度等嵌入村庄社会，通过反科层化的技术运作，突破了官僚制行政的束缚，实现了从“悬浮”到“嵌入”的治理转型并提升了乡镇治理的能力。通过对A镇的嵌入式治理的案例深描，展示在精准扶贫和清洁乡村运动中乡镇嵌入性治理所取得的成效，揭示其存在的问题，在此基础上进一步提供相应的对策。

关键词：乡镇政府；嵌入式治理；工作机制

一　问题的提出

作为国家政权在农村社会的存在形式和农村治理的重要主体，乡镇政府在执行国家政策法律、完成上级政府的政务与事务中发挥了重要作用。因而在农村治理研究中，乡镇政府作为探索农村治理问题不可或缺的分析主体，一直是研究者关注的焦点和研究对象[1]。西方学者偏好从国家政权视角出发，将国家作为基层管理的介入者，侧重于解读国家权力延伸进

---

* 基金项目：国家社会科学基金项目“农村治理体制改革与机制创新研究”（16BZZ051）。

作者简介：蒋永甫（1968—　），男，湖南邵东人，南京审计大学公共管理学院教授，博士生导师，主要研究方向为农村问题与地方治理；宁西（1995—　），女，广西桂林人，广西大学公共管理学院研究生。

入农村社会的过程，这一过程包含了作为权威主体的国家与地方各个行为主体间基于自身利益的互动与博弈，并提出了“国家政权内卷化”[2]“地方政府公司主义”[3]“第三域”[4]等分析概念。进入后农业税时代以来，乡镇治理面临的困境引起了国内学者的广泛讨论。赵树凯（2011）在对乡镇政府的研究中，提出了基层政府“制度异化”“政府内卷化”以及“政府制度化”等分析概念[5]。周飞舟指出，农业税取消后，乡镇政府从“汲取型”政权转变为与农民关系更为松散的“悬浮型”政权[6]，即乡镇政权“悬浮”于乡村社会之上，处于“半瘫痪”状态，无法提供有效的公共服务和社会治理，导致与基层农民群众的关系日益疏远。饶静、叶敬忠则进一步提出了“依附型政权的概念”。认为，乡镇政府在财政上主要依靠上级转移支付，没有什么实质性的财权、人事权和事务权，没有力量和动力提供公共产品，成为高度依赖县级政权组织的“政权依附者”[7]。相关研究揭示了在农村基层治理中乡镇政府作用的弱化与虚化。与乡镇政府“悬浮”于村庄社会以及“依附”于县级政府形象相左的是其“自利性”的“策略主义行为”。据此，吴理财提出了“选择性治理”的概念，指出乡镇政府在某些符合自身利益的工作上表现出超强的行动能力，可以“随时强势地介入乡村社会内部”[8]。乡镇政府的这种“选择性治理”主要表现为两种形式，即“控制、掠夺式”治理和“放任、应付式”治理[9]。前者是指基层政府基于自身利益的考虑，对跟自身利益密切的工作非常重视，着力控制，保持着超乎寻常的行动能力，有时为了达到目标，不惜采取掠夺的方式对基层民众进行治理。在这种“掠夺式”治理中，乡镇政权的行为越来越明显地表现出谋利型政权经营者的特征[10]；后者是指缺乏财权的乡镇政权只能勉强维持组织自身的运转，缺少为农民提供公共产品与公共服务的财力与动力，只能以“不出事”为原则，对农村社会实行一种维持型的底线治理。

全面取消农业税后，国家与农村社会的关系实现了从“刚性控制”到“韧性治理”的转变，既为乡村社会的自主发展注入了新的动力源泉，也对乡镇治理变革提出了新的挑战。在后农业税时代，特别是中共十八大以来，国家加大了对农村社会的资源输入，项目下乡成为农村社会的一大景观，项目制治理成为农村治理的新形态。在此背景下，国家进一步推动乡镇体制改革，实现乡镇政府由汲取型政府向服务型政府的治理转型，以解决后农业税费时代的乡镇治理危机。那么，乡镇政府如何实现治理转型？“嵌入性治理”提供了一种分析框架。第二部分在梳理有关嵌入式治理研究文献的基础上，构建了嵌入式治理的理论框架；第三部分主要探讨乡镇政府的领导挂村制度、驻村工作队制度以及干部“三同”制度，揭示乡镇政府嵌入式治理的运作逻辑和微观景观；第四部分以广西 A 镇为例，提供一个乡镇嵌入式治理的个案，通过案例深描，分析嵌入式治理的成效，并揭示其存在的问题；最后是一个简短的结语。

二 嵌入式治理的理论构建

“嵌入”一词是最早由卡尔·波兰尼在《大转型：我们时代的政治与经济起源》中提出来的。尽管卡尔·波兰尼并没有详细阐述嵌入的概念，但却引发了人们对于经济行为与社会之间关系的深层次思考。格兰诺威特重申了波兰尼的嵌入观点，并提出了“关系嵌入”与“结构嵌入”两种嵌入类型[11]。自卡尔·波兰尼、格兰诺威特之后，嵌入作为一种非常有用的分析概念得到了国内外学界的广泛认可并被转用于其他研究领域之中。彼得·埃文斯（1995）把嵌入概念应用于国家与社会关系的研究，提出了国家“嵌入式自主”的概念[12]。在他看来，国家是镶嵌在社会之上，国家在政策制定与执行时所需要的自主性与职能，必须要经由国家与社会以及公私部门之间的合作来达成。米格戴尔（2001）等学者在研究发展中国家社会结构变迁等学术主题的过程中提出了“社会中的国家”理论，阐释关于国家与社会相互嵌入、相互适应、相互合作、相互联盟的关系[13]。自此以后，“嵌入”成为一个非常流行的分析概念，得到了广泛运用。何艳玲（2009）对于国家与地方之间的关系提出了“嵌入式自治”的概念[14]。陈锋（2011）的“嵌入式治理”认为国家对于农村社会的治理需要在充分挖掘与认识地方社会结构的特性的基础上，寻找国家权力与地方村落特性、家族结构特性中的契合点，避免国家权力的下渗与地方性社会结构发生不必要的冲突[15]。在本文中，“嵌入式治理”是把嵌入理论运用于乡镇治理的相关议题，以深入考量国家政权与村庄社会的互动合作状态。

在乡村治理场域，嵌入式治理是指乡镇政权以国家力量作为后盾，通过一系列工作机制嵌入地方性乡村社会的内部结构、关系与规范之中，以实现对农村社会的治理目标。一是直接扮演乡、村干部的双重角色，当政策设计意图与村民自身意愿相悖时，乡镇政权可以依靠嵌入村庄的包村干部以维持基本的乡村治理和正常秩序。二是运用人情关系纽带等地方非正式规范，将自上而下运作的国家政策和法律法规内化为地方性规范以被农民所认可和接受，减少乡镇政府执行公务时遇到的各方面阻力。三是可以借用乡村社会内部的非正式治理资源来促进正式治理的运行，同时填补国家“公权力”的空缺。在嵌入式治理的分析框架下，乡政与村治并不是简单的“领导与被领导”“控制与反控制”的关系，而是有着更为复杂的交互作用。总之，嵌入式治理强调要注重乡村的社会基础，有效处理好国家与乡村社会、国家与农民二者间的关系，以实现乡镇政府的“善治”。

乡镇政府的嵌入式治理有着深刻的社会条件。首先，乡镇政权缺乏足够的财政资源去维持官僚化机构的“理性主义”运作逻辑，乡镇的许多工作需要借助于村级组织和村两委干部才能完成，只有实现乡镇治理下沉，才能实现乡村之间的良性互动，减少工作梗阻。其次，在工业化城市化背景下，农村人才大量外流，农村村级组织面临年龄断层、村两委干部素质低下、能力较弱的问题，需要通过乡镇干部的下沉，来充实村级组织和村两委干部的力量。第三，在乡村振兴战略背景下，完全依靠村组干部等“准官员”难以完成各种支农、惠农项目的承接问题。第四，村庄社会仍然是一个具有一定秩序和整合能力的熟人社会，地方性规范对个体农民仍有相当强的约束力。乡镇治理要完成各种自上而下分派下来的指标性任务，不得不嵌入村庄社会内部来实现任务目标。

乡镇政府的嵌入式治理，主要体现为后农业税时代乡镇治理下沉而形成的一系列工作制度嵌入，包括干部人事嵌入、工作嵌入与关系嵌入三种路径。干部人事嵌入是指乡镇政府的干部下乡，解决村庄政治精英缺失的问题。乡镇政府各项工作的执行主体是驻村干部，驻村干部大多都是从各级机关中遴选的优秀年轻干部，其中不乏农村工作经验丰富、涉农专业技术特长鲜明的优秀人才。驻村干部的个人能力、协商沟通的管理技术以及挂靠部门的组织权威可以激活农村基层组织内生动力，给农村治理带来新的理念、思路和方法。乡镇政府通过借助嵌入村庄的驻村干部，与农村社会基层组织即村两委干部保持密切的互动联系，通过驻村干部与村民之间保持一种互动网络，可以即时掌握农村社会的乡土人情、矛盾纠纷与治理难题。总之，干部人事嵌入既能有效缓解科层制管理的“僵化”问题，又能了解和掌握村庄的现实需要，更能有针对性地提供公共服务，提升乡镇治理能力。工作嵌入是指乡镇政府通过成立各种驻村（专业）工作队嵌入村庄社会，以完成某一时期的专项工作。驻村工作队是基层政权的非常规运作，为基层政权与村庄社会的互动提供了一条更加便捷有效的途径，并在一定程度上改变了村庄社区的权力格局。乡镇政府通过工作队来加强对村庄社会的工作渗透，并实现对村庄的引导与控制，可以将村庄自主治理纳入政府治理的行动逻辑，重塑乡镇政府与农村社会之间的关系。乡镇政府通过工作嵌入，确保村庄行动方向与国家治理的宏观战略方向保持一致，夯实乡镇政府的合法性基础，增强乡镇政府的社会利益整合功能，将自上而下运作的国家计划、政策和制度转换为村庄社会能够认可和接受的地方性知识，以弱化政务执行的村庄阻力。关系嵌入是指通过驻村干部“三同”制度实现权力关系的嵌入，提升驻村干部与村两委、群众之间相互理解、信任和承诺程度的一种方式。关系嵌入可以提升乡镇治理的社会资本，提升乡镇治理的行动网络，并构建全新的农村治理环境。具体而言，关系嵌入有助于驻村干部获取、整合和利用村庄治理资源的能力，如驻村干部在与村两委和群众关系中所建立起来的彼此信任可以帮助驻村干部获取更多信息，有效解决基层治理中存在的问题，降低治理成本。

总之，相对于乡政直接领导村治的行政控制，嵌入式治理反映了基层政府权力在农村社会中的运作模式和逻辑的转换。一是乡镇政府改变了悬浮于农村社会之上，完全依赖村两委配合的被动局面，主动、积极地介入村庄社会，并干预其自发运作逻辑，以维持乡村社会的正常秩序；二是可以有效弥补村两委干部年龄老化、素质低、能力弱等问题；三是当政府政策意图与村庄意愿相悖时，乡镇政权可以依靠嵌入村庄的包村干部进行政策宣传、解释等工作，从而将自上而下的国家政策和法律法规内化为村庄社会的地方性规范，减少公共政策执行可能遇到的各种梗阻。乡镇政权的嵌入式治理，既是国家力量成长的见证，更是政府治理变革的必然趋势。

三 嵌入式治理何以可能：乡镇政府的工作机制

农村改革以来，“乡政村治”治理结构面临诸多困境。首先，从乡政来看，乡镇政府作为最基层的国家政府组织，直接面对农村社会，其工作的专业性不强又非常繁杂，囊括产业发展、乡风文明、矛盾纠纷、乡村清洁等诸多方面。尽管乡镇政府也设立了各种对应机构，但科层化的管理无法适应农村治理的实际需求。在后农业税时代，基于农业税费征收构建起来的乡镇政府与农村社会的征税—服务关系顷刻间瓦解，乡镇政府因财政困难无力为农村社会提供基本公共服务而面临“悬浮型政权”的危机。其次，就村治而言，村级组织力量较为薄弱，村“两委”干部年龄老化严重，素质和能力较低，无法应对农村社会各种治理难题。第三，“乡政村治”治理结构同时也面临上下对接难的问题。在国家多予少取的方针政策下，项目下乡成为农村治理的新常态，但村级组织由于无法有效承接和运营管理，导致下乡项目难以发挥实效。进入新时代以来，精准扶贫、乡村振兴构成新一轮的国家战略。国家治理重心下沉并对乡镇治理提出了新的要求。在此背景下，乡镇政府形成了一系列工作机制，包括乡镇领导挂村制度、驻村工作队制度以及驻村干部“三同”制度等，实现了乡镇政府由“悬浮型政权”向“嵌入式治理”的治理转型。乡镇领导挂村制度有利于村庄的组织架构与国家体系有机衔接，化解乡政与村治之间的隔膜，促进乡政与村治良性互动。驻村工作队制度既夯实了村庄基层组织，同时，驻村干部对基层组织的监督也增进了村庄内部的规范化治理。驻村干部“三同”通过构建良好的干群关系，为乡镇治理下沉奠定良好的社会关系基础，增强驻村干部的行动能力。

（一）乡镇政府的工作制度

1. 领导挂村制度

乡镇领导挂村制度又称乡镇领导包村制度，是指乡镇领导（除乡镇党委书记和乡镇长外，包括乡镇政府人大主席、乡镇各副职、团委书记和妇联主任等）每人包1—2个村，确保到村调查研究、指导工作以及推动农村各项工作顺利开展的一项制度。乡镇领导挂村制度的目的是为了及时了解群众诉求，掌握基层工作动态，进一步密切党群、干群关系，推动工作扎实开展。在一些地方还规定了乡镇领导包村工作的具体工作细则，即乡镇工作首先由挂村领导先领，然后负责组织会议、安排工作、布置工作队员完成。

乡镇领导挂村制度作为新时代的一种乡镇工作机制，可以有效弥补科层化治理的低效。科层制作为一种“理想”的模型，“其理性的组织化预设缺乏对实践理性复杂化的反应，无法很好地处理专业化与多样化的对接问题”[16]。领导挂村制度的目的是夯实基层治理基础，解决困扰政府多年的农村公共服务的难题。通过领导挂村制度，乡镇政府改变了后农业税时代的“悬浮型政权”形象，通过影响乡村社会治理和资源分配决策的过程，为基层群众有序参与公共决策、督促和改善政府行为提供了组织化的途径。

2. 驻村工作队制度

为了执行和完成上级政府布置的中心工作（如精准扶贫、乡村振兴等），除了在乡镇领导层面推行乡镇领导挂村制度外，在乡镇普通干部层面成立驻村工作队（又称专业工作队），具体承担挂村领导负责的各项具体工作。驻村工作队是执政党“走群众路线”“密切联系群众”工作方式在新时代的制度化运作机制。驻村工作队由挂村领导挑选工作能力较强的乡镇干部担任工作队队长，再由挂村领导和工作队队长挑选驻村工作队队员。驻村工作队队员一般都是从机关站所抽调政治素质好、基层工作经验丰富、业务能力和服务意识强的机关干部，这需要整合各级政府组织力量，打破科层界限统一调配人员。因此，工作队组成人员主要包括定点帮扶单位派驻的驻村干部（第一书记）、乡镇干部、大学生村官以及“三支一扶”有关干部人员，人数也相对固定，一般在2—5人之间变动。工作队员实行“一人双岗”，既是机关干部，又是驻村干部。驻村工作队由乡镇政府统一领导，工作队员全脱产驻村工作。以第一书记为例，第一书记既属于上级选派的“嵌入型”村干部，又归属驻村工作队。上级主要通过加强培训指导，保持职级、工资、待遇不变，实行项目、资金、责任“三个捆绑”等措施来减少第一书记的后顾之忧。一些省份还为第一书记安排了专门的工作经费。由于第一书记大都携带其后援单位的项目、资金等各类资源并实际上掌握资源分配的权力，再加上派出单位的鼎力支持和上级党委组织部门的“撑腰”，使其在村庄中拥有比村干部更高的威望，其上级选派的“官方”背景更是让村民对其予以不同于一般行政官僚的信任和期待。因此，村民对第一书记往往持欢迎态度，将其视为引导他们脱贫致富的带头人和领路人。

3. 干部“三同”制度

干部“三同”制度是指驻村干部与村民“同吃、同住、同劳动”的一项驻村工作制度。干部“三同”制度要求驻村干部每月驻村20天以上，每周五夜四天，其工作内容包括深入田间地头和农户家中，听民意、察民情、解民忧、聚民心、汇民智，在增进党群干群关系，锤炼工作作风的同时提升个人素质和工作能力。干部"三同"制度，一方面可以使驻村干部真正与村庄社会、村民打成一片，积累工作的社会资本，从而增强其行动能力。另一方面可以使驻村干部与农村基层组织紧密合作，依靠和带领村两委成员开展工作，了解并解决村庄工作中的实际问题。除此之外，驻村干部驻村期间要认真督促村务、财务进行公开，对涉及大部分群众切身利益，群众意见不统一的情况，要积极督促村"一事一议"工作领导小组，按照程序开展"一事一议"，确保符合大多数群众的意愿，并加大对村级各项事务的监督力度。驻村工作队员的主要职责是及时了解民意，宣传各类方针政策，并开展各项中心工作，其具体工作方法是接待、走访、慰问、座谈。

通过乡镇领导挂村制度、驻村工作队制度以及干部三同制度，乡镇政府实现了由"悬浮型政权"向"嵌入式治理"的转型。乡镇领导挂村领导和驻村工作队的主要职责任务是帮助加强基层组织、推动精准扶贫、为民办事服务、提升治理水平。驻村工作队并不是替代基层组织，而是起牵头和引导作用，具体工作主要还是依靠村两委来做。如果村里有矛盾纠纷村干部协调不了，就由挂村领导组织工作队去协调。

（二）乡镇政府的嵌入式治理的工作机制

乡镇主要领导（主要是指乡镇书记、乡镇长）是农村治理的主要责任人，直接对县委书记、县长负责，县委书记、县长有事就找乡镇书记和镇长。乡镇书记和镇长有事就找挂村领导，挂村领导从乡镇书记、镇长领受任务后，布置驻村工作队队员完成，而驻村工作队队员则主要依靠村两委去完成具体工作。

领导挂村制度和驻村工作队制度改变了村庄社区的权力格局，重塑乡镇政府与村庄社会之间的互动关系。一方面，乡镇政府通过向村庄社会派遣挂村领导和驻村工作队，使各项方针政策得到迅速传达；另一方面，也在一定程度上解决了基层组织力量较为薄弱、年龄老化以及素质能力低下问题。在一些村庄，挂村领导和驻村工作队的在场对村庄治理结构也会形成潜在的影响，包括村务公开、资源分配等。驻村干部"三同"保证了村庄社会中乡镇政府的"在场"，有效地发挥了对村级组织的监督作用。一些村民对村干部处事不公而产生不满，可以求助于驻村工作队队员。驻村工作队队员的存在一定程度上也抑制了村霸治村的局面。

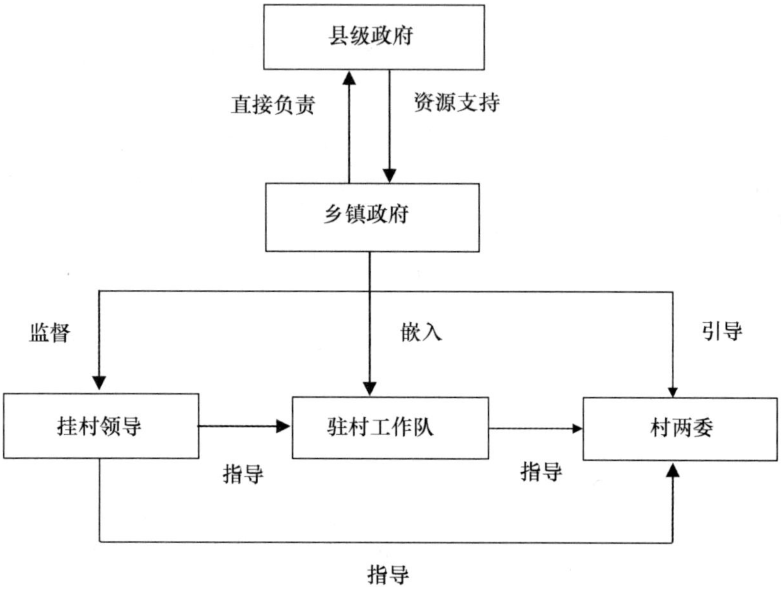

图1 乡镇政府的嵌入式工作机制图

（三）乡镇政府嵌入式治理的目标

乡镇领导挂村制度和驻村工作队制度是乡镇治理改革的重大制度创新。针对乡镇工作面向农村社会，工作内容繁杂以及专业化不强的特点，乡镇政府通过领导挂村制度、驻村工作队制度以及干部“三同”制度的工作机制，弥补科层制治理的低效，实现乡镇治理的“下沉”。乡镇领导挂村制度和驻村工作队制度恢复了党的群众路线的工作方法，改变了乡镇政权科层化运作模式，成为乡镇保证各类工作任务在村庄得到贯彻和执行的治理工具。同时，驻村工作队也有效地解决了农村基层组织涣散、村两委年龄老化、基层组织干部素质低、能力弱的问题，有效地充实了农村基层治理力量。新时代以来，乡镇领导挂村制度和驻村工作队制度以及干部“三同”制度逐渐成为乡镇治理“下沉”的一种常规化治理机制，特别是通过驻村工作队制度，有效地实现了对农村社会的嵌入式治理。

一是改善干群关系，增进了干部对群众的了解。驻村干部入驻后，及时深入农户调查研究，向他们了解经济收入情况、农业生产情况、生产生活中有什么困难等，与农户交心谈心，做知心朋友，并根据当地实际，及时地把党对农村的方针、政策讲给群众听。通过广泛的宣传，使群众真正了解了党对农业、农村和农民工作的高度重视，使他们对干部有了更深入的认识，进一步密切党群、干群关系，增进了解。二是做党和政府的宣传员，使党的政策得到有效落实。驻村干部针对群众对党的方针、政策了解不多的实际，主动承担起了村里的政策“宣传员”，他们利用广播、宣传标语、走村串户的形式，广泛宣传党的路线、方针、政策。三是带动产业发展，发挥“先锋”作用。驻村干部根据当地的自然资源和区位优势，在深入村屯和农户家庭调研的基础上，鼓励村庄调整产业结构，改变落后的种养方式，积极发展高效特色农业。根据农户家庭的实际情况，为农户致富想办法、找路子。

四 嵌入式治理：一个乡镇的案例分析

A 镇地处桂西南边陲的 N 县，坐落在中越边境公母山南麓，西南与越南谅山省禄平县接壤，边境线长达 25.5 千米。全镇国土总面积 65.79 平方公里，总人口 8055 人，其中流动人口 2000 余人，分属三个行政村一个社区，共有 19 个村屯社区，其中有 18 个贫困村，464 户贫困户，扶贫开发任务繁重艰巨。在脱贫攻坚战略下，需要解决谁来扶贫以及“因村派人”的精准性问题，自 2013 年开始，在 N 县政府统一安排下，A 镇每个乡镇领导挂一个村，同时按照因村派人、人岗相适原则，采取自治区、市、县、乡镇四级联动方式，分级按在职在编干部职工总数的一定比例选派工作队员，确保每个建档立卡贫困村有 3 名县级以上单位选派的工作队员驻村，进行“坐班式”治村，实现贫困村驻村工作队帮扶全覆盖。

（一）C 村的脱贫之路

C 村是 A 镇西北部的一个深度贫困村，距离 N 县县城 18 公里，处于世界遗产核心区之一。该村贫困人口多，贫困发生率高，是一个典型的“老、少、边、穷”贫困村。C 村现有 10 个自然屯，437 户，共 2110 人。但由于市场化、城镇化带来的空心化问题严重，年龄老化、知识老化、思想老化“三老”问题突出，村两委班子建设薄弱，干群关系不和，村内各派系斗争林立，这导致 C 村所承接的上级项目有限，错失许多扶贫开发的良机。2013 年，C 村成为第二批“整村推进”扶贫重点村，乡镇政府驻村帮扶并派出干部 Y 担任挂村领导，并组建扶贫专业工作队，通过

“干部驻村、资金支持”等形式对C村进行脱贫攻坚，以充分发挥驻村干部在政策和物资等方面的优势，加快贫困村脱贫致富的步伐。

首先，驻村工作队通过整合各项扶贫资金和扶贫资源，把遗产区里四个屯的土地全部小块并大块以农业合作社的方式整体开发，打造成农家乐、休闲观光、农业体验的现代化农业园区。据驻村干部Y说，自己就是后盾单位派来的，后盾单位主要提供资金、人员，有时候还帮设计。Y利用后盾单位的力量，经多方协调，将部分村屯进行整村风貌改造，打造成为旅游核心引领区。同时，带领群众组建农民合作社，大力发展红糖、糖波酒、旅游工艺品制作、餐饮、住宿等产业，带动了观光农业的发展。

第二，驻村干部通过帮助村级组织加强组织建设，优化了村级领导班子组织结构。C村实行“一肩挑”，支部书记兼任村主任，但两委矛盾并未完全消除，这是因为两委成员并不完全重合、两委的职能也并不相同。“一肩挑”的村支书牢牢地把握着党支部及村委会的领导权，公共事务的决策、执行、监督几乎没有多少民主因素存在，“一言堂”现象突出，村支部要执行乡镇党委的意见、服从上级领导，而村委会是由村民选举产生的，凡事都要维护村民的意见。在许多时候两委代表着两种不同的利益，矛盾是不可避免的。由于村支部书记集支部、村委两委大权于一身，使得村委会所代表的村民利益明显处于弱势地位。当村集体利益与小部分村民利益发生矛盾时，每位村民都会寸步不让，两委难以协调其中的利益冲突。这些矛盾在C村最突出的表现就是为修建道路而占用村民土地问题，集体与村民的冲突往往处于僵持不下的局面。为了化解这一矛盾，驻村干部带领村两委班子建章立制，建立了“四议两公开”制度。所谓“四议两公开”，即村庄重大公共决策都必须在村党支部的领导下，按照“四议两公开”的既定程序做出。“四议”是指党支部提议、村两委商议、党员大会审议、村民代表会议决议；“两公开”是指决议公开、实施结果公开。“四议两公开”制度的实施，有效保证了支部决议、村委意见和村民利益的真正统一，两委矛盾得到了有效化解。C村领导班子年龄结构的严重失调也是其组织发展面临的最大瓶颈之一，为了激发村级班子组织的活力，发挥先锋模范作用，驻村干部在掌握C村村情的前提下帮助村两委挑选了几名能力突出、思想正派的乡村精英作为领导班子的准接班人，其中包括青年致富能手、文化强人等。这些精英的加入不仅提高了村级组织的治理能力，而且将各类人才团结到村级领导班子周围，打破了宗族垄断，扩大了组织的代表性，密切了村两委与广大人民群众的联系。在驻村干部Y的带领下，村级组织的工作走向了规范化，而且几名乡村精英也都加入了领导班子，领导班子综合素质得到明显提高，组织焕发出新活力。

驻村干部的到来，不仅提高了找项目、拉资源的能力，而且使国家扶贫资金得到高效利用。领导挂村和驻村工作队通过整合各种资源，寻找发展的突破口，加强村级组织建设，带领C村群众寻找到了一条脱贫致富的道路。

（二）K村的边民互助组

K村是一个边境村，边贸资源得天独厚，历来靠边吃边。根据国家相关边贸政策，N县委、县政府根据“真边民、真互市、真实惠”的要求，制定了一系列边贸扶贫政策。每个边民可以每天到越南采购8000块钱的免税产品。由于缺乏有效组织，边民很难参与边贸活动。挂村领导和挂村工作队根据K村的实际，引导村民成立边贸互助组，参与边贸活动。据驻村干部Y书记说，驻村干部在挂靠部门的支持下，带领村两委主导成立了边贸互助组，互助组设立了人事、财务、监事三个组织管理机构，主要负责发动村民报名、清关等工作。自边民互助组成立以来，边民贸易额达到3600多万元，边民也得到了几十万元的分红。据了解，K村在2017年实现全面脱贫，主要靠的就是边贸互助组。边民互助组的边贸模式提高了边民的议价能力，解决了单个边民在互市商品交易过程中普遍处于弱势的问题。目前，K村的边民互助组与中越商户签订4个采购、销售协议。截至2018年6月底，边民互助组参与人数达213人，其中贫困户110人，边民互助组采购额1415万元，销售额1200万元，税收53.27万元，直接利润249693元，交易2892人次，人均收入95.5元/次，每月收入1500—2000元。为了尽可能提高边民互助组的收益，K村的驻村干部协调第三方解决口岸通关时间短的问题，争取联检部门延长有效通关时间，提升进出口贸易量，推动争取统一边民互助组申报的货物拼车运输政策在K村落地生根。面对货源少且不稳定，交易成本较高的问题，驻村干部通过协调海关等部门拓宽互市贸易种类，争取水果、鲜活海产品等产品经审批可在K村做互市或国贸。在驻村干部的协调下，上级政府研究出台了一系列鼓励优惠政策，探索试行落地加工税费减免政策，鼓励落地加工企业入驻K村边贸产业园，解决因进口货物不足导致的货源不充足问题。驻村干部通过与银行的协调交涉，出台政策支持60岁以上的老人使用子女的信用卡或者通过组员借贷的方式，使广大边民真正参与到互市贸易，促进互市贸易发展。

（三）C村的“爱心超市”的管理与运营

A镇把脱贫攻坚与环境整治结合起来，推动了“爱心超市”制度，爱心超市既是一种扶贫+环保的联动机制，也是一种普惠性动员方式，在一定程度上平衡脱贫攻坚过程中存在的贫困户与非贫困户之间受益不均，弥补非贫困户对贫困户的不满以及贫困户致富能力相对较弱的问题。A镇政府设立了相应的领导机构，指导爱心超市的筹建，在每个村屯都设立了爱心超市。负责全镇爱心超市的后期运行发展的资金保障及资金管理，并制定爱心超市的相关制度，引导社会力量和干部职工捐款捐物并统一采购生活小商品，分发各村屯超市。

爱心超市的管理与运营离不开驻村工作队。在C村，挂村领导和驻村工作队成立了爱心积分卡管理工作小组，建立货物收发登记台账，做好积分卡的收集管理。设爱心积分卡管理员和监督员各1名，管理员负责村屯爱心积分卡的日常管理包括爱心积分卡的发放、登记等，监督员负责爱心积分卡的积分监管工作，并及时对积分情况予以公开，确保公平公正。村民通过参加村屯卫生整治活动，换取积分，再拿积分到爱心超市换取相应小商品。爱心超市经费、物品来源于爱心企业和爱心人士的捐助。通过积分换商品，大大提高了村民参与村庄环境卫生整治的积极性和主动性。如果村民家里面收拾得很干净利索，就奖励一瓶洗洁精或者一袋洗衣粉，这样就无形中调动了村民环保意识的积极主动性，提高群众满意度，激发群众内生动力。在爱心超市的运营中，挂村领导和驻村工作队发挥了重要的纽带作用。把乡镇政府的一项制度落到实处，并具体负责该项工作的开展。爱心超市的运营，大大调动了村民参与村庄环境治理的积极性、主动性和参与度。

乡镇领导挂村制度和驻村工作队制度是乡镇政府嵌入式治理的主要工作机制。县级政府布置的各项工作主要靠挂村领导和驻村工作队来执行和推动。嵌入式治理的产生并非偶然。随着城镇化的不断深入，农村大批精英和青壮年劳动力外涌，村庄出现了空心化现象，村干部后继乏人，村级组织建设亟待加强。还有的村庄出现了经济发展乏力、基础设施损毁严重的现象。在这种背景下，乡镇治理如何实现下沉，夯实农村组织基础，推动农村经济与社会的全面发展便成为一个新的实践课题。就 A 镇而言，挂村领导和驻村工作队在产业扶贫及农村环境卫生整治方面开展工作，并取得预期效果。但是，乡镇的嵌入性治理仍然存在一些困境。

五 乡镇嵌入性治理面临的困境与出路

作为乡镇实施嵌入性治理的重要工作机制，乡镇领导挂村制度、驻村工作队制度以及驻村干部“三同”制度，在实践运行中也存在诸多困境。

（一）挂村领导责任大、权力小

据一位在乡镇工作十年，其中担任挂村领导近五年，分别提任过 3 个村的挂村领导的 N 副镇长谈到自己对挂村工作的体会时说：

> 在扶贫攻坚过程中，乡镇领导挂村起着承上启下的作用，上有乡镇书记、镇长，下有工作队员和村干。基层的任务和工作主要靠挂村领导部署和督促，除了扶贫工作外，新农合、养老、纠纷调解、清洁卫生等等工作，都要靠挂村领导统筹、协调，工作做不好、任务完不成，是第一直接责任人。但是，到了村民这一层，村民并不买账。在村民这里，你说了不算，很多时候工作推动还得靠村干。（根据访谈记录整理）

作为挂村领导，如何领导整个挂村工作队工作？还必须带头做、领着干，只有这样，才能领导整个挂村工作队开展工作。

> 许多具体的工作包括制作表格、写汇报、入户走访、在村里扫地等都要领导亲力亲为。如果这些具体的工作不带头做、领着干，而只是电话指挥，远程遥控的话，上级领导会说你工作不扎实，作风虚飘；工作队员会说你摆架子，自己什么都不会做。乡镇领导，特别是挂村领导，要冲锋在前，靠前指挥，才有说服力。（根据访谈记录整理）

挂村领导对所挂村的各方面情况，特别是各项指标完成情况如何？都要了解和熟悉。在向上级领导汇报时更要有技巧。

有些队员或村干工作不听指挥怎么办？不服从管理怎么办？这个可不能事事汇报，次数多了，村镇主要领导会觉得你没有能力，管几个人都管不了。每个人都有专长，需要根据各工作队员的特点排好工作。遇到紧急任务，如果找不到人做怎么办？只有挂村领导自己上。（根据访谈记录整理）

（二）驻村工作队制度运行的困难

驻村工作队是乡镇嵌入式治理的另一项工作机制。驻村工作队将驻村干部联结成一个紧密的团队并形成一股合力，主要围绕两方面内容开展工作：一是负责上级政府政策的传达与执行，深入基层化解村民的矛盾纠纷，积极协助村委会确立各项规章制度，包括村规民约、村务公开等。二是通过对村庄的深度融合，发现村庄治理中实际存在的各项困难和问题，帮助村庄实现产业发展、民主治理以及增加收入等。但驻村工作队制度在实际运行中也存在一定的困境。

一是上级目标设置权责不匹配与原单位有限资源的条件无法满足村民日趋复杂化的诉求。具体而言，一方面，财政匮乏是驻村工作队制度运行的首要困难。各单位的资金投入存在不平衡现象，扶贫资金总量不大，有些部门投入较少甚至没有投入，加上部分驻村干部时间短，驻村工作制度未落到实处。另一方面，乡镇政府对于派出驻村干部工作进行了目标政策设定，但是从政策上来看驻村干部拥有的权力远远不足以应对所要承担的职责和任务，驻村干部职位设置的权责不匹配严重影响了其工作成效。驻村干部手头缺乏相当的实际权力和原单位的资源支持。据驻村干部 Y 说：

现在党和政府不断强化群众路线，村民对我们有了更多期待，同时自己承担了大量的日常扶贫任务，然而上级却没有应有的制度保障与持续的资源支持，因此无法满足村民的部分需求，村民的抱怨让我感到非常无奈。（根据访谈记录整理）

二是对驻村工作队及驻村干部的考核制度不合理。县上和 A 镇建立了对驻村干部的多元考核机制，通过“最优干部评比”等方式倒逼驻村干部完成工作目标任务。但是，上级政府制定的某些考核指标脱离了实际，难以完成，考核方式形式多样，流于形式。如为了使驻村干部工作真正“下沉”到基层，上级制定了驻村干部学习培训、工作汇报、信息上报、民情日记、帮扶资金使用管理等规定，强化督查，采取明察与暗访、集中与突击检查、电话查岗与现场督查相结合的方式。据驻村干部反映：

> A镇政府会定期给我下达走访任务，要求一年内将C村内所有农户走访到位并撰写走访日志，为了考察我的工作是否完成到位，上级要求我入户走访率必须达到100%，并能熟悉称呼每一户村民的姓氏。然而C村目前处于急剧变革之中，大量乡村有生力量外出打工经商，村庄建设陷入“主体空心化”，人员流失严重。我只能走访一些在村的困难户、老干部等。（根据访谈录音整理）

这种考核制度主要通过压力层层传导，各项工作任务下沉到乡镇政府，乡镇政府再依据工作任务对驻村工作队员进行考核，导致对驻村干部考核不切实际的问题。

三是驻村工作队在政策执行过程中，存在村级权力结构对正式权力参与的排斥问题。作为嵌入型干部，驻村干部仍面临如何融入村庄已有权力结构的问题。由于村庄的利益支配权一定程度上掌握在村庄权力精英手中，因此基于不同目的的村庄精英会分化为不同的利益团体，展开权力争夺。驻村干部要公正地介入村庄治理，必然会损害到一部分团体的利益，这可能导致各受损利益团体的联合抵抗，驻村干部在实际工作中还受到村干部的制约和排挤。我们在调研之中就发现C村驻村干部在实际工作方式、工作内容的选择上大多是去做一些诸如“建档立卡”以及统计填表等一些“面上”工作，而在实际脱贫规划的设定与扶贫项目的具体执行之中却没有参与的权力，不能够充分发挥自己的能动性，驻村干部已经逐渐转变成为一个“依附型行动者”。这既严重影响上级设定的脱贫任务的完成，也不能真实地带动老百姓脱贫致富，甚至于到最后发展成为数字脱贫和纸面脱贫。

四是驻村干部角色定位难的问题。驻村干部作为村庄的外来帮扶力量，他们进入村庄之后，在乡村治理中，是以什么身份发挥何种作用？中组部等部门对第一书记的要求是：“第一书记在乡镇党委领导和指导下，紧紧依靠村党组织，带领村“两委”成员开展工作。”从上述规定来看，第一书记在乡村治理中所扮演的应当是政治领导核心的角色，但工作必须要通过所在村庄的党组织来实现。我们采访了C村的驻村干部，关于第一书记的角色，他的回答是“三不”原则，即在工作中，始终遵循“指导不领导，参与不干预，帮带不帮办”。然而，在工作实践中，第一书记的角色定位很难把握，没有村两委的支持以及后盾单位的资金支持，第一书记的工作很难顺利开展。

（三）干部“三同”中的新形式主义

干部“三同”制度是党的群众路线工作方法的直接体现。其真实内涵是通过这种深入基层深入农户的方式，让干部了解基层民众的真实困难和疾苦，进而有针对性地给予帮助和解决。但是，如果不能正确认识与农民同吃同住同劳动的意义，而是片面强调“三同”，便会走向新的“形式主义”。如“三同”制度，片面强调“三同”的一面，没有真正沉下身子发现问题解决问题，走基层入农户就没有达到真正的效果。一位乡镇干部讲道：

> 如果驻村干部和农民同吃了，但吃的农家饭超标，也给了饭钱，农民也要贴上做饭的劳动力成本，也浪费了体验农村生活的机会；假若我们的领导干部也和农民同住了，但当地政府要专为其准备新被褥等物品，给基层增加了负担；假若我们的领导干部也和农民同劳动了，但并没有干农活的技能，而只是应景做做样子甚至添乱，那么，这样的同吃同住同劳动，即便是群众当面说“一万个欢迎”，恐怕背地里也会议论纷纷。（根据访谈录音整理）

“三同”制度要求驻村干部每周“五夜四天”的工作时间都需要签到打卡以进行认证，凡未达到工作时间的干部将由乡镇政府党委公布名单，未履行请假手续而擅自离岗者将作出相应的纪律处分。考评驻村干部的工作指标中把村庄治理实效与“三同”表现联系起来，因事外出必须书面申请，假条由村党支部书记签字方才生效。凡因驻村干部表现欠佳而影响到治理实效的，相应干部都要为此承担责任，程度较轻者实行告诫谈话，程度严重者将采取严重警告甚至记过处分等追责措施。这种严格的“三同”督查显得十分不近人情，许多驻村干部上有老下有小，即使与原单位工作脱钩，但无法与家庭生活脱钩。

部分干部缺乏基层工作经验，即便严格执行“三同”制度也于事无补。部分“三同”干部理论知识不扎实，工作难以打开新局面。有些干部平时知识理论不够扎实，对上级的政策理解不透彻，与工作联系结合不紧密，上级政策很难在群众中得到有效的宣传和贯彻。业务学习仅限于满足于日常工作任务的完成，有时在做群众工作中甚至出现了理屈词穷的局面，工作中很难说服群众，让群众理解上级意图，支持和配合县、乡、村的中心工作。一位驻村干部指出：

> 不是出自基层的党员干部，因为没有真正体验过基层的生活，在思想上极易产生一种天然的优越感，不管是在服务态度上，还是服务方式上都与出自基层的干部有所区别，不能真正了解和体验群众的疾苦，为群众服务的信念和宗旨不够坚定；有些年轻干部长期生活在城市，缺少农村的生活体验，对农作物的生长习性不熟悉，对农村工作不了解，就没有办法指导群众如何进行生产，如何提高种养技术增收致富。（根据访谈录音整理）

总之，“三同”制度的本义是要求驻村干部把更多的时间和精力投入深入基层、深入实际、深入群众，通过转变工作作风以有效解决村庄治理中存在的问题。但在实际执行中，片面强调“三同”的形式，而忽视“三同”的实质内涵，既增加了监督成本，也给驻村干部带来了家庭生活的困扰，更没有从根本上解决村庄治理中的实际问题。

六　结语

乡镇领导挂村制度、驻村工作队制度和干部“三同”制度既是党的群众路线工作方法的延续，也是应对农村治理难题的现实选择，更是乡镇“嵌入式治理”的一种工作机制。乡镇政府通过领导挂村制度、驻村工作队制度和干部“三同”制度等工作机制主动嵌入村庄社会内部，吸纳乡村精英参与公共政策执行，有效整合了各类行政资源，有效激活了村庄基层组织，缓解乡镇政府的“悬浮型政权”困境，最终达到乡镇政府与乡村社会在功能上互补、资源上整合、行动上协调的“双赢互惠”的嵌入式治理效应。但是，这种嵌入式治理也遇到了一些无法回避的困难和问题。如何实现推动驻村工作队常态化乃至制度化，仍值得进一步研究。

第一，处理好驻村工作队与村两委的关系。驻村工作队并不替代基层组织的工作，只是起一种牵头作用，具体的工作还要依靠村两委来做。要充分发挥村两委等基层组织的积极性、主动性，既需妥善处理好村庄权力关系，利用基层组织的本土性关系与资源解决村庄具体问题，又要加强对基层组织的监督指导。因为驻村工作队始终是一种外生力量，即使将目前一年的驻村时间延长至两年，也很难确保所有的驻村干部可以完全融入所驻村。因此，驻村工作队的主要任务在于巩固基层组织，健全村“两委”工作机制，培养干部的工作能力，监督其遵纪守法等，增强村级组织与村干部自身的号召力与执行力，提升其村庄治理能力。

第二，县级政府应加强顶层设计，在选派驻村干部时要考虑把村庄的特征与后援单位的性质结合起来，把下派人员的政治素质和业务能力结合起来，权衡驻村工作和后盾单位的业务关系，切实将联镇包村的各项任务落实到位。驻村干部的选择，既要给予中青年干部下沉到基层锻炼的机会，又要加强对驻村干部的监督，督促其摒弃功利化，多为群众解决实际问题。同时，根据工作性质赋予驻村工作队以相应权力，使驻村干部权责匹配，避免上级政策的简单移植与被动执行。

参考文献：

[1] 赵树凯．乡镇治理与政府制度化［M］．北京：商务印书馆，2010：1.

[2]［美］杜赞奇．文化、权力与国家：1900—1949 年的华北农村［M］．南京：江苏人民出版社，2002：51.

[3] Vivienne Shue, “State Power and Social Organization in China”, in Joel S. Migda, l AtulKohli and Vivienne Shue eds., State Power and Social Forces: Domination and Transformation in the Third World, Cambridge University Press, 1994: 65－88.

[4] 黄宗智．集权的简约治理：中国以准官员和纠纷调解为主的半正式基层行政[J]. 开放时代，2008（2）：10—29.

[5] 赵树凯．乡镇治理与政府制度化［M］．北京：商务印书馆，2011：262—284.

[6] 周飞舟．从汲取型政权到“悬浮型”政权——税费改革对国家与农民关系之影响[J]. 社会学研究，2006（3）：1—38、243.

[7] 饶静，叶敬忠. 税费改革背景下乡镇政权的“政权依附者”角色和行为分析[J]. 中国农村观察，2007（4）：38—45.

[8] 吴理财. 以民众参与破解选择性治理[J]. 探索与争鸣，2009（4）：29—30.

[9] 赵守飞，汪雷. 农村基层治理：问题、原因及对策[J]. 兰州学刊，2010（3）：94—98.

[10] 牟永福，胡鸣铎. 基层政府信任资源的“公用地悲剧”现象及重建机制研究[J]. 学习论坛，2014，30（1）：52—55.

[11] Mark Granovetter. “Economic action and Social Structure : The Problem of the Embeddedness” [J]. American Sociological Review , Vol. 91, No. 3 (Nov. , 1985): 481 - 510.

[12] Peter Evans. Embedded Autonomy: States and Industrial Transformation [M] . Princeton: Princeton University Press, 1995.

[13] Migdal, J. . State In Society: Studying How States and Societies Transform and Constitute One Another. New York: Cambridge University Press, 2001.

[14] 何艳玲. “嵌入式自治”：国家—地方互嵌关系下的地方治理[J]. 武汉大学学报（哲学社会科学版），2009，62（4）：495 - 501.

[15] 陈锋. 论基层政权的“嵌入式治理”——基于鲁中东村的实地调研[J]. 青年研究，2011（1）：23—32.

[16] 李有学. 反科层治理：机制、效用及其演变[J]. 河南大学学报（社会科学版），2014，54（1）：39—46.

From “Suspended Regime” to “Embedded Governance”: An Investigation of The Working Mechanism of Townships

JIANG Yongfu[1], NING Xi[2]

(1School of Public Management, Nanjing Audit University, Jiangsu, 211815;

2School of Public Policy and Management, Guangxi University, Nanning 530004)

Abstract: In the post-agricultural tax era, the township government has embedded a village society through a series of working mechanisms, such as the system of township leaders hanging villages, the village work team system, and the “three-way” system of resident cadres. Through the anti-bureaucratic technical operation, the township government breaks through the shackles of the bureaucratic administration, realizes the governance transition from “suspension” to “embedding”, and improved the ability of township governance. Through a brief description of the case of embedded governance in town A, this paper shows the achievements of embedded governance in precise poverty alleviation and clean rural movement, and reveals the problems of township working mechanism. On this basis, corresponding countermeasures are provided.

Key words: Township Government ; Embedded Governance; Working mechanism

福建省农村集体经济发展现状分析与优化路径探索*

戴青兰

（泉州师范学院马克思主义学院　福建泉州　362000）

内容提要：农村集体经济的迅速发展在改革开放之后对福建省解决农民就业，提高农民收入，加快农村建设发挥了至关重要的作用。但由于各种制度瓶颈与市场经济改革推进逐渐脱节，福建省的农村集体经济，已逐渐趋于弱化，甚至出现空心化趋势。但随着国家乡村振兴战略与福建省相关政策的出台，如农村土地产权制度“三权分置”革新的推进，以及利用集体建设用地建设租赁住房试点方案的创新探索又给农村集体经济发展破除制度瓶颈，迎来新的发展机遇提供了可能。本文在分析福建省农村集体经济的发展历程、发展形势、面临问题与制度革新的基础上，以及通过分析法律制度、激励机制以及信息互动机制的建立对于实现农村集体经济跨区域协调发展的重要性，对探索新时期福建省农村集体经济发展的优化路径提出部分政策建议。

关键词：农村集体经济；“三权分置”；乡村振兴；土地流转

一　引言

中国是一个发展中的农业大国，农村人口众多，“三农”问题始终是

* 基金项目：2018 年度福建省社科研究基地重大项目“走进中国乡村——新时代大学生对农村基层的近距离感悟”（项目批准号：FJ2018JDZ035）；2019 年福建省社科规划项目“马克思主义农业合作思想视域下我省新型农村集体经济发展研究”（项目编号：FJ2019B027）。

作者简介：戴青兰（1975—　），女，汉族，福建南安市人，泉州师范学院马克思主义学院教授、厦门大学中国特色社会主义研究中心研究人员，研究方向为马克思主义理论、农村经济发展。

关系国计民生的根本性问题。党的十九大报告指出，实施“乡村振兴战略”需要“深化农村集体产权制度改革，保障农民财产权益，壮大集体经济”。这也是2018 年中央一号文件的内在要求。中央一号文件进一步提出“深入推进农村集体产权制度改革”的要求，积极探索农村集体经济新的实现形式和运行机制。

《中华人民共和国宪法》第六条规定：“中华人民共和国的社会主义经济制度的基础是生产资料的社会主义公有制，即全民所有制和劳动群众集体所有制。”农村集体经济就是劳动群众集体所有制在农村的集中体现。可以说，农村集体经济是中国社会主义公有制经济的重要组成部分。根据韩松所述，农村集体经济是指农村社区集体组织以本集体成员集体所有的财产，通过直接经营或者出资、发包、出租、出让、转让等方式实现价值增值，并以分配增值收益或者提供公共服务等方式实现集体及其成员权益的活动。[1]此外，就农村集体经济的实现形式而言，根据我国农村集体经济的实践，大致可以分为两大类：一是传统农村集体经济形式。该形式的组织载体为农村集体经济组织，是建立在生产资料集体所有基础上，实行集体统一经营、劳动产品统一分配的传统社区型集体经济。二是新型农村集体经济形式。该形式的组织载体为合作社或股份合作社等农民合作组织，以产权明晰为前提，通过劳动群众出资入股等方式将生产资料集中起来实行集体经营的合作经济。[2]随着福建省农村经济发展下对农村公共品需求的增长，以及精准扶贫工作的推进，式微的农村集体经济运营情况已无法发挥其生产带动与社会保障功能，而近年来各项革新政策的推进则为农村集体经济破除发展瓶颈，迈向新发展阶段创造了可能。

因此，本文将在福建省农村集体经济发展现状与制度革新的基础上，探究农村集体经济的发展机遇与优化路径。本文的安排如下：第二部分为文献综述；第三部分为福建省农村集体经济发展现状与存在的问题；第四部分为制度创新背景下农村集体经济的优化路径探索；第五部分为结论。

二 文献综述

农村集体经济发展作为“三农”问题的重要研究对象及推进城乡一体化和新农村建设的关键点，近年来许多学者从不同的视角对此进行了深入研究。

有学者从法律的视角对农村集体经济发展进行研究。张云华基于江堰市所出台的改革文件搭建《农村集体经济组织法》框架，且从农村集体经济的具体形式、法人地位等方面分析现有法律的缺陷。[3]韩松则分析了农村集体经济的发展历程和多元形式，并在此基础上对农村集体经济的内涵进行了界定。[1]赵宇霞和褚尔康在回顾农村集体经济发展历程的基础上，阐述其相关概念在法律规范上的内涵和演化，并提出规范法人治理、界定组织职能、推展运营模式等完善法律制度的新思路。[4]黄延信则从法理上辨析了农村集体经济的相关概念及其内涵。[2]

也有学者以农村集体经济存在问题为导向进行研究，进而提出促进农村集体经济发展的相关政策建议。方志权通过分析农村集体经济产权制度改革推进的背景、成效，并认为其在资产量化、成员认定、股权设置等方面存在问题。基于此，他提出应当解决投资主体问题、落实税费减免政策、加快立法等政策建议。[5]杨一介基于新时期下经济基础变化情况对《宪法》关于农村集体经济组织在实行家庭承包经营为基础、统分结合的双层经营体制方面的要求给出了新解释，并在此基础上分析了农村集体经济组织的多元化形态。[6]张晖则在分析农村集体经济演进历程和存在问题的基础上，进一步针对农村集体经济发展这一问题提出应当健全法律制度、完善政策支持以及公司化改造等政策建议。[7]杨卫指出农村集体经济依然存在问题以及改革的必要性，同时提出其经营方式和机制构建的新思路。[8]何平均和刘睿从新时期农村集体经济的发展特点和现实困境出发，提出一套发展农村集体经济的制度安排，主要包括整合公共资源、创新发展模式、推进制度改革、加强人才队伍建设等方面。[9]同样地，左臣明也基于对农村集体经济实现形式和相应问题的分析，提出了发展农村集体经济的相关建议，主要有选好带头人、创新发展途径、建立民主管理制度、建立合理分配机制等。[10]梁昊则从历史的维度考察新中国成立以来农村集体经济的变迁以及当下所面临的困境，认为推动产权制度改革、加强财务管理、引导产权规范流转交易、加强财税支持和组织建设等对策可以有效地发展农村集体经济。[11]与之不同，孔祥智和高强则考虑改革开放以来的历史，分析此期间农村集体经济的三个变迁阶段以及所形成的三种发展模式，并进一步探索农村集体经济所面临的问题与所需的破解方式。[12]

以地区调研数据对农村集体经济的发展现状和道路进行探索也有相应的文献。吴晨采用广东省的实地调查资料，分析农村集体经济的发展现状、发展模式和面临的挑战。[13]周润书和程守红则以东莞市的资料为依据，分析其农村集体经济发展现状和所面临的问题，从农村集体经济的政治、经济、社会功能的视角分析其收不抵支的成因和解决方式。[14]张茜以山东省东平县为例分析土地股份合作的有效性。[15]许泉等以经济发达地区的农村集体经济调查数据为基础，分析指出农村集体经济主要包括资产和物业租赁、产业联合、政府补助三种形式，并进一步提出村际联合和跨地区发展的思路以试图解决农村集体经济所面临的困境。[16]

也有学者从土地流转的视角探讨了农村集体经济的优越性。罗必良认为，人格化农地市场的组织形式必须满足既能够稳定农村土地承包关系和尊重农民土地人格化财产特性，又能在此基础上盘活农地经营权，吸纳现代市场要素进入，从而实现土地规模经济效应。而由于农户在亲友邻居间进行土地流转的禀赋效应较低，因此农村集体经济对农户的地缘作用和长期交互形成的声誉机制就能够为转出农户提供稳定预期并获得“非市场”的优势价格。[17]屠世超认为，农村集体经济组织的核心利益在于其代表了农民集体行使土地所有权。因而在此基础上提出一套治理机制，这样可以在城镇化进程中有效行使土地所有权，维护农民合法权益。[18]杨嬛比较分析不同合作机制下的集体机制实现形式及其效率，得出结论：以土地股份合作为核心的多元化合作机制最为有效，最符合集体经济发展的要求。[19]

此外还有学者从乡镇企业、政府等微观视角探究农村集体经济发展的关键因素。其中，杨旭和李竣从乡镇企业改制的视角运用新结构经济学框架阐述了“村企合一”存在的合理性，并进一步探索其发展方向。[20]郝亚光则探讨如何通过政府引导为农村集体经济的发展创造有利的外部条件。[21]

综上可见，虽然已有众多学者从多方面多角度对农村集体经济进行了研究，但却鲜有学者利用福建省农村集体经济数据及制度革新的背景研究农村集体经济发展问题。而作为实现乡村振兴战略的重要承载器，农村集体经济组织的历史变迁和未来趋势对农村经济发展方向起着至关重要的作用。因此，本文结合福建省及省内部分地市数据探究农村集体经济发展现状及存在的问题，并结合新时期农村土地产权制度新趋势、新特点探讨如何破解农村集体经济发展难题，旨在对福建省新时期农村集体经济发展献计献策。

三 福建省农村集体经济发展现状与存在问题

1983年10月，中共中央、国务院发出《关于实行政社分开，建立乡政府的通知》，要求各地实行政社分开，建立乡政府，同时按乡建立乡党委，并根据生产的需要和群众的意愿逐步建立经济组织。在改革作用下，20世纪80年代，福建省农村集体经济的收入来源发生了快速转换，在第一轮承包期内，土地和生产性固定资产基本均分到户，只有部分村集体还保留少量机动地，土地的发包收入在农村集体经济收入来源中的地位快速下降。且在改革初期，为避免原始农村集体组织“大锅饭”式的效率损失，在承包初期绝大多数村集体把资产能分的都分到户，集体资产所剩无几。由表1的福建省集体经济固定资产投资占比也可以看出，农村集体经济固定资产投资在农村固定资产投资中的地位在20世纪80年代一路下滑，到1989年时已不及1980年的一半水平。

但在这一时期，同时也发生了乡镇企业的“异军突起”，为福建省农村集体经济收入注入了新的血液。改革开放后，随着商品经济的发展，人民群众的物质需求迅速增长，而计划经济时代遗留的“经济短缺”趋势仍在延续，多数消费品生产能力不足，多数国企又在计划经济所延续的约束下无法及时响应，迅速扩大生产，民营企业又过于弱小，此时乡镇企业便迅速跃上历史舞台，取得了绝佳的发展机遇。20世纪80年代的乡镇企业以“村企合一”的组织结构为特点，“村企合一”造就了企业家村官这一特殊群体，企业家的政治职务所提供的政治关联放松了乡镇企业的融资约束，使乡镇企业在政府担保、融资举债等事宜上获得种种便利，在市场经济中站稳了脚跟。

20世纪90年代，以乡镇企业为主体的集体经济组织开始显露出疲态。随着市场经济的快速发展，在计划经济夹缝中成长起来的乡镇企业相对民营企业逐渐丧失了优势，又受产权不明晰拖累，乡镇企业的治理模式已无法适应企业规模扩张的管理需要，因此，在乡镇企业式微的情况下福建省民营经济发展迅速，很快取代了乡镇企业的市场优势地位。同时，在1993年，中共中央十一号文件开启了第二轮农村土地承包的进程，规定在原定的耕地承包期到期之后，再延长30年不变。1997年8月，中共中央办公厅、国务院办公厅联合发布了《关于进一步稳定和完善农村土地承包关系的通知》，强调各地“原则上不应留‘机动地’”。第二轮土地承包阶段“增人不增地”与“机动地”严控的政策都极大削减了农村集体经济组织的土地发包收入，也造成了大多数农村集体经济组织陷入“空壳”的困境。

表1　福建省农村全社会固定资产投资统计表　（单位：亿元）

年份	农村总体	农村集体经济	集体经济占比（%）	集体经济年增长率（%）
1980	4.73	2.75	58.14	15.64
1981	4.98	2.70	54.22	-1.85
1982	8.13	3.23	39.73	16.41
1983	8.59	4.04	47.03	20.05
1984	10.38	5.25	50.58	23.05
1985	13.27	6.43	48.46	18.35
1986	15.83	4.18	26.41	-53.83
1987	22.76	7.86	34.53	46.82
1988	28.88	8.05	27.87	2.36
1989	29.36	7.92	26.98	-1.64
1990	34.02	9.12	26.81	13.16
1991	40.12	11.78	29.36	22.58
1992	50.79	16.45	32.39	28.39
1993	79.84	31.84	39.88	48.34
1994	101.21	34.83	34.41	8.58
1995	129.99	43.26	33.28	19.49
1996	153.34	60.25	39.29	28.20
1997	176.80	72.66	41.10	17.08
1998	192.88	85.62	44.39	15.14
1999	193.61	105.83	54.66	19.10
2000	219.26	132.17	60.28	19.93
2001	204.38	123.75	60.55	-6.80
2002	220.00	138.00	62.73	10.33
2003	267.09	170.67	63.90	19.14

续表

年份	农村总体	农村集体经济	集体经济占比（%）	集体经济年增长率（%）
2004	298.55	197.84	66.27	13.73
2005	358.42	255.40	71.26	22.54
2006	349.96	233.33	66.67	-9.46
2007	458.74	323.66	70.55	27.91
2008	606.18	452.80	74.70	28.52
2009	682.59	501.50	73.47	9.71
2010	813.34	607.26	74.66	17.42
2011	744.64	510.83	68.60	-18.88

数据来源：《福建统计年鉴 2012》。

然而与农村集体经济组织“空壳化”相对应的，却是乡村经济发展进程中对公共品需求的迅速增长，由表 1 可以看出，福建省农村集体经济固定资产投资占比在 1990 年之后又逐年攀升，在 90 年代末期已再次恢复到了 80 年代初期的水平。由于农村集体经济“政经合一”的特性，其在很大程度上承担了公共品供给的职责，而乡镇企业的衰弱与土地发包收入的下滑使得村集体的经济实力越来越无法适应乡村经济迅速发展下暴涨的市场基础设施、生活基础设施等公共产品和社会化服务需求，严重制约了乡村经济发展。由图 1 可以看出，福建省农村集体经济固定资产投资占比在 21 世纪的增长趋势已不再强劲，绝对值增长率也呈波动下降，说明农村集体经济逐渐弱化的实力已无法匹配高速经济增长的需求，福建省农村集体经济发展已走到了一个十字路口。

迈入 21 世纪的福建省农村集体经济陷入了长时期的低迷状态，至今都无法摆脱“空心化”的困境。以泉州市为例，从表 2 中可以看出，泉州市 2015 年虽然大部分村集体当年都有经营收益，但多集中在 5 万元之内，这对村庄建设的资金需求完全是杯水车薪；而在泉州市下辖的南安市，情况就更为严峻，虽然 2014 年至 2016 年有经营收益的村集体开始增多，但仍有 60% 以上的村集体无经营收益，且真正经营良好的 100 万元收益以上集体占比相当小，与泉州市乡镇发达的民营经济发展情况可谓大相径庭。

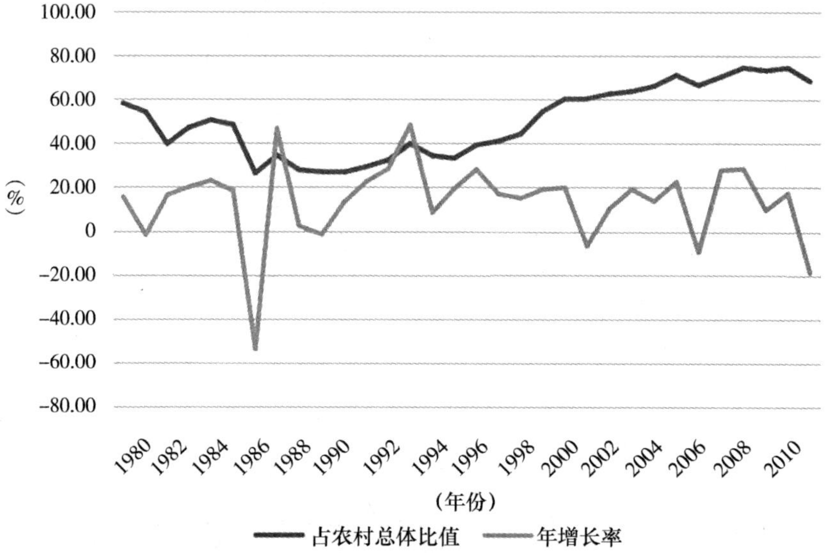

图1　福建省农村集体经济全社会固定资产投资变动情况

数据来源：《福建统计年鉴2012》。

表2　泉州市农村集体经济收入分布情况表　（单位：个）

项目	泉州市2015年	南安市2014年	南安市2015年	南安市2016年
纳入统计的村数	2326	408	408	408
当年无经营收益的村	573（24.63%）	267（65.44%）	277（67.89%）	248（60.78%）
当年有经营收益的村	1753（75.37%）	141（34.56%）	131（32.11%）	160（39.22%）
5万元以下的村	741（31.86%）	54（13.24%）	54（13.24%）	89（21.81%）
5万—10万元的村	432（18.57%）	18（4.41%）	20（4.90%）	29（7.11%）
10万—50万元的村	364（15.65%）	45（11.03%）	41（10.05%）	27（6.62%）
50万—100万元的村	121（5.20%）	13（3.19%）	5（1.23%）	5（1.23%）
100万元以上的村	95（4.08%）	11（2.70%）	11（2.70%）	10（2.45%）

数据来源：泉州市、南安市农村统计资料。

由于经营收益能力低下，无法满足公共支出增长需求，农村集体经济的收入来源主要还是依靠财政转移支付，由表3可以看出，在漳州市农村集体经济组织中补助收入占到了总收入的66.02%；在南平市占到

63.17%；在南安市占到54.31%，皆超过半数，说明农村集体经济严重依赖于财政输血，且漳州市与南安市数据显示，近年补助收入占比有所下降，说明集体经济的转移支付需求对地方财政已造成了一定负担。

表3 福建省部分地市2016年度农村集体经济收入统计表 （单位：万元）

项目	漳州市	南平市	南安市
纳入统计的村数	1654	1650	408
合计	147474.75	89272.00	32686.03
（年增长率）	-5.37%	—	2.92%
经营收入	5885.98	14485.00	5792.88
（占比）	3.99%	16.23%	17.72%
（年增长率）	-38.12%	—	39.34%
发包及上交收入	15044.69	5799.00	805.84
（占比）	10.20%	6.50%	2.47%
（年增长率）	3.58%	—	-21.91%
投资收益	544.75	263.00	219.01
（占比）	0.37%	0.29%	0.67%
（年增长率）	-47.98%	—	-89.14%
补助收入	97366.00	56392.00	17750.98
（占比）	66.02%	63.17%	54.31%
（年增长率）	-6.72%	—	-7.33%
其他收入	28633.33	12560.00	8117.32
（占比）	19.42%	14.07%	24.83%
（年增长率）	2.08%	—	4.29%

数据来源：漳州市、南平市、南安市农村统计资料。

在经营能力受限的情况下，福建各地农村集体经济组织也积极地进行了经济收入来源的拓展，特别是部分地区利用区位优势拓展土地发包和物业出租收入，但对于更广泛的不具备区位优势的乡村而言，农村集体经济组织的生存与发展就面临极大制约，从表3可以看出，农村集体经济收入总体增长情况不容乐观。制约福建省农村集体经济经营能力的瓶颈主要是由主体缺位和产权不明晰所衍生出的一系列问题。

农村集体经济长期以来不具有法人资格，基本还由村委会和村民小组代管，这种“政经合一”的状况严重影响了集体经济的运营积极性。南安市统计资料显示，在408个村集体中，村委会代行村集体经济组织职能的村数达到了408个，也就是说南安市纳入统计的村集体中无一建立独立的村集体经济组织。

由于缺乏具体的法律规范，这种自我管理的状态使得目前运行的农村集体经济对成员权的界定各不相同。农村集体经济组织的成员权，是指农民基于其成员身份，针对农民集体就集体财产和集体事务管理等方面的事项所享有的复合性权利。成员权不明确很可能对部分农村集体组织成员的利益造成损害甚至在农村集体经济组织中形成内部人控制问题，危害农村集体经济健康发展。

而主体缺位与成员权不明的问题又衍生出农村集体经济股份流转困难的问题。在市场经济体制下，只有可流转的股权才能够实现它的价值，因此集体资产的股权只有实现自由流转，才能真正实现对农村集体的生产要素进行优化整合，才能真正实现其作为生产要素的市场价值，模糊的股权界定限制了集体经济资产流转与质押实现，也在很大程度上限制了集体资产的价值实现。

四 制度创新背景下农村集体经济的优化路径探索

（一）农村集体经济制度创新背景

针对农村集体经济所面临的困境，近期国家、福建省及下辖地级市各级政府都出台了一系列具有创新性的制度，以解决农村集体经济的主体缺位和产权不明晰问题。

针对主体缺位问题：2017年中央一号文件已明确提出将“抓紧研究制定农村集体经济组织相关法律，赋予农村集体经济组织法人资格”。在完善立法之后，还要推动各地设立农村股份合作社，将农村集体经济组织的管理经营独立到村委会和村民小组之外，真正做到“政社分离”。2017年6月29日，晋江市召开农村集体产权制度改革试点工作部署推进会，并向新成立的青阳街道阳光社区股份经济联合社颁发了全省首张农村集体经济组织证明书。

针对成员权不明问题：2017年中央一号文件提出了“稳妥有序、由点及面推进农村集体经营性资产股份合作制改革，确认成员身份，量化经营性资产，保障农民集体资产权利”的指导思想。2018 年中央一号文件提出“全面开展农村集体资产清产核资、集体成员身份确认，加快推进集体经营性资产股份合作制改革。推动资源变资产、资金变股金、农民变股东，探索农村集体经济新的实现形式和运行机制”。2014 年，福建省人民政府办公厅印发《关于开展农村土地承包经营权确权登记颁证工作的通知》，按照“两年扩大试点，三年全面推开，五年基本完成”的工作要求，2014 年将两个国家级试点扩大到漳平、永安全市；2015 年完成试点任务并在全省范围内全面推开；2017 年基本完成农村土地承包经营权确权登记颁证工作。2014 年 9 月龙岩市正式启动农村土地确权登记颁证工作，在全市 208 个村开展试点，其中漳平市被列入国家级整县制推进试点，长汀铁长乡、武平万安乡等 2 个乡被列入省级整乡制推进试点。2018 年 6 月 5 日，漳州市南靖县共有 375 户农户获得确权颁证，拿到全省开展农村土地承包经营权确权登记颁证工作以来漳州市首批分发到农户手上的土地经营权证书。

针对股权流转及质押问题：2015 年国务院办公厅印发的《深化农村改革综合性实施方案》提出：把握好土地集体所有制和家庭承包经营的关系，现有农村土地承包关系保持稳定并长久不变，落实集体所有权，稳定农户承包权，放活土地经营权，实行“三权分置”。落实集体所有权，稳定农户承包权，放活土地经营权。2017 年中央一号文件提出“落实农村土地集体所有权、农户承包权、土地经营权‘三权分置’办法。加快推进农村承包地确权登记颁证，扩大整省试点范围”。2018 年中央一号文件提出“完善农村承包地‘三权分置’制度，在依法保护集体土地所有权和农户承包权前提下，平等保护土地经营权。农村承包土地经营权可以依法向金融机构融资担保、入股从事农业产业化经营……完善农民闲置宅基地和闲置农房政策，探索宅基地所有权、资格权、使用权‘三权分置’，落实宅基地集体所有权，保障宅基地农户资格权和农民房屋财产权，适度放活宅基地和农民房屋使用权”。龙岩市 2008 年出台《龙岩市农村土地流转和农业规模经营示范项目及补助资金管理暂行办法》，2011 年印发《加快农村土地流转促进农业规模经营实施方案》，对土地流转给予财政扶持，2015 年又制定《关于进一步引导农村土地经营权流转加快推进农业适度规模经营的实施意见》，2008 年以来市财政累计安排 720 万元专项资金扶持土地流转与规模经营，2016年上半年，全市耕地流转面积达86.3万亩，流转比例达46.6%，其中家庭农场流转12.8万亩，占全市耕地流转总面积的14.8%。2016年泉州市农村“两权”抵押贷款开始试点，截至2016年年末，晋江、石狮农民住房财产权抵押贷款余额分别为6.90亿元、5.54亿元，合计12.44亿元，同比增长21.89%，全年累计发放贷款8.74亿元，居全国前列；永春农村承包土地的经营权抵押贷款余额5176.5万元，同比增长736.27%，全年累计发放贷款5708.5万元，居全省前列。晋江市制定出台了《晋江市农村集体经济组织股权质押融资试点实施方案》，明确规定对集体经济组织及其成员，在满足一定条件下，由金融机构向集体经济组织及其成员予以贷款，贷款只针对用于生产经营性用途，暂不允许用于消费、购房等非生产经营性用途。其中对成员（即个人），贷款额度一般设定20万—50万元，最高不超过100万元；对集体经济组织，根据其财务指标、财务制度、资产存量、资产质地等条件，视实际情况给予贷款额度，并在2018年5月16日举行了农村集体经济组织股权质押融资启动活动。

（二）农村集体经济优化路径探索：制度框架

解决农村集体经济的主体缺位、产权不明晰以及股权流转质押问题制度创新的实行，为福建省农村集体经济提供了广阔的发展空间，其中作为切实有效的便是“三权分置”机制下集体农地与建设用地的股份合作化经营。股份合作社是在合作社的基础上吸收了股份公司的若干做法而建立的集体经济组织。经过股份合作制改革，集体资产以股份的形式量化到了每一位社员，从而实现了产权明晰的目标，同时在社员资格、股份流转等方面的限制，使股权封闭在集体经济内部，也延续了集体经济的社会保障职能。

1. 土地股份合作机制与农地规模化经营

农村集体经济产权制度改革之后，通过股份权能改革实现了农村集体经济成员对集体资产的占有使用和收益分配的权利，为农民股份合作社的发展提供了有效保障。在集体建设用地流转放开之前，以农地流转为基础的股份合作社占据主导地位。以泉州市为例，泉港区后龙镇东山、后田、土坑、许厝等6个村整合资源，合股创办金腊养殖有限公司，为参股村每年增收10万—30万元不等的收入；永春县湖洋镇白云村引进名贵中草药金银花种植项目，采取“公司＋合作社＋农户”形式推广规模化种植，试种45亩1.9万株，每年增加村集体收入3.7万元；德化县部分村集体采取招标承包、租赁经营、土地入股等途径，结合农业专业合作社、产业基地等建设，推行农业产业综合经营性开发，如龙浔镇英山村淮山基地、葛坑镇富地村油茶基地等。

农地股份合作机制的推广为农地规模化管理与多种经营提供了可能。农地股份合作社可依托农村集体经济组织形式，突破单一农业发展限制，寻求一、二、三产业融合发展，增加经营性收入来源，探索生产服务、电商、物流、旅游等产业融合发展新业态。以集体经济组织为主导把农民有序、合理地组织起来，大力发展设施农业和特色农业，形成规模优势，实现品牌运营。

在传统农业发展基础上拓展农业生产服务，开展农产品深加工与农产品物流服务，增加产品附加值。例如石狮市湖滨街道玉湖社区拥有1家规模化、现代化、专业化的玉湖果蔬批发市场有限公司和1家玉湖豆制品食品厂，村集体资产超亿元，2015年村财政收入达到1069万元。在特色农业发展基础比较好的地区，探索“集体+电商”模式，利用电商平台，发展特色农产品电子商务，将专业合作社特色农产品汇集到电商平台，破解农产品销售难题。2017年10月12日漳州市平和县电子商务协会、平和县小溪镇蜜柚协会联合阿里巴巴天猫聚划算平台、广东十记果业有限公司举办“中国柚都，柚乡四海”聚寻农福建蜜柚销售启动仪式，通过天猫、聚划算平台同步集中宣传和销售优质琯溪蜜柚，活动上线一天之内，销售量突破100万斤，为馆溪蜜柚打通线上销售渠道、推广特色品牌提供了极大助力。在自然风光优美、旅游资源丰富的地区，探索“集体+旅游”模式，整合土地资源，发展休闲农业和观光旅游。例如晋江市金井镇围头村开发海湾沙滩和战地遗址，盘活近300亩闲置土地用于景区建设和店面租赁，成功创建国家3A景区，年接待人数从2007年的5万人次跃升到2015年的40万人次，每年村财增加收入100多万元。

2. 土地股份合作机制与利用集体建设用地建设租赁住房

根据《宪法》第10条和《土地管理法》第8条规定，包括宅基地、集体建设用地等在内的土地均属于集体土地，由村集体经济组织或者村民委员会经营、管理。在农村宅基地“三权分置”改革之前，具有区位优势的福建省农村集体经济组织已积极利用集体建设用地发展资产租赁业务。以乡村民营经济蓬勃发展的泉州市为例：泉州市泉港区南埔镇天竺村在通港路、村居民区等沿街建设50多间店面，每年收取稳定的门店租金40多万元；晋江市金井镇围头村开发海湾沙滩和战地遗址，盘活近300亩闲置土地用于景区建设和店面租赁，年增加村集体收入100多万元；石狮市锦尚镇厝上村利用地处锦尚镇工业开发区的优势，建设人才公寓出租给开发区外来务工人员，每年为村级集体增收50多万元；石狮市灵秀镇彭田村整合闲置土地建设拥有33间店面的美食城，委托招标公司对美食城店铺经营权进行公开招投标，每年为集体增收63.1万元；泉州市惠安县山霞镇山霞村的村级市场翻修后，整体打包转租给第三方管理经营，每年租金纯收入40万元；东岭镇许山头村将原来荒废闲置的林果场改造成石材加工聚集区并出租，每年可收取租金60万元。泉州市德化县有37个村将村集体固定资产对外出租，实现村集体增收261.32万元。

2017年8月，国土资源部、住房和城乡建设部联合印发《利用集体建设用地建设租赁住房试点方案》，在13个超大、特大城市和国务院有关部委批准的发展住房租赁市场试点城市中开展利用集体建设用地建设租赁住房试点。与利用国有土地发展租赁住房相比，集体经济依据土地股份合作机制，利用集体建设用地建设租赁住房，在土地价格上避免了部分效率损失，具有一定成本优势。因此，农村集体经济组织相对地方政府和房地产公司而言对于建设租赁住房也就更为积极且意愿更加强烈。可见利用集体建设用地建设租赁住房为实现中央购租并举住房制度改革提供了新方法，也完全契合“房子是用来住的，不是用来炒的”的住房居住属性新定位，同时还给创新农村集体经济实现形式，盘活农村闲置宅基地资源提供了新的契机。

首先，农村集体经济建设用地股份合作社在强化农村宅基地集体所有权的同时能够以“中间性交易”保障农村宅基地承包权，进一步主导农村宅基地经营权流转。由于农村劳动力转移规模不断增长，农村宅基地与农村集体经营性建设用地多有闲置，许多村落的“空心村”和“一户多宅”现象屡见不鲜。农村集体经济建设用地股份合作社在福建省民营经济活跃的人口净流入城市周边发展能够盘活闲置的农村集体建设用地，弥补住房租赁市场，在城中村整治过程中替代原有城中村功能，满足外来务工人员不断增长的居住需求。此外还可以进一步探索农村集体经济建设用地股份合作社在福建省人口净流出地区的实现方式，通过集中宅基地经营权并盘活原有集体建设用地，开发乡村旅游服务等新经济，为目前处于劣势地位的农村集体经济组织和外出务工农户提供部分持续稳定的经济来源，增加农村居民的财产性收入，进一步优化城乡利益分配格局。其次，农村集体经济建设用地股份合作社能够利用组织优势吸引资本和人才投入并建立高效现代的运营管理机制。农村集体经济以建设用地股份合作机制建设租赁住房项目投资巨大，而《晋江市农村集体经济组织股权质押融资试点实施方案》的出台为集体经济建设租赁住房解决融资难题提供了出路。但由于农村地区的租赁住房租金普遍较低，投资回收期长，政策风险大，仍旧需要解决租赁住房项目的资金压力问题。农村集体经济组织可充分依托自身农村集体经济组织的特殊性，争取政府公租房项目，获取政府资金支持。除解决资金难题之外，缺乏高效的运营管理机构也是目前农村集体建设用地租赁住房项目所面对的重要难题，农村集体经济建设用地股份合作社可以通过组建现代公司治理体制对租赁住房项目进行管理，村集体行使对集体土地和房屋的所有权，通过村委会联合入股村民组建股东大会，并聘请职业经理人进行机构化、规模化的运营管理，提升租赁住房品质，避免如从前“城中村”式的无序形式，提升集体建设用地租赁住房规模和专业水平，提升项目价值，从而实现租金收益提升。

（三）农村集体经济优化路径探索：跨地区协作

在发展农村集体经济上，地方政府无疑起着十分重要的作用。然而，各地方政府在现行的激励机制和各种因素的诱导下，为了谋求各地方自身利益最大化，通过多种手段进行地区之间竞争，从而忽视了区域间的协调与合作。基于此，本文认为，应当对现行中央政府针对地方政府竞争制定的激励制度进行修改和完善，进而能够实现农村集体经济的跨区域协作发展模式。

区域协作的必要性主要体现在以下三种场合：其一，地区间互相竞争，进而发生利益冲突；其二，地区利益与区域全局利益不一致；其三，地区间合作可以发挥合力，从而显著提升效率。对此，本文认为实现区域协作与协调发展必须要有适当的制度来支撑。具体而言，主要有以下三种：

（1）法律制度。法律在区域协作与协调发展中所发挥的重要作用常常被忽视。对比美国，我们发现我国在建立全国统一市场、限制地区间贸易障碍和壁垒等方面的法律法规仍相对较少，应当进一步完善。

（2）激励机制。区域协作主要是地方政府之间联合与协商，共谋区域利益最大化，避免零和博弈。此时，上级政府通过制定合适的激励机制以及在税收、财政、政策等方面给予激励和引导，可以有效地促进区域协调发展。

（3）信息互动机制。有效的区域联合与协作，应当是建立在相互间产业理念共识、体制的衔接与利益互补基础上。这需要各个区域首先要建立一种信息对称机制，相互交底，相互研究，明确联合与协作的基础、条件、目标和方向；其次要能够通过建立诸如产业结构调整、地方政策调整、生产力要素整合等调整机制，从而达到合作共赢的目的；最后，区域联合与协作还需要建立对话机制，进而可以解决纠纷，消除误解。

上述三种制度的调整可以有效地保证农村集体经济的跨区域协作发展模式，从而实现农村集体经济发展路径的优化。

五　结论

农村集体经济，作为社会主义公有制的重要组成部分，在福建省农村经济中一直占据着重要地位，不仅为农村承担了一定的社会保障功能和基础设施建设工作，还为农业生产提供了技术支持和产业服务，为农村经济的发展作出了巨大贡献。福建省农村集体经济的发展历程经历了20世纪80年代的乡镇企业大发展时期和20世纪90年代至今的“空心化”阶段。但随着福建省农村经济发展下农村公共品需求的暴涨、农业规模化生产推进和农村宅基地空置问题加剧，式微的农村集体经济运营已无法满足国家乡村振兴战略与精准扶贫工作的需求。因此近年来国家和省市各层面皆推出了各项政策革新，解决农村集体经济的主体缺位、产权不明晰以及股权流转质押问题，旨在破除农村集体经济破除发展瓶颈，推动农村集体经济向新发展阶段迈进。本文在分析福建省省市各项制度创新的背景下对农村集体经济的优化路径进行了探讨。以农村土地合作社为代表的多元化农村集体经济组织在农村实现了生产要素和劳动力的有效整合，打破了小农经济和农村集体经济的“零和博弈”，为农业产业化、规模化、现代化发展提供了可能，农村经济发展和新农村建设开拓了新的空间。因此，新时代的农村集体经济应当充分发挥农村土地合作社形式优势，建立集体农地股份合作社，实现农地规模化经营和现代农业产业融合治理；建立集体建设用地股份合作社，实现集体建设用地租赁住房建设，盘活农村闲置宅基地资源，为目前处于劣势地位的农村集体经济组织和外出务工农户提供部分持续稳定的经济来源，增加农村居民的财产性收入，进一步优化城乡利益分配格局。

此外，各地方政府在现行的激励机制和各种因素的诱导下，为了谋求各地方自身利益最大化，通过多种手段进行地区之间竞争，从而忽视了区域间的协调与合作。基于此，本文认为，应当对现行中央政府针对地方政府竞争制定的激励制度进行修改和完善，进而能够实现农村集体经济的跨区域协作发展模式。具体而言，通过对法律制度、激励机制以及信息互动机制的完善，可以有效保证农村集体经济的跨区域协作发展模式，从而实现农村集体经济发展路径的优化。

参考文献：

[1] 韩松．论农村集体经济内涵的法律界定[J]. 暨南学报（哲学社会科学版），2011，33（5）：54—64.

[2] 黄延信．发展农村集体经济的几个问题[J]. 农业经济问题，2015（7）：4—8.

[3] 张云华．关于制定《农村集体经济组织法》的思考——以四川省都江堰市的探索为例[J]. 农业经济问题，2010（5）：71—76.

[4] 赵宇霞，褚尔康．对我国农村集体经济法律规范的思考[J]. 毛泽东邓小平理论研究，2014（5）：52—59.

[5] 方志权．农村集体经济组织产权制度改革若干问题[J]. 中国农村经济，2014（7）：4—14.

[6] 杨一介．我们需要什么样的农村集体经济组织？[J]. 中国农村观察，2015（5）：11—18.

[7] 张晖．城乡一体化背景下农村集体经济的演进与反思[J]. 中州学刊，2015，No. 221（5）：54—59.

[8] 杨卫．关于农村集体经济改革发展的探讨与前瞻[J]. 毛泽东邓小平理论研究，2015（12）：36—43.

[9] 何平均，刘睿．新型农村集体经济发展的现实困境与制度破解[J]. 农业经济，2015（8）：30—32.

[10] 左臣明．农村集体经济有效实现形式的路径探索[J]. 中国财政，2016（11）：38—40.

[11] 梁昊．中国农村集体经济发展：问题及对策[J]. 财政研究，2016（3）：68—76.

［12］孔祥智，高强．改革开放以来我国农村集体经济的变迁与当前亟需解决的问题[J]. 理论探索，2017（1）：116—122.

［13］吴晨．对我国农村集体经济发展状况的实地调查[J]. 经济纵横，2010（1）：82—85.

［14］周润书，程守红．功能视角下城镇化进程中农村集体经济收不抵支的思考——以东莞市为例[J]. 农业经济问题，2013（5）：56—62.

［15］张茜．农村集体经济实现形式的现代转型——以山东省东平县土地股份合作社为例[J]. 东岳论丛，2015，36（3）：49—54.

［16］许泉，万学远，张龙耀．新型农村集体经济发展路径创新[J]. 西北农林科技大学学报（社会科学版），2016，16（5）：101—106.

［17］罗必良．科斯定理：反思与拓展——兼论中国农地流转制度改革与选择[J]. 经济研究，2017（11）：178—193.

［18］屠世超．农村集体建设用地产权的有效实现形式——兼论农村集体经济组织的运行机制[J]. 福建论坛（人文社会科学版），2016（6）：22—27.

［19］杨嫒．合作机制：农村集体经济有效实现的组织制度基础[J]. 山东社会科学，2015（7）：155—160.

［20］杨旭，李竣．"村企合一"：农村集体经济组织形式能否存续[J]. 改革，2013（12）：103—112.

［21］郝亚光．政府引导：农村集体经济有效实现形式的外部条件[J]. 东岳论丛，2015，36（3）：43—48.

Analysis of the Current Situation of Rural Collective Economic Development in Fujian Province and Exploration of Its Optimization Path

Dai QingLan

（School of Marxism，Quanzhou Normal University，Quanzhou362000）

Abstract：The rapid development of rural collective economy played a vital role in Fujian's settlement of peasant employment，raising peasants' income and accelerating rural construction after the reform and opening up，and has always occupied an important position in the rural economic development of Fujian Province. However，due to the gradual disconnection between various institutional bottlenecks and the reform of market economy，the rural collective economy under the institutional constraints has gradually weakened and even hollowed out. However，with the introduction of the National Rural Revitalization Strategy and the relevant policies of Fujian Province，such as the promotion of the "Separation of powers" reform of the rural land property rights system, and the innovative exploration of the pilot project of using the collective construction land to build rental housing has also opened up the institutional bottleneck of the rural collective economic development and offer new opportunities for development. Based on the analysis of the development process, development situation, problems and institutional innovation of rural collective economy in Fujian Province, this paper puts forward some policy recommendations for exploring the optimization path of rural collective economic development in Fujian Province in the new period. In addition, through the analysis of the importance of legal system, incentive mechanism and information interaction mechanism to realize the cross-regional coordinated development of rural collective economy, the optimization path of rural collective economic development is further explored.

Key words: rural collective economy; "separation of powers"; rural revitalization; land transfer

农村文化研究

◆城郊村公共文化服务可及性的类型学研究——基于浙江省H市的多个案分析

公共文化服务可及性是民众与公共文化服务之间的“适合度”，为探讨这种适合度，本文从供需导向和供给主体两个维度，构建了公共文化服务的分析框架，进而在四个象限里区分了社会参与型、志愿服务型、权威引导型和需求反馈型四类公共文化供给模式。通过城郊村（社区）这一特殊的空间里的多个案类型学分析认为：从供需维度考量，则需求导向的供给机制可及性较高，但是要配合良好的民意反馈机制；从供给主体维度考量，则以政府为主体的供给机制在资金提供与人才保障上更具优势，但是需要克服清晰化与简单化的审美偏好，更多地关注地方的与传统的要素。在选择公共文化供给的过程中，将差异化的社区与公共文化服务供给机制的选择结合起来，可能是一种可取的行动逻辑。

◆行政化与市场化背景下乡镇文化站的困境与行动策略——以华中S文化站为例（1981—2013）

在基层社会中，乡镇文化站作为公共文化服务的直接供给者，其自身发展很大程度上影响着农村公共文化服务的供给。因此，了解乡镇文化站内在运行逻辑机制就显得尤为必要。本文以华中S镇文化站30多年的发展历程为个案，揭示了乡镇文化站在行政化时期和社会化、市场化时期所面临的不同发展情境而采取的不同行动策略，以实现公共文化服务供给，同时对乡镇文化站的未来发展进行了反思。

城郊村公共文化服务可及性的类型学研究*

——基于浙江省H市的多个案分析

姜亦炜[1,2]　晏志鑫[1]　朱鉴[1]
（1 南京大学政府管理学院　江苏南京　210000
2 湖州师范学院　浙江湖州　313000）

内容提要：公共文化服务可及性是民众与公共文化服务之间的“适合度”，为探讨这种适合度，本文从供需导向和供给主体两个维度，构建了公共文化服务的分析框架，进而在四个象限里区分了社会参与型、志愿服务型、权威引导型和需求反馈型四类公共文化供给模式。通过城郊村（社区）这一特殊的空间里的多个案类型学分析认为：从供需维度考量，则需求导向的供给机制可及性较高，但是要配合良好的民意反馈机制；从供给主体维度考量，则以政府为主体的供给机制在资金提供与人才保障上更具优势，但是需要克服清晰化与简单化的审美偏好，更多地关注地方的与传统的要素。在选择公共文化供给的过程中，将差异化的社区与公共文化服务供给机制的选择结合起来，可能是一种可取的行动逻辑。

关键词：城郊村；公共文化服务；可及性；政治社会学；类型学研究

一　问题提出

随着我国社会主要矛盾的转移，从国家到民众开始日益关注公共文化

* 感谢湖州师范学院温昊、姚瑜恬、朱敏琪同学参与调研，并付出了巨大努力。

作者简介：姜亦炜（1984—　），男，汉族，浙江嘉兴人，南京大学政府管理学院博士研究生，湖州师范学院讲师，研究方向为农村基层治理、乡贤政治；晏志鑫（1997—　），男，汉族，重庆万州人，湖州师范学院本科生，研究方向为农村基层治理；朱鉴（1998—　），女，汉族，浙江湖州人，湖州师范学院本科生，研究方向为农村基层治理。

事业的全面建设与公共文化服务的有效获取。这也从一个方面印证了新时代中国民众代际价值观的转变：从物质主义向后物质主义，从重视经济议题向日益重视生活质量；从生存价值观向幸福价值观（英格尔哈特，2013；卢春龙，2013）。也正是价值观的转变直接导致了各种文化热的兴起，“软实力”（约瑟夫·奈，2004）、“国学潮”（何爱国，2008）通过大众媒体的文化类节目，营造了一种虚假繁荣景象，政府则通过兴建文化礼堂、乡贤馆，力图从古代农业文明中寻找文化基因，学者从文化的传递与转移开始去论证文化的重要性，并延展到“习性”“场域”等文化再生产的隐秘力量（布尔迪厄，1997），诸此种种营造的文化焦虑，把公共文化服务工作提升到了前所未有的高度。但是现实中我们看到全国范围的公共文化服务极不平衡，供给总量不足，在一些偏远农村，公共文化服务严重匮乏（吴理财，2016），另一方面在那些看似风光的东部样板社区（任强，2018；斯科特，2017）[①] 其有效性也值得推敲。走进一些村（社区）的农家书屋，虽然免费开放，但是去看书的农民寥寥无几；一些村（社区）兴建了文化馆、艺术馆，但是使用情况不尽人意，部分场馆门可罗雀。

本文的逻辑起点即立基于此，意在探讨公共文化服务如何有效。但是中国的地域特征由于辽阔的疆土而千差万别，光从村庄（社区）类型就可以划分为七种[②]（徐勇，2017）。套用一句西方谚语：“Every village has its idiosyncrasy and its constitution.”（每一个村庄，都有自己的特性和脾气）。我们无法笼统地套用任何理论和范式一劳永逸地解释所有中国现象，因故本文的研究视野框定在城郊村（社区）这一范围。城郊村，地处城市与乡村两大社会系统的边缘，是城非城，是村非村（卢福营，2015），具有中国特色，有其独特的研究价值。

---

① 一个有效率的、被理性组织起来的城市，村庄或农场是一个在几何学上显示出标准化和有秩序的城市、村庄和农场。如果一个极端现代主义者在计划失败或者受到挫折，他们就会撤退到我所称的小型化中：在示范城市、示范村庄或示范农场中创造出一个更容易控制的微观秩序（斯科特，2017）。

② 徐勇将中国的村庄按地域分为七种类型：“有分化更有整合”的华南宗族村庄；“有分化缺整合”的长江家户村庄；“弱分化强整合”的黄河村户村庄；“小分化大整合”的西北部落村庄；“低分化自整合”的西南村寨村庄；“高分化高整合”的东南农工村庄；“强分化弱整合”的东北大农村庄。

基于以上的考量，本文提出如下研究问题：立足城郊村（社区）这一独特的空间载体，需要怎样的公共文化服务？如何有效地提供文化服务？在国家与社会互动的视野下，公共文化服务到底有什么样的类型划分？各自的优缺点又是如何？为回答上述问题，我们建构了一个以供需导向和供给主体两个维度为坐标的公共文化服务分类模型，并通过一项在H市进行的多个案调查做出进一步阐述。多个案研究立基于中国历史的独特性、中国现代社会的巨变性和中国底层社会复杂性的考量，正如应星（2016）在论述质性研究方法时所说，美国人追求定量研究，是因为美国社会的均质性，而中国社会高度的反均质性，呼唤的却是一种对质性研究的回归。

二　文献梳理与再界定

为了更好地将社区公共文化服务进行类型学分析，我们仅对与本文框架高度相关的部分进行简要述评。

（一）城郊村（社区）的边缘性特征

城郊村（社区）所具有的“中国式边缘化”与城乡混合型社会结构（卢福营，2017；李怀，2006），城郊村的职业分化已非常显著，多元化与非农化是其特色（董金松，2006），这里成了青春的临时宿舍，自由的蚁族巢穴，孤独的生存乐园（张宇星，2016）。城郊村（社区）的研究是伴随着几十年的城镇化建设而来，它被称为中国城市的附生物（朱荣远，2006），是城镇化政策的特殊产物，学界研究集中在三个视角：“社会变迁”“共同体”“社会问题”（李怀，2006），从而产生了对其正反两方面效应的争论，一方面，认为城郊村（社区）独特的“边缘效应”，产生积极影响，正如生态学中关于生态叠加的边缘区能承载更多的物种多样性和种群密度一样，城中村一般处于城乡两种社会系统的边缘，多种城乡社会因子在这里汇集、渗透，发生交互作用和协合功能，形成了独特的边缘效应。另一方面，认为城郊村（社区）介于城乡两种社会体系之间的临界点和边际性，容易引发各种社会矛盾与冲突，使之构成社会矛盾冲突多发的焦点地区。制约城郊村（社区）公共服务发展的主体因素是治理职能叠合化以及双轨化治理体制（宋德海，2017），城郊村的空心化所带来的诸多治理难题（黄胜胜，2016），在过去几十年里，伴随着城中村由乡到城的转变过程，时常呈现的“怨恨式变迁”“痛感式变迁”形成了城中村发展的特殊困境（卢福营，2015）。

也正是这种边缘性的特征，正反两方面的效应，给我们的文化供给带来诸多的矛盾，如城郊村（社区）既有本地的土著居民，又要大量被吸引来的外来的产业工人。如何在公共文化供给中同时考虑到本地居民与外来群体的需求，并达到平衡；如何在保有原来地方特色的同时兼具“城”与“乡”两种社会样态的文化供给等。

（二）文化供给的张力：国家审美偏好与地方传统

现今我国主要的公共文化服务提供模式主要有两种形态，一种是项目制的形式（周雪光，2015），即政府除了给单位基本的事业经费外，设立各种项目，鼓励各单位竞争，然后把项目发包给地方（折晓叶，2011；渠敬东，2012），如在文化礼堂建设中的扶持与配套。所以我们可以看到那些得到项目支持的村落与未得到项目支持的村落大相径庭，并且它有强大的循环累进效应：获得项目，成为样本村，获得更多的项目。它与分税制与财政转移支付挂钩，试图用一种强激励来让地方执行上级的意图。有部分学者认为项目制是对科层制的一种超越（狄金华，2016），但实际上它更像一种“科层为体，项目为用”的行为模式（史普元，2015），并且需要较崇高的价值取向以及其他制度的配套才能展现其合理化与现代化作用（黄宗智，2014）。另一种是督查、考核的形式。它以一种政府的权威性，对地方日常工作进行考核，反映在文化供给领域则是对各类基层文化服务中心（街道、社区文化站、农村文化礼堂、社区文化活动室等）的考核。他们通过一些抽象的象征来评估他们的社会生活，但是这抽象的象征总是与他们所要掌握的真实社会差距甚远（斯科特，2017）。虽然两种形态形式各异，但是实质上它们更像是再分配体制下的两个孪生兄弟，形异质同，体现的特点就是政府对社会，上级对下级的控制（史普元，2018）。

正是在这样一种文化供给模式下，我们可以切身感受到的是一种国家的审美偏好（下文案例中将会有更直观的表达），它所希望获得的是清晰性与简单化，所以它需要一套标准格式、有效的记录和理性的监测。正如斯科特（2017）所言有价值的植物是庄稼，没有价值的则被贬为杂草。而这种偏好并不是现代工业社会才有，早在启蒙时代便被大量运用，笛卡尔（1980）论述道，相较于原始的村庄和城镇，启蒙主义者培养了对于直线和可视秩序的审美热情。空间被组织，使之连绵不断，并将其简化为标准与秩序（Lewis Mumford，1961）。我们经常性地看到那些整齐划一的文体设施点，虽然可能村民有多有少；也可以经常性地看到农家书屋里摆放整齐、千篇一律的政府统一采购书籍，却并没有更多地考虑当地村民的实际需求。斯科特（2017）曾援引一个“透镜学说”，国王对森林的兴趣只是从财政收入的透镜来看一个数字：木材每年给他带来的财政收入，从而整体忽视了没有潜在价值的树、灌木和其他植物（即使它对维持生态平衡很重要），国家总是更需要一个整齐和整洁的视觉效果，而忽视了地方的传统。但是文化供给则特别需要结合地方特色，并形成个性化的解决方案，费孝通（1995）当年在考察了苏南与温州的发展模式后认为应该“在一定地区、一定历史条件下，具有特色的发展路子”，特色就是谦卑地吸收了地方性的尝试，就是将外来者的规划方案与当地居民的生活经验与非正式规则结合的产物。早在20世纪60年代日本就开始一项持续至今的事业，“社区营造活动”（吴云，2018），它将有形的建筑环境要素与无形的传统文化相结合，所以无论是建设活动还是文化活动，都体现了本地区历史文脉的延续，如福井市商店街复兴开始的城市再造运动（王羽，2012）；长滨市从“黑壁银行”开始的旧街区再生（梁顺，2014），都体现了如何积极引导本地居民参与文化建设的措施和手段。在中国关于文化供给的地方特色研究，比较集中地体现在城中村改造的相关论文，区别于一拆了事的简单化审美，他们觉得需要以一种新的理念和方式，去重塑其价值，包括空间的微更新和内容的软注入（张宇星，2016）。比较典型的两个案例就是深圳较场尾村的“都市彩绘”和深圳大芬村的“自由职业者之伊甸园”，两者各自体现了多元、特色、包容的文化因子。

（三）可及性研究已有成果与再界定

“可及性”概念的提出源于美国卫生服务研究者提出的卫生服务可及性（陈英耀，2000），并发展成为一个分析和评价卫生服务系统运行成效的框架，用以分析医疗卫生系统是否公平地为公民提供了卫生服务（吴理财，2016）。在我国，社区的公共文化服务体系是深化文化体制改革的一项重要组成部分（陈立旭，2010），它所包含的理论框架、供给机制以及运行成效为文化体制改革和文化管理方式的完善提供了更加丰富的经验与启发。对社区公共文化服务可及性的研究也丰富了中国特色的现代公共文化服务体系内涵，使全体人民得以共享公共文化服务的发展成果，并对社区文化功能建设具有一定的指导意义。

综合分析后，我们认为公共文化服务可及性是一个整体性的概念，主要指民众与公共文化服务之间的“适合度”，是基于服务距离、时间、内容、方式等多种维度上的综合性考察。与“普及性”相比，可及性的关注点不在于公共文化服务的遍布范围、遍布率，而是重点考察其切合情况、利用率，服务距离和时间，由均等化转向考虑居民的便利度，服务内容和方式由统一化、千篇一律转向考虑居民的多样化需求，服务程序也由模式化转向考虑居民的文化习惯。所以，公共文化服务可及性打破了“普及性”的传统概念，是基于地方和基层特色，尤其是居民的文化需求，对公共文化服务体系运行成效的综合性评价。对可及性的考察集中凸显了刚性公共文化服务供给与民众弹性需求之间的矛盾、政府清晰简单的审美偏好与地方传统要素之间的矛盾。公共文化服务可及性的提升也从根本上满足了居民差异化的文化需求，推动我国公共文化服务体系与城乡居民的有效对接。

对于可及性的研究主要包括两个方面，一方面主要探讨提供公共文化服务的主体应该是谁？杨利娟（2017）认为目前我国公共文化服务的构建主体研究已不再局限于政府单一主体，而开始从政府、企业、社会和公民等多主体及其关系角度来进行探索。试图走出一条具有中国特色的公共文化服务参与主体社会化路径。卢晓莉（2013）指出社区应在公共文化服务供给机制上有所创新，改变原先自上而下的单一供给渠道，实现由需求引导供给的灵活机制。李培歌（2017）提出，“文化治理”即主要是把治理理念引入公共文化服务体系的构建中，摆脱原来单一供给的固定模式，强调多方参与，共同投身于公共文化服务体系的建设中。但是近期也有学者对政府购买公共服务，强调社会组织与企业参与的模式提出了质疑，认为私人资本的逐利性与公共事务的公益性矛盾难以调和。2000年以来欧美国家已由普遍的民营化转而向政府回购公共服务转变，并认为这是改革激情过后的理性回归（詹国彬，2015；杨安华，2014）。另一方面是已有的一些类型学分析，肖静（2015）将我国近年来学术界关于公共文化服务供给机制的研究分为四种类型，包括以政府为核心的政府主导机制、以私人组织为主体的市场化机制、以社会组织为主体的社会化机制以及以政府、私人组织和社会组织横向合作的合作型机制，并进一步探讨了四种类型的功能、运作逻辑和面临的困境。而周晓丽、毛寿龙（2008）等基于我国当下公共文化服务供给的制度弊端和供给原则，将公共文化服务的供给方式划分为：①权威型供给即政府在政策和资金方面须处于核心主体。②商业型供给即在公共文化服务供给中，政府与市场应以公共利益为核心建立合作伙伴关系，具体细化为公共生产、市场提供，非公共生产、政府提供，非公共生产、混合提供的三种商业型供给模式。③志愿型供给即非营利组织或第三部门在公共文化服务供给中发挥力量。

学术界对社区公共文化服务供给机制进行了大量探索，这些研究成果为认识社区公共文化供给提供了多元视角，也为本研究提供了丰富的思想资源和理论指导。但是，囿于学科视角的限制，现有的研究大多在学者自有的知识框架内进行，研究的焦点集中在供给机制内在运行机理及其可及性效果的阐释上，缺乏更加科学的类型学分析。同时，对于每一供给机制下公共文化服务可及性的探讨也不全面，优势与劣势不够突出，对于提高社区公共文化服务可及性的政策建议也不具有足够的针对性。基于此，本研究主要运用类型学的方法，对社区公共文化服务的供给机制进行系统、全面、科学的划分，并对每一类型框架下公共文化服务的可及性做出理性探讨，最后通过分析，提出提高社区公共文化服务可及性的几点政策建议。

三　供需导向和供给主体：两个向度的类型学建构

社区的公共文化服务不是单一的，而是一个综合的概念，是向老百姓提供生活中必不可少的多种活动的统一。这里的文化是小社会的大文化概念，所以其种类之繁多，数不尽数。既有的研究基本上停留于单向度的分类学意义上的归纳与整合，而缺少多维度的类型学意义上的综合性考察（杨嫚，2017）。为了更好地研究社区公共文化服务可及性各因素之间的作用关系，本文以供需导向和供给主体两个维度为轴，试图构建公共文化服务的类型学框架，即由不同逻辑向度间的叠加与组合，可以得出社会参与型、志愿服务型、权威引导型和需求反馈型四种理性模型。而这四种理想模型从底线意义上囊括了现阶段公共文化服务的生存实态，对于我们重新认知和理解公共文化服务体系建设的内容提供了全新的话语空间和意义场景，也为我国公共文化服务可及性建设提供了全新的知性体系和参考框架。其中供需导向包括对于公共文化服务的公民需求和实际公共文化服务及产品的供给者两个维度。供给主体分别为社会和政府。社会在公共文化服务的供给中，不仅包括各类非营利组织、志愿者组织，也含有以盈利为目的的各类企业。社区公共文化服务类型模型见图 1。

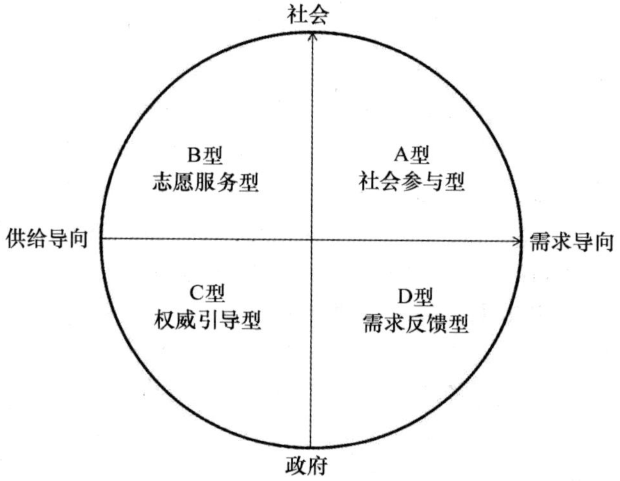

图 1 城郊村（社区）公共文化服务类型

A 型：社会参与型，即打破政府对公共文化服务供给的垄断，由社会组织、企业根据居民需求加入特定的服务领域，利用多方资源，为社区居民提供多样化公共文化服务的一种模式。包括政府购买公共文化服务、文化产业入驻社区。也包括企业在营利的前提下与政府达成合作，为居民提供公共文化服务。

B 型：志愿服务型，即社会组织与志愿者组织等在无需求导向的情况下，主动为居民提供公共文化服务的一种模式，如高校的“春泥计划”入驻各村，志愿者为村民讲家风家训或进入社区进行普法宣讲等。

A 型与 B 型有一个共同的解释框架：政府不能既是公共文化服务的安排者，又是公共文化服务的生产者，这样可能产生公共文化服务垄断性供给（詹国彬，2015），而官僚体制本身所具有的低效率、缺乏评估机制等会使公共文化服务成本居高不下，服务差强人意。引入社会组织或志愿服务即是对此种体制的一种回应，它引入市场机制或志愿服务机制，将公共文化服务的安排者与生产者分离，从而提高服务的效率与可及性（见图2）。如此则公共文化服务中形成了政府与社会的分工，通过各自发挥比较优势，从而提高了公共文化服务的供给效率与质量。

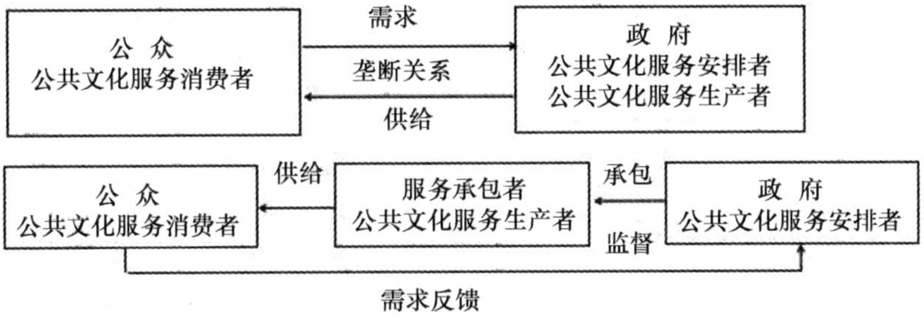

图2　两种公共文化服务提供方式的逻辑

但是需要指出的是，这是一种理想化的建构，它包含着一些先验的假设，比如一个有能力的政府，一个基于自由竞争原则的市场，政府与服务承包商之间良性的互动等，已有学者质疑这种政府购买公共文化服务的实际效力，它能否节省成本，改进服务，使民众享受更优质的公共文化服务？据德勤咨询公司对政府回购公共服务项目的调研：服务质量降低、不能节省成本、合同管理成本上升、公众满意度下降、价值冲突和缺乏竞争市场等都是其不容回避的问题（杨安华，2014）。

C 型：权威引导型，即政府在全面建设公共文化服务体系的过程中，通过各类项目发包、督查审核等形式，发挥领导带头作用，为居民建设各种硬件设施或各类文化活动场所的一种模式。如各村应街道要求而建设的图书阅览室、幸福大舞台、文化礼堂、综合文化站，以及送戏下乡等文化活动。

D 型：需求反馈型，即立足于居民的文化需求，由居民点单、政府提供的形式来完成公共文化服务供给的一种模式。这类供给机制需要良好的公民素养与民意反馈机制才能够得以实现。

C 型与 D 型都立基于这样一种假设，政府是公共文化服务最主要的供给主体，这是一条永恒不变的原则，正如亚当·斯密所言，政府的三项必备职能之一就是维护公共事业与公共设施。在这种假设下政府主要扮演的角色是公共文化政策制定者、公共文化生产安排者和公共文化资金供应者。它立基于一种需求溢出的公共事务观（刘太刚，2016），即个人溢出于其本人及私组织的人道需求和适度需求由公共主体承接的问题，而这个承接主体主要是政府。政府最主要提供的是两项供给，即制度供给与物质供给。转化在公共文化领域，即一系列健全公共文化发展的法律、法规体系，同时将公共文化建设和管理的理念内化为管理者的思想与行动。另一方面是物质供给，政府通过公共性项目的财政资金安排，对公共文化服务进行投入。

四 多个案分析：基于四种不同供给类型的可及性

上文以供需导向和供给主体两个维度为轴建构了四种理想类型，而这四种理性类型试图勾勒公共文化服务的运行状况的图景。那么，由此产生的问题是，四种类型下各自的生存实态为何？运作机理呈现出怎样的特征？不同类型各自的行动逻辑为何？因此本文的个案材料主要来自于2018年我们在H市龙游街道[①]进行的民族志式调研。期间对16位街道、村（社区）干部，35位村民以及28位志愿者进行了深度访谈，过程中以半结构式访谈（Hakim，1987；Arksey & Knight，1999；Wengraf，2001）为主，H市地处长江三角洲，当地以自组织形态（哈耶克，1997）出现的民营经济与政府主导的招商引资并驾齐驱（汪建华，范璐璐，2018）[②]，社会活力较强（史普原，李晨行，2018），志愿服务活动也较发达，是观察与验证社区公共文化服务模型的理想地点。重点调研的四个村（具体情况参见表1）位于龙游街道，街道地处H市的经济技术开发区，是H市西南工业区与西塞山旅游片区两大功能片区的中心，由12个村（社区）组成，其中行政村10个，社区2个，村民小组119个，落户企事业单位240余家，有常住人口23510人，流动人口约22000人，基本与常住人口持平。

① 遵照学术规范，文中涉及的地名等均进行了匿名化处理，欲获取详细信息请联系作者。

② 已有研究认为，区别于珠江三角洲的强调外来资本的“三来一补”模式，长江三角洲体现出一种强政府与强资本的组合（费孝通，1995；王晓毅，1996；折晓叶，1997；陈俊杰，1998；汪建华，2018）。

表1　H 市龙游街道四个村的基本情况

序号	村名	地理位置	人口数量	产业类型	村集体经济	拆迁安置
1	朱家埠村	龙游街道西北部 H 市西部工业园区以东	1200 人	第二产业为主	来源于加油站和菜场租金、利息收益，生态公共收益	2009 年开始拆迁 2014 年入住安置小区民和花园
2	户山村	龙游街道东部 H 市火车枢纽站西侧	1563 人	二、三产业为主，第一产业为辅	来源于村公墓收益、村级经济林地的发包以及征地补偿款的提留等	尚未拆迁
3	张家坟村	龙游街道南郊 H 市待开发景区西塞山旁	2010 人	第一产业为主	来源于村征地与租地收入	2008 年开始拆迁 2014 年 2 个自然村入住安置小区西塞人家；4 个自然村尚未拆迁
4	陈师庄	龙游街道西部 H 市西部工业园区	1300 人	二、三产业为主	来源于菜场与店面的租金	2000 年以后开始大规模拆迁到罗师庄

注：相关数据与内容来源于访谈调查。

之所以选择 H 市下辖的龙游街道，是基于两点考虑：第一，它具有在空间意义上边缘性的特点①，符合我们选题中对于城郊村（社区）的定义，由于它地处城市与乡村两大社会系统的边缘，是城非城，是村非村。既兼具了城乡各自的社会因子，又不完全具有各自的归属感。反映在现实的生活中，村民已经普遍过上了城里般的生活，却还依旧没有找到城里人的感觉（毛丹，2006），街道既有常年的拆迁任务也有同时农业生产的硬性指标。第二，在组织架构上也呈现出边缘性的特点，龙游街道地属 H 市经济技术开发区，虽然开发区有独立的社管局管理文体工作，但是它同时还担负着农林、水、科教和卫生等一系列的工作，编制少、人员紧，所以很大一部分文体职能由 H 市 W 区文体局代管，而且街道也更愿意与 W 区文体局对接工作，所以政府权力存在着名实分离现象（周雪光，2017；

① 有学者认为城郊村是城郊在城镇化一定阶段的特殊表现形态，表现为“是城非城”“是村非村”的“中国式边缘化”状态。其产生了正反两方面的效应：一方面，它给城郊村带来了独特的“边缘效应”，产生积极影响，因其一般处于城乡两种社会系统的边缘，多种城乡社会因子在这里汇集、渗透，发生交互作用和协合功能，形成了独特的边缘效应。另一方面，因为城郊村介于城乡两种社会体系之间的临界点和边际性，容易引发各种社会矛盾与冲突，使之构成为社会矛盾冲突多发的焦点地区。

陈国权，2017），正如国外学者塞尔兹尼克（2017）所认为的，组织运作与组织结构的分离可能会导致非正规控制对正规目标进行连续修正，随着这种趋向的逐步发展，最终结局是以非正式行为外形化，然后在新的水平上重新开始这种偏离和转变的循环过程。另外，开发区这一独特的中国式概念，属于一种政企统合的治理模式（陈国权，2015）①，开发区注重经济效益，强调以经济指标来衡量官员升迁，即所谓的“压力型体制”（杨雪东，2012），“晋升锦标赛体制”（周黎安，2004；李宏彬，2005），这就导致了以经济指标为主要诉求的经营型政府角色与带有更大公共服务色彩的文化供给角色之间的张力，开发区的政府机构对于建设文化体育事业普遍动力不足。

> 问：你们的文化建设主要是怎样一个方向呢？
>
> 答：开发区主要是搞经济建设的，以开发招商为主，其实文化建设、文体建设包括教育，我们讲真的，科教文卫方面，说白了并不是很重视。不像其他县区有独立的部门，我们开发区是没有这样一个主导部门的。文体这一方面是由 W 区文体局代管的。但是我们这儿的开发区有个社发局，有这样一个部门，这个部门是大的部门什么都管，农林，水，文体，科教，这个部门是对应了市里 11 个局，它这个人又少工作又多，以至于是无暇顾及的。顾不上来呢，很多工作我们就是直接跟 W 区去对接。（街道干部 T03 访谈记录 20180810）②

由供需导向和供给主体两个维度将公共文化服务划分为四种不同的类型，而每种类型对应的社区公共文化服务可及性都有所区别，以下进行具体分析。

A 型亦社会参与型，其本质是政府不能有效满足居民日益多样化的文化需求，进而产生的与社会组织合作或向社会组织、企业购买公共文化服务的行为。该模式下的供给机制是以居民的需求为主导的，且其形式大多

① 所谓政企统合是指：作为上级党委的派出机构党工委和上级政府的派出机构管委会普遍采取合署办公，形成党政合一管委会体制，并与开发投资公司高度统合，呈现“两（多）块牌子、一套班子”的组织结构。这种组织结构的一个最大功能是间接让政府享有了企业经营的权力，使得政府的权力触角直接进入了市场领域。

② 访谈记录以人员类别、时间顺序编号，欲获取详细信息请联系作者。

是人民喜闻乐见的各种节目表演，因此居民的参与度相对较高，文化服务的可及性也较高。

> 我们村每次举行这些晚会去的人都是满满的，去晚了都没有坐的位置。这里大多数是老年人，大家在家也都没事，平时也都出去走走，一听说有节目可以看大家都去了。（村民 L02 访谈记录 20180815）
>
> 虽然现在电视上也可以看很多节目，每个频道都有晚会什么的，但是就一两个人在家看着也没意思，出去大家能够一起看晚会聊聊天热热闹闹的特别好。希望以后社区能多一些这样的活动。（村民 L04 访谈记录 20180815）

这类公共文化活动不仅能够分担政府文化服务支出的压力，而且对于社会组织自身来说，也是一次良好的宣传契机。但是它也存在两方面问题，一方面以社会组织为主体的公共文化服务，由于其缺乏稳定的资金来源和人才保障，其持续性很难维系，但是另一方面政府一旦与企业或社会组织建成长期深入的合作关系，协同进行公共文化服务的供给，就很可能存在政府财政支出不能得到有效监督的风险，规制经济学政府俘获理论对此做了充分论证（杨安华，2014）。

B 型亦志愿服务型，最常见的形式就是政府与高校或志愿组织展开合作，比较典型的有大学生进入社区为居民带来公共文化服务和政府与志愿组织签订志愿者服务的相关协议。志愿服务型的公共文化服务的内容主要有向社区小孩提供课余文化知识，剪纸绘画培训，在社区进行道德宣讲，普法宣传等。这样的形式拓展了公共文化服务的供给主体，为居民带来了多元的文化体验，也培养了志愿者的服务意识与实践能力。但与此同时，也出现了一些问题，比如志愿者提供的公共文化服务项目是固定的，带有任务型的性质等。

> 我每周都会去社区为居民们上剪纸课，最开始来上课的人很多，后面就没多少了。我去一次社区能够获得 3 个小时的志愿者时长，一学期做满 15 个小时我就不做了，这也是学校要求的。上什么课都是我们自己想出来的，也不会去征询居民的意见，太麻烦了。（志愿者 T02 访谈记录 20180819）

志愿服务型的供给机制在一定程度上丰富了居民的精神文化生活，对于高校而言能够丰富学生的社会实践活动内容，对于企业而言能够充分展现出企业的社会责任。不过这种指标性的志愿服务，始终是刚性供给，居民最开始感觉到新鲜，而后却觉得没有什么意义了。

> 我们社区这些志愿活动特别多，很多学生每周都会来。但是我们也就没事才去听听他们讲课，其实讲的东西我们也没怎么听，讲什么道德品质这些很虚的东西。也不是说讲的东西没有意义，我们是来休闲娱乐的也不是来听说教的。像之前有学生讲各地旅游文化这些就很好。但是第一年这些内容，下一年不同的学生来还是这些内容，就没有什么意义了。（居民 T05 访谈记录 20180819）

其次，社会组织或者志愿者在为社区提供公共文化服务的过程中，对于文化服务或产品的选择更应具有针对性。如果居民只是被动地接受自己无法选择的公共文化服务，其可及性无疑会受到影响。

C **型亦权威引导型**，公共文化服务作为社会主义文化事业的重要组成部分，理应由政府发挥带头作用。权威引导型在文化基础设施建设，实现公共文化服务均等化方面起到决定性作用，使文化事业、文化产业得到前所未有的重视。不仅如此，权威引导性供给机制在文化基础设施上为居民获取公共文化服务提供了物质保障。现各级政府都在积极打造基层综合性文化服务中心，让基层人民群众切实享受公共文化服务，并且每年都会根据文明城市创建要求，对乡镇（街道）综合文化站、社区（村）文化活动室（农村文化礼堂）设施建设标准、基本文化服务项目和活动开展情况进行检查。值得注意的是，尽管在政府权威引导下的公共文化服务建设取得了显著的成果，但也出现了国家治理理念层面的一些问题。一方面政府试图用清晰化、简单化的审美偏好构建社区公共文化服务体系，而忽视了地方的与传统的要素；另一方面政府专注于公共文化设施提供的均等化、统一化，而忽视了村与村、社区与社区之间群体的差异性、需求的多样性。这也体现在政府对社区公共文化建设的考核评价上，其督查评价表专注于硬件设施的设立情况和是否达到活动最少展开次数，却很少注意到居民的参与情况以及活动内容的特色。（具体参见图 3）

H 市基层综合性文化服务中心督查评价表
（乡镇、街道综合文化站）

乡镇文化站名称		等级	
省级中心镇	是□ 否□	常住人口	
1	文化站单独设立	是□ 否□	
2	站舍建筑面积符合等级要求	是□ 否□	
3	室外活动场地不低于 600 平方米	是□ 否□	
4	门口位置设有“××××综合文化站”牌匾	是□ 否□	
5	文化站内厅室有无挪用或侵占	是□ 否□	
6	开展与文化无关的经营性活动	是□ 否□	
7	制度流程上墙、服务时间内容上墙	是□ 否□	
8	是否设立图书分馆	是□ 否□	
9	多功能活动厅	有□ 无□	
10	书报刊阅览室	有□ 无□	
11	建有标准配置的公共电子阅览室	有□ 无□	
12	站内实现 WIFI 覆盖	是□ 否□	
13	教育培训室	有□ 无□	
14	文艺排练厅	有□ 无□	
15	综合展示厅	有□ 无□	
16	管理用房不超过使用面积的 10%	是□ 否□	
17	开放时间开门，正常运行	是□ 否□	
18	每周开放时间不少于 42 小时	是□ 否□	
19	配备必要的活动器材和设备，维护良好	是□ 否□	
20	墙上、走廊等处有固定位置展示核心价值观内容（12 个主题次具体内容展示）	是□ 否□	
21	每月开展一次以上宣传文化、党员教育、市民教育、科技普及、普法教育等活动，有展览展示	是□ 否□	
22	建立群众文化需求反馈机制，实现供需对接	是□ 否□	
23	通过微信公众号、网络平台发送服务信息	有□ 无□	
24	基本公共文化服务项目	（ ）个	
25	开展乡镇级“文化走亲”	有□ 无□	
26	每年举办文化节、阅读节等文体活动不少于 6 次	是□ 否□	
27	拥有相对稳定并经常开展活动的文体团队	（ ）支	
28	拥有相对稳定并经常参加服务的志愿者	（ ）人	
29	重视资料的整理、归类、存档，规范档案管理	是□ 否□	
30	社会力量参与乡镇综合文化站的管理和运行	是□ 否□	
31	定期召开村（社区）文化员工作会议，开展村（社区）文化员业务培训	是□ 否□	
32	每年指导每个村（社区）开展群众性文体活动不少于 2 次	是□ 否□	
	配齐配足乡镇综合文化站工作人员，专职专用	是□ 否□	

H 市基层综合性文化服务中心督查评价表
（社区文化活动室）

社区名称		所属街道	
1	文化活动室面积符合要求（不少 100 平方米）	是□ 否□	
2	室外活动场地面积（不少于 300 平方米）	是□ 否□	
3	有未成年人文体活动场所	是□ 否□	
4	未成年人文体活动场所不得被侵占，里面的摆设符合未成年人特征	是□ 否□	
5	未成年人文体活动场所有专人管理	是□ 否□	
6	未成年人文体活动场所活动有记录和图文展示	是□ 否□	
7	门口位置设有“××文化活动室”牌匾	是□ 否□	
8	活动开展情况台账（纸质）	有□ 无□	
9	居民文化作品展览展示	是□ 否□	
10	无障碍设施	有□ 无□	
11	图书室	有□ 无□	
12	建有文化共享工程基层服务点	有□ 无□	
13	单独设立。不与党员活动室、会议室合用	是□ 否□	
14	制度上墙、服务内容上墙	是□ 否□	
15	向居民长期开放，坚持公益性	是□ 否□	
16	开放时间开门，设施设备正常运行	是□ 否□	
17	每月开展一次以上宣传文化、党员教育、市民教育、科技普及、普法教育等活动，有展览展示	有□ 无□	
18	服务中心内固定位置宣传展示核心价值观内容（12 个主题词具体内容展示）。在显著位置运用多种形式刊播“讲文明、树新风”公益广告和“图说我们的价值观”等公益广告作品；在醒目位置设有遵德守礼等文明提示牌	有□ 无□	
19	持有相对稳定并经常开展活动的文体团队	（ ）支	
20	重视资料的整理、归类、存档，规范档案管理	是□ 否□	
21	每年组织群众性文体活动不少于两次	是□ 否□	

H 市基层综合性文化服务中心督查评价表
（农村文化礼堂）

行政村名称		所属乡镇	
1	室外活动场地面积（不少于 300 平方米）	是□ 否□	
2	有未成年人文体活动场所	是□ 否□	
3	统一标识	是□ 否□	
4	有活动开展情况台账（纸质）	是□ 否□	
5	有群众文化作品展览展示	是□ 否□	
6	农家书屋	有□ 无□	
7	单独设立。不与党员活动室、会议室合用	是□ 否□	
8	制度上墙、服务内容上墙	有□ 无□	
9	向村民长期开放，坚持公益性	是□ 否□	
10	开放时间开门，设施设备正常运行	是□ 否□	
11	每月开展一次以上宣传文化、党员教育、市民教育、科技普及、普法教育等活动，有展览展示	有□ 无□	
12	服务中心内固定位置宣传展示核心价值观内容（12 个主题词具体内容展示）	有□ 无□	
13	拥有相对稳定并经常开展活动的文体团队	（ ）支	
14	重视资料的整理、归类、存档、规范档案整理	是□ 否□	
15	每年组织群众性文体活动不少于两次	是□ 否□	

图 3　H 市作为一种象征的文化供给督查表

针对这些文化基础设施的利用率，作者针对户山村文化基础设施的利用情况进行了走访以及对人流量进行了观察。（居住人口总数与一周参与活动总人数柱状图如图 4 所示）

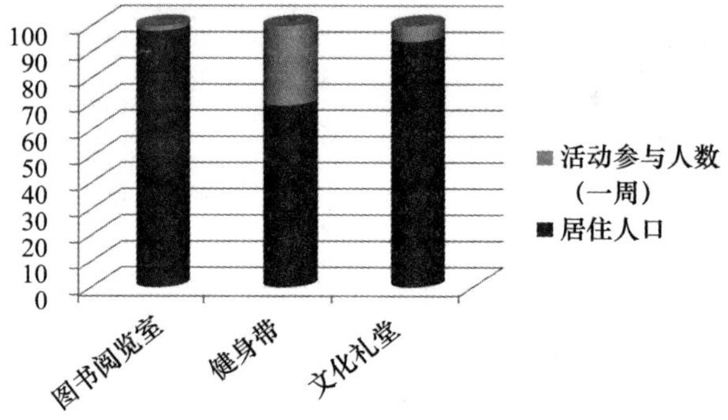

图 4　居住人口总数与一周参与活动总人数分布

户山村现有人口 1600 余人，经过一周的观察，其图书浏览室进出人数不到 30 人次；文化礼堂有活动时人数可达到 100 人次，而日常进出人数仅个位数；健身带的各类体育设施以及篮球场在一周之内人数就达到了 700 人次。由此可见，不同的公共文化服务设施的利用率是不同的。虽然在政府宏观引导下建立的基层综合性文化站，在为民众提供公共文化服务时更具普及性与公平性，但是由于各个社区（村）居民的文化水平、年龄结构的不同，文化需求也有所不同，政府引导型的公共文化服务下到基层应当因地制宜才能保证其较高的可及性。

D 型亦需求反馈型，即政府通过民意调查，了解当地居民的喜好，针对性地提供公共文化服务。但在实际供给中很少能找到这样理想化类型的公共文化服务机制。

问：这些文化活动是你们自己想出来的吗？

答：是的，都是我们村两委经过讨论决定的。

问：没有征询过村民的意见吗？

答：村民自己来村委反映的也有，不过很少。我们村两委就 5 个人，都身兼数职。基层工作者都是这样，一人分管好几条工作线，很难一家一户地征询意见。这些活动办了总比没有好，村民也很喜欢。

（村委干部 L01 访谈记录 20180814）

需求反馈型供给机制需要良好的民意反馈机制才能得以实现。村民不可能大事小事都往村委会跑，很多话也不会跟村委会说，而村委会日常工作的繁杂也使其很难进行深入的调研。一般认为，这种反馈机制在城市社区可以通过利用网上信息平台，或者是成立阳光信箱而实现；在农村可由村两委向村里有人缘有威望的人征询建议。但是在实际的访谈调研过程中，有两点值得我们关注：第一是基层党组织的桥梁与纽带作用比想象的重要。特别是在城郊村（社区）往往存在大量的外来务工人员，企业组织、社会组织并立，当地社区通过在这些组织中构建党支部，在互动与交流中将民情反馈已成为常态。在与陈师庄社区干部访谈过程中“党建引领”“党建示范”成为其在基层治理中使用最多的词汇，并与民意交汇成为现阶段最具代表性的一种弹性反馈机制（参见图 5）①。

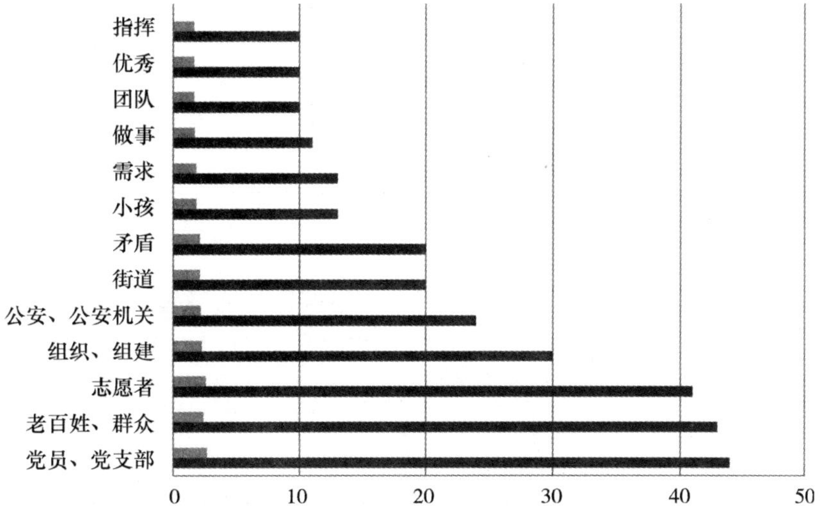

图 5　陈师庄访谈热词词频与权重

① 通过将陈师庄的访谈录音编码整理后，我们将核心词汇进行了标准化处理，进而通过谷尼舆情图悦 picdata. cn 热词分析工具进行了热词分析，党员与党支部共同出现了 44 次，成为最高频词汇，而老百姓、群众则次之，为 43 次，志愿者 41 次。进而我们又根据关键词权重计算算法 TF－IDF 对各关键词的权重进行了计算，关键词权重依次为：党员、党支部；老百姓、群众；志愿者。

戴维·伊斯顿在政治系统理论中曾经强调过反馈环的重要作用，通过公民的“输入性参与”，进而影响政策输出。基层党组织的民意吸纳与反馈机制，正是补充了公民与“政治黑箱”之间的中介，它不仅仅表现为一种收集投诉的信箱，更强调互动与交流，从被动处理到主动联系，从收集民意到联系民众。但是我们仍然需要关注的是民意吸收之后的转化问题，如何将民意转化为真正的公共文化供给，还需要经历政策转化的过程，而一旦民意虽被吸纳但效能感低下，那么这套民意吸纳与反馈机制的持续性就会让人担忧，毕竟我们在这次访谈中对于公共文化政策落地的实例还不多见，此类用语也甚少提及（参见表2）。

表2　　陈师庄访谈中的热词词频与权重

热词	词频	权重	热词	词频	权重
党员、党支部	44	2.689	矛盾	20	2.1103
老百姓、群众	43	2.4023	小孩	13	1.8293
志愿者	41	2.5908	需求	13	1.8293
组织、组建	30	2.2809	做事	11	1.7224
公安、公安机关	24	2.1903	团队	10	1.6621
街道	20	2.1103	优秀	10	1.6621

注：根据谷尼舆情图悦 picdata.cn 热词分析工具导出数据。

第二是一批创新基层协商组织形式的案例在各地兴起，为民意反馈提供了一种新的可能（崔凤军，姜亦炜，2018）①，各类新乡贤组织如乡贤参事会、乡贤会、乡贤议事会等的建立，成为一个重要的汲取民众意见、提供政策反馈的平台与途径。

综上所述，从供需导向来看，以需求为导向的社会参与型与需求反馈型两种供给机制，在提供社区公共文化服务时都需要考虑社区居民的文化诉求与参与意愿，因而在提供文化服务的内容上更具弹性，其可及性往往较高，但是要配合良好的民意反馈机制才能实现。而以供给为导向的志愿

① 但也有学者指出，乡贤或乡贤组织在基层治理中并不是最关键因素，真正起决定作用的还是在乡村社会中有无集中的权威。具体参见郎友兴等：《新乡贤与农村治理的有效性——基于浙江省德清县洛舍镇东衡村的经验》，中共浙江省委党校学报，2017 年第 4 期。

服务型与权威引导型由于没有充分考虑居民的文化需求，因而在内容提供上更为刚性，其可及性往往较低。从供给主体来看，以社会组织为主体的供给机制，由于缺乏稳定的资金来源和人才保障，其在社区公共文化服务供给的稳定性上比之政府，略显不足。同样，以政府为主体的供给机制则需要克服清晰化与简单化的审美偏好，更多地关注地方的与传统的要素，才能真正建设成为一个多样的、具有特色的、可及性高的社区公共文化服务体系。

五 混合模式：提升公共文化服务可及性的分类建议

（一）社会参与型的公共文化服务

积极引入文化产业。文化事业和文化产业是相辅相成的，文化事业的发展必将促进文化消费，从而推动文化产业的发展，而文化产业的发展又可以使文化事业得到更多的资金注入。引入文化产业，有利于弥补政府在专业化领域无法提供相应的公共文化服务这一漏洞，也能够增加村集体（社区）的财政收入。但在引入市场主体作为公共文化服务的提供者时，要先了解社区居民的需求，确保其服务内容与民意需求相适应、相匹配。

建立政府购买公共文化服务的行为规范。政府购买公共文化服务的形式有两种：一是向专业性团队购买相应的公共文化服务；二是与企业合作让企业主办各类文化活动。如果没有一套规范的公共文化服务购买细则，那么在各项活动中，现有会计科目表中的文化教育科目无法体现政府和企业合作的行为，政府和企业各承担多少比例的金额将无法受到监督。

（二）志愿服务型的公共文化服务

改变“填鸭式”志愿者供给，拓宽志愿者来源渠道。打破传统的“志愿者找上门，有什么给什么”的公共文化服务形式，社区（村）要主动联系各类志愿者组织、社团、协会、非营利组织、企业等。社区需要怎样的公共文化服务就寻找相对应的志愿者提供服务，提升居民公共文化服务的获得感。

调整以“时长”为主的志愿服务评价体系，更多关注活动内容的有效性。这就要求志愿者在深入社区开展文化服务活动时，要主动了解社区居民的文化需求，改变过去只注重形式而脱离实际需要，甚至对内容和质量不屑一顾的情形。同时，高校在考核大学生的志愿服务情况时，不可将“时长”作为唯一指标，而要重视其内容创新与志愿体验，积极鼓励学生参与一些需要长期奉献的项目，使得志愿服务型的公共文化服务供给真正贴合实际需要，具备稳定性、长期性与有效性。

（三）权威引导型的公共文化服务

完善公共文化服务基础设施的监督体系，将可及性分析放入评估条件中。公共文化服务不是有多少硬件设施就是好的，居民的利用率、获得感才是公共文化服务的落脚点。

将特色文化与公共文化服务相结合。社区是文化传承和整合的载体，但在城镇化的当代，一个社区缺少共同的价值观，社区精神的塑造和维系任务就显得格外艰巨。公共文化服务建设在城市中要满足城镇长远发展的需要，满足社会的需要，新型城镇化建设科学发展、可持续发展就要挖掘整理、树立打造社区文化。有的社区没有特色文化就要进行深入挖掘；有的社区有传统文化，但只将其用在对外发展旅游上，没有使村民得到相应的文化体验。现在大多所谓的文化建设以政治宣传为主，虽然在公共文化服务体系中，先进文化理论研究服务体系是重要的一部分但绝不是唯一，公共文化服务体系还包括文艺精品创造服务体系和文化传承服务体系。

（四）需求反馈型的公共文化服务

加强基层文化人才队伍的挖掘和培育。虽然说社区文化是群众性的，而不是特殊个体的文化。但是保护特殊个体优秀文化的传承也是文化建设重要的一部分。在社区中这样的优秀个体对群体有着突出贡献，能够培育社区高端文化，这种文化似乎是个人风采的展示，但它们的展示方式却可以导致群体行为的形成，因此，这些文化形式有益于个人修养，又有益于社会整合。

加快建立线上与线下相结合的民意反馈机制。利用互联网平台使有想法有需求的居民能够诉说并敢于诉说，设立专人管理互联网平台，及时获取居民的真实想法。建立乡贤参事会等群众自治组织，使群众的意见能够统一地传达到地方政府。

完善基层政府的人员聘用制度。基层政府首先是把保障民生、加快经济建设放到首位的，人员的不足导致很多群众的文化需求被忽略。基层政府可多外聘人员管理独立的文化产业，分担工作压力，更有力地保障居民生活各方面的权利。

六 结论

在我国全面建成小康社会以及实现社会主义现代化的进程中，民众的物质水平也相应提高，从而带动了人们精神文化需求的增长。党的十九大报告明确指出要完善公共文化服务体系建设，社区公共文化服务作为我国公共文化服务体系的重要组成部分，其发展水平直接关系到人民群众对精神文化食粮的需求是否得到满足，因此研究社区公共文化服务的供给机制以及可及性具有重要的理论意义与现实意义。

本研究从供需导向和供给主体两个维度，构建了公共文化服务的分析框架，进而在四个象限里区分了社会参与型、志愿服务型、权威引导型和需求反馈型四类公共文化供给模式。通过城郊村（社区）这一特殊的空间里的多个案类型学分析，认为以需求为导向的社会参与型与需求反馈型两种供给机制，在提供文化服务的内容上更具弹性，其可及性往往较高，但是要配合良好的民意反馈机制才能实现。从供给主体来看，以社会组织为主体的供给机制，由于缺乏稳定的资金来源和人才保障，其在社区公共文化服务供给的稳定性上比之政府，略显不足。同样，以政府为主体的供给机制则需要克服清晰化与简单化的审美偏好，更多地关注地方的与传统的要素，才能真正建设成为一个多样的、具有特色的、可及性高的社区公共文化服务体系。

当下社会，在城镇化建设、人口迁移以及经济、社会、文化发展不平衡不充分的背景下，社区与社区之间的城镇化水平、人口来源、人均收入水平、民众受教育水平等诸多要素存在差异，显著影响了不同社区对于公共文化服务供给类型的选择。为了避免米格代尔（2012）口中国家中心论的缺陷，“只关注捕鼠器的设计而忽视老鼠的实际情况”，这就要求政府在公共文化供给的过程中，将差异化的社区与公共文化服务供给机制的选择结合起来，最优的途径是结合当地的环境将四类模式中的优势部分吸收，形成一种混合形态。综合考虑传统与地方因素，从而实现社区公共文化服务供给的特色化，真正满足不同民众不同层次的精神文化需求。

参考文献：

［1］［美］爱德华·索亚．第三空间：去往洛杉矶和其他真实和想象地方的旅程［M］．上海：上海教育出版社，2005：45—90.

［2］埃比尼泽·霍华德．明日的田园城市［M］．北京：商务印书馆，2010：1—13.

［3］［法］布尔迪厄．文化资本与社会炼金术［M］．上海：上海人民出版社，1997：1—16.

［4］Benjamin. W1969：Illuminations，New Yoke：Schocken：12－24.

［5］陈国权．地方政府治理的经营化与集权化[J].行政改革内参，2015（8）：70—94.

［6］陈国权．名实分离——双重约束下的地方政府行为策略[J].政治学研究，2017（4）：73—85.

［7］陈立旭．公共文化发展模式：市场经济条件下的重构[J].江苏行政学院学报，2010（3）：36—41.

［8］陈英耀．卫生服务可及性评价[J].中国卫生资源，2000（6）：279—282.

［9］崔凤军，姜亦炜．农村社区开放式协商机制研究——基于德清县乡贤参事会的调查[J].浙江社会科学，2018（6）：97—108.

［10］董金松．城市化背景下城郊村社会成员的职业分化研究——以浙江三个村庄为例[J].中共浙江省委党校学报，2006（6）：91—95.

［11］Descartes. *Discourse on Method.* trans. by Donaid A. Cress，Indianapolis：Hackett，1980：6.

［12］［德］斐迪南·滕尼斯．共同体与社会：纯粹社会学的基本概念［M］．北京：北京大学出版社，2010：23—45.

［13］［英］弗里德利希·奥古斯特·哈耶克．通往奴役之路［M］．北京：中国社会科学出版社，1997：34—45.

［14］费孝通．农村、小城镇、区域发展——我的社区研究历程的再回顾[J].北京大学学报（哲学社会科学版），1995（2）：4—10.

［15］何爱国．国学新思潮面面观［N］．北京日报，2008年2月18日．

［16］［澳］哈丽奥特·比兹利．日惹的街头男孩：城市公共空间的社会和空间排斥，原载［英］加里布里奇等编．城市概论［M］．桂林：漓江出版社，2015：500—550.

［17］［美］加布里埃尔·A. 阿尔蒙德．公民文化——五个国家的政治态度和民主制度［M］．北京：商务印书馆，2014：178—190.

［18］姜亦炜．地方政府社会职能转变的逻辑与路径——基于协同治理理论的思考[J].湖州师范学院学报，2018（3）：71—78.

［19］［美］卡罗尔·佩特曼．参与和民主理论［M］．上海：上海人民出版社，

2006：12—20.

［20］［美］罗伯特·帕特南．使民主运转起来：现代意大利的公民传统［M］．北京：中国人民大学出版社，2015：34—90.

［21］［美］罗纳德·英格尔哈特．现代化与后现代化：43 个国家的文化、经济与政治变迁［M］．北京：社会科学文献出版社，2012：23—34.

［22］卢福营．城郊村（社区）的共享发展与政府治理创新［J］. 浙江社会科学，2017（4）：58—63.

［23］卢福营．城镇化过程中近郊村落的边缘化［J］. 浙江社会科学，2015（6）：78—84.

［24］卢晓莉．关于构建成都市城市社区公共文化服务体系的构想［J］. 法制与社会，2013（4）：219—232.

［25］李怀．城中村研究的三个视角［J］. 广东社会科学，2006（3）：175—179.

［26］李培歌．文化治理视阈下公共文化服务可获得性研究［J］. 绥化学院学报，2017（6）：13—16.

［27］Lewis Mumford. *The city in history：Its origins，Its Transformations，and Its Prospects.* New York：Harcourt Brace Jovanovich，1961：364.

［28］刘太刚．对公共事务概念主流观点的商榷——兼论需求溢出理论的双层公共事务观［J］. 政治学研究，2016（1）：82—94.

［29］毛丹等. J 市农民为什么不愿意做市民——城郊农民的安全经济学［J］. 社会学研究，2006（6）：45—73.

［30］乔尔·S. 米格代尔．强社会与弱国家——第三世界的国家社会关系及国家能力［M］．南京：江苏人民出版社，2012：5.

［31］宋德海．制约城郊村公共体育服务发展的因素分析及对策［J］. 体育文化导刊，2017（9）：91.

［32］［美］塞缪尔·P. 亨廷顿．变动社会中的政治秩序［M］．上海：上海人民出版社，2008：56—78.

［33］Simmel·G［1903］1995：Metropolis and mental life. In P. Kasinitz（ed.），Metropolis：Centre and Symbol of our Times. Basingstoke：Macmillan，30－45.

［34］Sibley. D1995：Geographies of Exclusion：Society and Difference in the west. London：Routledge.

［35］王前，吴理财．公共文化服务可及性评价研究：经验借鉴与框架建构［J］. 上海行政学院学报，2015（3）：53—59.

［36］王羽．日本小城镇的社区营造活动对我国村镇规划建设的启示［J］. 小城镇建设，2012（3）：91—94.

［37］汪大海，魏娜，郇建立．社区管理［M］．北京：中国人民大学出版社，

2012：123.

［38］汪建华，范璐璐．工业化模式与农民工问题的区域差异——基于珠三角与长三角地区的比较研究[J]．社会学研究，2018（4）：109—136.

［39］吴理财．中国城乡基层公共文化服务调查［M］．北京：高等教育出版社，2016：78—123.

［40］肖静．农村公共文化服务供给机制的研究综述[J]．安徽农业大学学报（社会科学版），2015（2）：21—25.

［41］徐勇．“分”与“合”：质性研究视角下农村区域性村庄分类[J]．山东社会科学，2016（7）：30—40.

［42］杨利娟．差序格局视角下的农村公共文化服务建设[J]．中共合肥市委党校学报，2017（3）：41—45.

［43］杨雪冬．压力型体制：一个概念的简明史[J]．社会科学，2012（11）：4—12.

［44］杨安华．回购公共服务：后民营化时代公共管理的新议题[J]．政治学研究，2014（5）：95—110.

［45］杨安华．政府购买服务还是回购服务？——基于 2000 年以来欧美国家政府回购公共服务的考察[J]．公共管理学报，2014（7）：49—58.

［46］杨嬛．他治与自治互动下村民自治基本单元的变迁以及启示[J]．中国农村研究，2017（1）：59—73.

［47］应星．质性研究方法论的再反思[J]．广西民族大学学报（哲学社会科学版），2016（7）：59—63.

［48］应星．田野工作的想象力：在科学与艺术之间——以《大河移民上访的故事》为例[J]．社会，2018（1）：30—53.

［49］约瑟夫奈．软实力：世界政治中的成功之道［M］．北京：人民出版社，2004：12—26.

［50］［美］詹姆斯·C. 斯科特．国家的视角：那些试图改善人类状况的项目是如何失败的[M]．北京：社会科学文献出版社，2017：23—80.

［51］［美］詹姆斯·C. 斯科特．农民的道义经济学：东南亚的生存与反叛［M］．北京：译林出版社，2001：34—67.

［52］张宇星．城中村是来自未来世界的世界遗产．微信公众号“城市设计学术委员会”，http：bbs. caup. net

［53］周雪光．中国国家治理的制度逻辑——一个组织学研究［M］．北京：生活·读书·新知三联书店，2017.

［54］周雪光．国家与生活机遇——中国城市中的再分配与分层（1949—1994）［M］．北京：中国人民大学出版社，2015：23—45.

［55］周雪光．项目制：一个“控制权”理论视角［J］．开放时代，2015（2）：82—102.

［56］周黎安，李宏彬．相对绩效考核：中国地方官员晋升机制的一项经验研究［J］．经济，2005（1）：83—96.

［57］周晓丽，毛寿龙．论我国公共文化服务及其模式选择［J］．江苏社会科学，2008（1）：90—95.

［58］朱荣远．表情复杂的中国城市化附生物——城中村——有关深圳市城中村的调查研究的启示［J］．城市规划，2006（9）：84—88.

［59］詹国彬．公共服务逆向合同外包的理论机理、现实动因与制度安排［J］．政治学研究，2015（4）：106—117.

Typological Study on Accessibility of Public Cultural Services in Suburban Villages

——Analysis of Several Cases Based on H City in Zhejiang Province

Jiang Yiwei[1,2]; *Yan Zhixin*[1]; *Zhu Yin*[1]

(1 Nanjing University School of Government, NanJing, China, 210000;
2 Huzhou University, HuZhou, China, 313000)

Abstract: Accessibility of public cultural services is the "fitness" between the public and public cultural services. To explore this fitness, this paper constructs an analytical framework of public cultural services from the two dimensions of supply-demand orientation and supply subject, and then differentiates social participation, voluntary service, authoritative guidance and demand in four quadrants. Four types of public cultural supply models are proposed. According to the typological analysis of several cases in the special space of suburban villages (communities), the demand-oriented supply mechanism is more accessible from the perspective of supply and demand, but it should be in line with a good public opinion feedback mechanism; from the perspective of supply subject, the supply mechanism with the government as the main body is in the provision of funds and personnel insurance. Obstacles have more advantages, but need to overcome the aesthetic preferences of clarity and simplicity, and pay more attention to local and traditional elements. In the process of choosing the supply of public culture, it may be a desirable logic of action to combine the differentiated community with the choice of the supply mechanism of public cultural services.

Key words: Suburban villages; Public cultural services; Accessibility; Political sociology; Typology

行政化与市场化背景下乡镇文化站的困境与行动策略*

——以华中S文化站为例（1981—2013）

卜清平

（中国人民大学国家发展与战略研究院　北京　100872）

内容提要：在基层社会中，乡镇文化站作为公共文化服务的直接供给者，其自身发展很大程度上影响着农村公共文化服务的供给。因此，了解乡镇文化站内在运行逻辑机制就显得尤为必要。本文以华中S镇文化站30多年的发展历程为个案，揭示了乡镇文化站在行政化时期和社会化、市场化时期所面临的不同发展情境而采取的不同行动策略，以实现公共文化服务供给，同时对乡镇文化站的未来发展进行了反思。

关键词：行政化；市场化；乡镇文化站；困境与策略

一　问题提出与文献回顾

近些年，在所调研的S镇人民群众文化生活日益丰富多彩，文化内容积极向上，文化质量有较大提升，各类文化组织也相继成立，如舞蹈队、歌唱队、书法协会、篮球等体育协会、钓鱼协会等。这些文娱活动既有政府组织的活动，如各类文化演出和晚会、书香阅读节等，也有民众自发组织开展的一系列有益身心健康的活动。然而，在前些年，乡镇文化生活主要是打麻将、斗地主、地下六合彩等赌博活动以及各种迷信和宗教活动，这些不良的文化活动对农村的生产和生活秩序造成了恶劣影响。文化发展

* 作者简介：卜清平（1988—　），男，汉族，中国人民大学国家发展与战略研究院博士后、讲师，研究方向为历史社会学、发展社会学研究。

的前后对比，不禁让人深思，什么原因导致这一转变？诚然，群众文化生活的丰富也离不开政府推动、经济发展和民众需求等主要方面，但在基层场域内公共文化在“政府推动—民众需求”这一连续统中是如何具体操作和运行的？运行过程中遇到什么样的困境使乡域文化出现了文化虚无现象？又是什么原因使得公共文化得以发展？实际上，在乡镇公共文化繁荣过程中，乡镇文化站作为基层公共文化服务的供给者发挥着重要引领作用，在某种程度上，乡镇文化站发展的好坏决定着乡域文化发展现实，由此，准确清晰认识乡镇文化站就显得格外重要。

当前关于乡镇文化站的研究主要有两种视角，即历史视角和结构功能视角。历史变迁视角分析乡镇文化站的历史渊源及其流变，侧重描绘乡镇文化站随着国家和社会转型的历史发展轨迹，强调不同发展阶段国家、市场与社会对文化站本身发展的影响，[1]这种视角强调外在的宏观结构对文化站自身发展的形塑。结构功能视角分析乡镇文化站在政府组织结构中的地位和作用，以及在发展中所面临的问题。文化站既是政府的宣传机构，也是政府的公共文化服务机构。[2]在发展过程中面临着财政经费缺乏保障、基础设施不足、人员素质偏低、供给文化内容单调等一系列问题，而面对这些问题，多数学者认为应改革乡镇文化站的职能归属和业务指导，建立健全政府主导、市场运作、社会协同、志愿者服务等多元供给的公共文化服务体系。[3]

上述分析中，从历史变迁视角和组织结构视角对乡镇文化站的分析为我们清晰地认识乡镇文化站提供历史视野、现实维度，但是历史视角往往对微观运作机制不予关注，忽视文化站内部面临外在环境的影响和压力下，文化站的组织者是如何行动推动组织发展的，因而往往不能全面地揭示乡镇文化站的历史发展图像。而组织视角的分析前提是将文化站作为政府组织的一个组成部分，内嵌在政府之中，这种观点是将文化站看成一个无主体性的静态组织，往往忽视了文化站的能动性，即文化站的文化能人对文化站发展的影响。实际上，乡镇文化站并不完全是政府组织的附属物品，除受到政府的约束之外，作为一个行动主体也有着自身的行动逻辑，在实践中有着相当的自主性。总体而言，上述两种视角并未很好地揭示微观视角下乡镇文化站是如何运作的。鉴于此，本文从微观视角分析乡镇文化的运作逻辑，将乡镇文化作为一个能动者放在整个历史性脉络中加以考察，揭示乡镇文化站以及文化能人在面对国家文化方针调整背景下所面临的困境及其应对策略，以此洞悉乡镇文化站的运行逻辑机制，以期更好地反思乡域内公共文化服务供给。

二 乡镇文化站的个案介绍

乡镇文化站随着国家的建设和发展，在60多年的发展历史中经历了兴建、重建和新生三个阶段，每一个阶段都呈现出不同的特点，主要表现为政治性文化、市场性文化和需求性文化相互继替的过程。[4] 华中S镇文化站是伴随着当时全国文化站重建背景下经国家制度安排而兴起的。该文化站成立于1981年8月，发展至今已有30多年。1982年修建文化站，1984年竣工，成立之初面积为$12m^2$，文化设施仅有文化活动室。经过30多年的发展，目前总面积为$1200m^2$，其中建筑面积600多m^2。初期有文化干部1人，20世纪90年代随着政府机关分流、乡镇合并工作人员增至3人。在21世纪初期乡镇综合配套改革，文化站和其他乡镇站所进行了转制，由事业单位变为面向社会和市场的公益性单位，其中买断2名，目前在岗的1名员工，其身份也已由事业单位人员变成公益性人员。

S文化站30多年发展历程中主要经历两次波折。在20世纪90年代由于经费不足，通过开展“以文养文，以文补文”的文化政策弥补文化事业单位经费的缺乏，其中主要用于支付干部工资和福利。期间，文化事业单位掀起一股卖站卖地的文化高潮，该县16个乡镇中有15个乡镇文化站将文化设施和土地进行全部变卖或部分变卖，S镇文化站是唯一没有变卖文化设施和资产的文化站，但其发展也出现同全省乃至全国当时大部分文化站一样的问题，即“有站无文化”的文化虚无现象，导致了公域文化在乡域的舞台上不断从人们的日常生活中撤出，同时各类私域文化在不断兴起。随着21世纪初乡镇事业单位综合配套改革、“以钱养事”改革和公共文化服务体系的建设，乡镇文化站迎来了发展的另一个春天，原有的文化设施得以全部维修和翻新，当前文化设施主要有多功能活动大厅、电子阅览室、乒乓球室、露天舞场、图书阅览室、文化活动室，并且所有项目免费开放；文艺节目和文化活动丰富多彩，目前有自编自演节目20多个，每逢节假日深入社区和农村开展文化活动；文艺队伍也不断壮大，拥有书画协会、舞蹈协会、球类协会等组织，有文艺骨干300多人。由于农村文化事业发展较快，文化站文化设施发展完善，文化人才队伍不断壮大和健全，文化活动丰富多彩，文化质量不断提高，S 镇文化站成为该县 16 个文化站中的排头兵，文化工作走到全县的最前列，连续几年受到省市县政府的表彰。总体而言，S 镇乡镇文化站 30 多年的发展历程表征着我国乡镇文化站发展的一个时代缩影。

三 乡镇文化站的兴起与发展困境（1981—2005）

（一）制度安排下乡镇文化站的兴起

1981 年 8 月国家出台了《关于关心人民群众文化生活的指示》提出“逐步建设乡镇文化站，满足农村群众精神文化需求和加强农村群众文化工作”，这次会议和指示精神构成了 S 镇文化站形成的现实背景。在同年 8 月，作为一个典型的具有惰性的传统农业乡镇在国家动员与制度安排之下，本着满足人们的精神文化需求和丰富人们文化生活的目的迅速成立文化站，这种在外在制度安排作用下产生的文化站与江浙沿海一带内在自生性文化站构成了两种截然不同的文化站形成背景。

作为国家制度设置在基层场域的安排，文化站从诞生之日起就扮演的政府政治宣传教育职能的角色，主要是通过宣传党的方针政策、配合思想政治工作、普及科学技术知识，提供和开展人民群众喜闻乐见的文化活动，为生产发展提供支持，同时协助政府对农村的文化事业、民间艺人和文化个体户进行管理。文化站除了政治宣传教育、文化事业管理之外，还承担着政府行政职能，因为文化站发展经费高度依赖于政府财政支持。在这一逻辑下，文化站积极配合政府开展经济发展、计划生育和维稳工作、直接驻村和参与税费征收等一系列工作，内化成为政府组织的一部分，发挥着行政组织所拥有的权力。由于文化站职能的行政化挤压了其供给服务的空间导致农村公共文化服务和产品严重不足。虽然如此，S 文化站当时每年获得 2 万元镇政府拨付的文化经费，加之县级财政补助，可以说在整个 80 年代和 90 年代初期乡镇文化站虽处于边缘地位，但是文化工作还是有不错的发展，而对于当时文化需求较低的人们来说也有着很高的满意度。但从 90 年代中后期开始，基层文化事业发展遇到了一个低潮。因为农村税费改革在减轻农村和农民负担的同时，也极大减少了地方政府，尤其是基层政府的财政收入，随着地方政府收入的减少，文化发展作为软指标不能在短时间内为地方政府增添政绩，因此，文化站很少再得到基层政府的财政支持，这也致使文化站空壳化和文化的虚无，促使了农村不良文化的侵入、公域文化的萎缩和私域文化的兴起。[5]

（二）乡镇文化站发展的体制困境

1. 双重管理体制约束与自主性的缺失

在建立之初实行着“条块结合、双重领导、以条为主”，即由县（市）文化主管部门和乡镇政府双重领导、以县市文化主管部门垂直领导为主的体制。这种条块分割的体制致使上级文化主管部门从本部门利益出发，通过其延伸到乡镇文化站来截留分割乡镇的人财物三权。相对于财政支持本来就不足的乡镇政府，被臃肿的乡镇“七站八所”所分割和截留，导致了乡镇政府工作开展的困难，出现了与上级主管部门职能交叉、权责不清的矛盾。

在1988年国家推广“莱芜经验”的基础上，按照“精简机构、逐步放权”的方针将人、财、物三权下放到乡镇政府，文化管理体制发生了改变，确立了由乡镇党委、政府领导，县市文化主管部门业务指导的管理体制。但是事实上，文化站这种边缘的、不能凸显政绩的公益性文化事业单位，对于乡镇政府来说，尤其是90年代的税费改革后，财权与事权不对等，基层政府工作重心主要围绕着经济建设而开展，使得乡镇政府在无暇管理乡镇文化站基层政府开展中心工作的情况下，三权下放对乡镇文化站的发展没有产生重要的助推作用。在某种程度上，以“条”为主的领导体制，文化站的发展比以乡镇政府管理为主时期的成效要显著，因为县级主管部门更接近县级权力中心和拥有更多的信息与资源。

2. 税费改革背景下资源短缺与文化站空壳化

最初乡镇文化站经费主要依靠地方集体经济，地方财政对文化站的经费进行适当的补助。[6]地方集体经济主要来自基层政府从“三提五统”中每年拨付资金作为文化站的活动经费，经费多少取决于“三提五统”的收支情况。90年代税费改革导致乡镇财政紧缩，在中心工作的主导下无暇顾及边缘化的文化站，文化站基本上处于无人管区，“像一个被无辜丢弃的孩子”，经费基本上完全靠自筹。S乡镇文化站工作人员的工资很低，连职工生计都成了问题，又因为职工购买养老保险，开始变卖文化站资产和土地。当时全县共16个乡镇，其中有13个文化站全部卖掉，另外2个站也卖了部分文化设施。为了文化站的发展和职工的生存，S镇文化站根据当时国家文化部门的“以文养文、以文补文”政策开展有偿经营活动来解决文化体制缺乏活力和文化事业单位经费不足的弊端；另一方面，通过向其他单位或者企业借钱来弥补经费不足，虽然曲折地守住和保住了文化阵地和家园，但文化站已是负债累累。乡镇文化站这类公益性事业单位主要是靠着政府的政策和财政才得以发展和运行，基层政府无暇顾及致使文化站空壳化现象成了必然现象，进而又导致文化的虚无。

3. 机构改革背景下的机构膨胀

县级主管部门通过设立各种派出机构牢牢控制着基层乡域社会并汲取所需要的各种资源，挤压乡镇政府行政运行的空间，这种条块结合的双重领导束缚了社会活力，制约社会的发展。事业单位的三权改革，使乡镇政府能够直接管理乡镇事业单位，大大地增加了乡镇政府的权力，但是也导致了乡镇“七站八所”的扩张和膨胀，导致乡镇机构负担沉重，有的地方乡镇事业单位和人数甚至超过了乡镇政府机构和人数。S 镇文化站从最初 1 名文化干部经过后来分流和乡镇合并变为 3 名文化干部，加之后来将社办放映队归属到文化站管辖，文化站的人员一下激增至 10 余人，虽然社办放映队不是国家事业单位人员，但人员的膨胀就导致对资源的过度需求与汲取，这也是当时社会机构膨胀的一个略影。

4. 不纳入政府考核体系的边缘性工作

绩效考核是衡量一个政府的政绩好与坏的重要标准，原本是促使地方政府高效率地完成上级下发的工作任务，由于与绩效相联接的潜在原因是官员的升迁、政府的政绩，这就异化为地方政府唯考核指标是瞻，促使主政的地方一把手开展政府工作都根据绩效考核指标逐一完成和解决，而没有纳入政府绩效考核指标体系的其他指标则作为次要工作，只要不影响政府中心工作的开展和完成即可。地方政府一般围绕着当年的中心工作，经济发展、社会稳定、计划生育开展工作，其他政府的工作都是围绕经济发展等几大中心工作服务。文化工作是一个需要长期持续、周期很长才能见到效果的工作，在主政地方官员的仅仅几年之内不太可能为他们的政绩添砖加瓦。

（三）生存—营利兼保护型文化经纪人的行动策略

文化站在这一阶段遇到了“过山车式”的发展困境，文化站成立之初得到了较好发展，但在税费改革后，由于在压力型体制下的基层政府财政收入减少，对边缘化的文化发展这类非中心工作无法顾及，任其发展的结果也就出现上述有些文化站为解决职工生存问题卖地卖站的极端情形，而S镇文化站之所以能完整地保留下来，为日后文化站的迅速发展提供基础，与该文化站负责人所扮演的角色和运用的行动策略有着重大的关系。文化活动的开展基本离不开专业文化工作人员，尤其是文化站站长，这类人员在乡镇场域内一般拥有相对较高的文化教育水平和专业背景，既熟悉农村文化特点及人们文化需求，又擅长在既有的文化系统和制度框架下研究和解读政府文化政策和制度，开展文化活动供给公共文化；既能帮助政府汲取资源，又能借此获得自己的利益，而政府与文化人员的关系是一种如杜赞奇所描述的委托与代理的经纪体制。[7]

S镇文化站站长通过制度化招聘考试从1981年建站之日起担任文化站站长，在这30多年里这个70年代的七年半初中生在制度的藩篱下通过自己的行动和行动策略积极表达自己的文化利益与诉求。在文化站的兴起和发展困境时期，其面临的最大问题即文化站的生存和职工的生存，在这两种生存压力下文化站负责人非常熟悉制度的规定和运行，"有文化站就有我们，我们生存下来了，文化站也就能保住"（访谈记录2013 082902LYK），通过运用服从组织安排，协助政府汲取资源，获取自身利益的机会结构；在合法制度框架下创收解决生存和正式冲突的非正式化解策略来使文化站渡过难关得以保存。此一时期，文化站负责人在文化站发展运行过程中扮演着营利性保护型经纪人的角色。

1. 协助政府汲取资源，获取自身利益的机会结构

文化站作为乡镇政治生态系统的一个特定的行为主体，必须服从于国家改造乡村社会的需要。[8]作为最基层的文化事业单位的文化站的职责即宣传教育、普及科学文化知识、提供人们喜闻乐见的公共文化，但在政府组织强大的权威压力下已经完全内化成为政府组织的一部分，发挥着行政组织所拥有的权力帮助政府汲取资源。政府在开展各项活动时往往会征调其他部门的工作人员，相对乡镇文化站来说虽然工作人员不多，但往往也是征用的对象，"还经常出去干政府行政工作，防汛抢险咯，催收咯，收提留，根本没有心思搞文化工作"。（访谈记录2013082902LYK）行政事务对文化活动的挤压导致公共文化供给不足与低质，但是参与行政工作和协助政府汲取资源使边缘化的文化站获得获取自己的利益机会结构，这也就是税费改革后的逆境中S镇文化站没有卖站卖地并且能够生存下来的重要原因。

2. 合法制度框架下的创收："以文养文、以文补文"的实践

作为一个需要汲取资源维持生存的利益主体，面对紧缺的资源环境，积极主动寻找自己的生存空间。[9] S镇文化站产生在改革开放的市场化浪潮中，与生俱来的经济因子促使文化站在经费不足的前提下自筹活动经费，而国家文化部门"以文养文、以文补文"政策的出台为基层文化站开展有偿服务提供了合法性。在此种背景下S镇文化站为了文化站的发展和职工的生存开展有偿经营活动，将 $100m^2$ 的门面进行出租，文化站自己经营电子游戏室和电子网络室，有偿放映电影、歌舞表演和卡拉OK来补充文化经费的不足，这样才曲折地守住和保住了文化阵地和家园。虽然文化站没有变卖资产，但其文化站职能与功能根本没有得到发挥，有站无文化的文化虚无现象和各类私域文化充斥在整个乡域之中。

3. 正式冲突的非正式化解："以毒攻毒"策略

文化政策在具体的实践过程中存在着困境与冲突，但是这种微观冲突不同于宏观层面的冲突，不是无限度的而是在一定范围内有限度的，这种冲突是要打破组织的制约而不是要进行实际的破坏。该站文化站站长在其他13个乡镇都卖掉文化站的情况下苦苦地支撑着，在政府制度的框架和具体的实际情况下采取合适的行动策略来保证乡镇文化站生存。

> 文化站因债务亏损，根据国家政策可以开展有偿文化活动弥补经费不足和困难，但又不能向农民摊派，那么在这个典型农业乡镇也就只能向学生放电影收取经费。当时，我就拿着国家7部委的文件，找中学校领导放电影，学校领导不同意。我就给中学领导讲道理，然而道理不通，我就用了一个办法，叫"以毒攻毒"。我发现学校乱收费，例如课本代收费，一学期交200元钱，按照多退少补原则，但是我发现年终没有退，我就抓到这个了，要揭露它JS中学大量违规收费，大量截留资金，学校领导心虚就允许我放电影。（访谈记录2013082903LYK）

由此可见，该文化站站长谙熟日常生活中的各种规则及其背后的意义，虽然文化站的发展遇到了前所未有的生存困境，但是他并没有进行实际的破坏，而是通过打破了组织的制约，把冲突控制在合理的范围之内，来获得文化站得以生存的资源，用该站站长的话来说，"就像核武器一

样，只是威慑一下”。这种有限度的、不涉及群体基本核心价值和利益的冲突对社会结构发挥着积极的功能。[10]

四 乡镇文化站的突围与重生（2006— ）

由于乡镇机构陷入精简—膨胀—再精简—再膨胀的怪圈，严重地影响经济发展和人们生活水平的提高，并且造成了一系列的社会问题，在基层社会中人们怨声载道，抱怨基层政府和机构的过度汲取。而乡镇机构所出现的一系列问题主要出现在乡镇“七站八所”，在财政短缺、职能转变的背景下，湖北省以推广“咸安改革”为契机，在全省实行了乡镇事业单位“以钱养事”的改革，通过实现市场化、社会化的改革来推动乡镇“七站八所”的发展，而处于困顿之中的文化站在这场市场化和社会的改革中获得了重生和发展，这也形成了全国文化站发展的不同模式与轨迹。

（一）社会化与市场化变革下的文化站

湖北省基层事业单位的改革是在乡镇综合配套设施改革这样的背景下展开的，2003 年进行试点，2006 年前完成全省乡镇综合配套改革。事业单位改革的主要方针是“引导乡镇直属事业单位面向市场转换机制”，乡镇其他直属事业单位要在清退非在编人员的基础上逐步转为中介服务机构，走企业化、市场化、社会化的路子。[11]

乡镇事业单位改革，按照强化公益性职能，放活经营性服务的要求，坚持市场取向，改革体制，转换机制，加大投入……增强社会事业发展活力，提高农村公益性事业服务质量和效率。[12]由此，S 镇乡镇文化站的性质由文化事业单位变成公益服务组织，自此文化站职工由“单位人”转变为“社会人”，并将文化和体育合并在一起成立了文体服务中心，允许文体服务中心加挂乡镇文化站的牌子。2 名年轻文化干部被买断，并被置换了身份，退出了事业单位编制序列，与财政供养体系脱钩。在责任主体上，乡镇政府是农村公益文化服务的责任主体，乡镇农村公益性服务主要是由政府组织实施，财政筹措经费，为农民生产、生活和农村经济社会发展提供基本公共服务。经费来源主要由县级财政、省级财政、农村税费改革转移资金和其他资金四大组成部分。此外，还有部分社会资金。

如果说文化站从事业编制序列中退出具有社会化特征，那么具有典型的市场化特征就要属实行项目化订单管理，即由镇政府确定公益文化服务内容—公开招标—文化服务组织报名—资格审查—签订合同，政府对整个合同的实施进行监督与考评。然而在具体的实践中，除了有转制的文化站之外，在这个典型的农业乡镇基本没有公益性的文化组织来投标，实际上也就是政府在与文体服务中心进行合同的签订。实际上，这是一种典型的项目制在文化方面的应用与实践。[13]就拿S镇文化站2013年来说，主要签订了“书香满园”全民阅读活动，演讲比赛、十一国庆晚会，元旦晚会、四期橱窗展览等。

在构建“以钱养事”服务新机制过程中，政府坚持了“三个不变”政策，即用于公益性国有资产的产权性质、经费来源和投资主体不变。[14]这场企业化、市场化和社会化的改革，在某种程度上并不是完全意义上的市场化改革，因为本身缺乏市场所具有的基本条件，只是换说法没有换后果，换形式没有换内容，[15]是政府在财政短缺压力下进行乡镇机构的改革。但是乡镇文化站在实际的实践中，的确盘活了乡镇文化站，乡镇文化站设施得以更新和维修，资金投入逐步加大，文化组织越来越多，文化队伍也越来越壮大，文化活动开展也越来越常规化和丰富化，文化质量和效率也得以显著提高，但是也面临诸多问题。

（二）社会化与市场化背景下文化站发展困境

1. 文化站的身份危机与合法性认同

“以钱养事”改革缘起于2003年湖北省综合配套改革，在2006年开始正式实施，涉及全省乡镇机构和事业单位的切身利益，引起了很大的反响和争论，尤其是对那些拥有编制的工作人员一下退出编制系统成为社会人，导致他们难以接受存在着逆反心态，人们对“以钱养事”改革产生了严重的不信任，造成了文化站发展的合法性危机，一方面大力呼吁要求恢复事业编制和财政供养体系，另一方面多个文化服务中心负责人以实际行动集体上访要求恢复编制。

> 今年五月份，邻镇八个服务中心，就联名向县长写了一封信《关于改变以钱养事工作人员的待遇请求》，内容一个是改变身份问题，第二个是经费问题。（访谈记录2013082904LYK）

2. 经费资源的迟滞

这一场“养事不养人”改革的初衷是给政府瘦身，精简机构和裁汰人员，减轻基层政府的债务和压力，增强基层政府的活力与效率，但是这场社会化乡镇事业单位改革成功与否，很重要的一个方面就是政府投入的有效增加。政府对“以钱养事”改革资金来源进行了明确清楚的界定，经费来源主要有县级财政、省级财政、农村税费改革转移支付和其他资金。其中2007年省级财政补助资金按每个农业人口10元的标准确定，原则上省补资金的10%用于文化体育和广播电视；[16]而县级财政是指基本工作经费，按照每人0.5元进行下发，S镇共有人口6.6万人，基本工作经费3.3万元；文化、体育事业经费按照每人不得低于0.5元来发放，也就是上级专门拨付的服务性经费，文化体育就是1元，这笔经费共6.6万元。专项资金比如建设费、维修费用等。根据经费来源和金额，对于一个乡镇文化站来说，文化站开展文化活动和提供公共文化服务的资金是非常充裕的，但是为什么在政府加大投入的情况下发展还是存在诸多困境呢?主要的原因就在于部分资金上级部门没有按照文件予以落实。

> 根据文件，S镇应该拨款9.9万元，但是现在只给了4万多块钱，不到5万元，如果把剩余的钱落实下来，可以搞好多活动啊，搞好多建设啊……“以钱养事”政策好不好?有什么问题呢，没有什么问题啊，关键是县里搞鬼了。(访谈记录2013082904LYK)

(三) 发展—保护型文化经纪人的行动策略

在改革开放以后，由农村经济体制改革和经济结构转变突破了传统体制的束缚，社会中存在大量“自由流动的资源”和“自由活动的空间”，出现了以自主权和内在的利益驱动为基本条件和动因的经济能人，[17]政治能人和集政治权威、经济能手和道德权威于一身的复合性能人，这些能人在制度的结构框架内以其自身行动带领组织成员实现组织的最大化目标。文化能人也是能人理想类型中的一种，在既有的文化系统和制度框架下特别擅长研究政府文化政策和制度，懂得如何管理文化站，是在文化事业发展方面比普通的文化职员更具智慧的文化精英。文化能人往往能在日常文化活动中发挥现场组织者、协调者和领导者的作用，从某种程度说，对于社区日常文化活动的开展具有决定性的意义。[18]S镇乡镇文化站在三十余年发展的风雨历程中屹立不倒，成为该县甚至是全省文化系统的排头兵，一方面除了政府政策的导向因素之外，很重要的一方面原因就是该站文化能人的作用。在文化站突围与重生这一时期，文化能人发挥着发展—保护型文化经纪人的角色，在政治正确和合法性的框架下利用国家政策与资源，迎合人们的文化需求积极供给多元有效的公共文化服务。

1. 跟着政府走：合法性和政治正确

“以钱养事”改革涉及全省乡镇机构和事业单位的切身利益，尤其是对那些拥有编制的工作人员一下退出编制系统成为社会人，他们对“以钱养事”产生了严重的不信任，造成了文化站发展的合法性危机，要求恢复事业编制和财政供养体系。然而湖北政府的改革是在综合考量和通盘规划的基础上提出的，往往涉及相关机构和成千上万人的利益，并不会因为部分人们的反对和上访而终止，改革往往就是在这种饱受争议之中历经的。S镇文化站站长清楚政府政策就是可利用的行动资源，在体制框架内遵循政治正确和合法性认同，使文化事业得到了较快的发展。邻镇八个问题服务中心进行上访，要求县政府恢复“以钱养事”人员事业单位身份和编制问题，但是在S镇文化站站长看来：

> 觉得提法不好，没有说服力，为什么？我认为在用词上不准确，标题应该这样写，“强烈要求GA县乡改办认真落实省委省政府关于以钱养事的政策，提高乡镇服务中心人员的待遇的要求”，……要强烈要求落实政策，提高待遇，工资标准，……但是你千万不要提编制问题，不要提身份问题，因为这是全省都一样的，不是你能改变政策的和推翻的……有湖北乡镇综合配套改革，每一年都多两三万块钱，全国其他地方是没有的，“有奶就是娘”啦……关键在于政策落实……只是在执行的时候出现了问题……如果不是靠“以钱养事”，文化站还难以自拔，多余的人员怎么减掉，哪有钱买保险啊。（访谈记录2013082904LYK）

乡镇事业单位的改革没有现成的套路与模式，只能摸着石头过河，每个地方在国家层面一致性基础上根据地方实际和地方性知识的意义背景下进行改革，而文化站长30年的文化工作经历使他一直坚信，只有跟着政府走，在政治正确和现有制度的框架内，文化事业工作的开展才具有合法性，才能真正的得以发展和繁荣。

2. 总会好的：有政策就有发展动力与资源

乡镇文化站作为文化宣传和政治教育机构，承担农村公共文化服务的重要职能，文化站的虚设和空壳化等一系列的问题都是一时的，政府政策总会顾及基层文化事业的发展。政策既包含政府文化发展导向，也包含着资源的支持体系。文化站站长正是认识乡镇文化站在政府系统末端的作用，通过先守住阵地，在政府文化政策利好的形势下，通过规则和资源构建的持续性实践活动盘活基层文化事业。

> S 镇文化站之所以能发展第一是守住了阵地，保住了家园。第二个，我们建设好了这块阵地，搞活了这个家。（访谈记录2013082904LYK）

S 文化站在发展过程中获得了一系列的单位荣誉和个人荣誉，如 2009 年、2010 年连续两届获得市政府授予的“十佳乡镇文化站”，2010 年获“GA 县首届十佳优秀市民”，2010—2012 年连续三年被评为“湖北省文化先进乡镇先进集体”，2011 年、2012 年被全县“创先争优优秀共产党员”，2011—2013 年连续三年被评为“GA 县先进乡镇文化站”，唯一的一个先进文化单位；该站站长 2013 年被评为湖北省“百名优秀文化站站长”。这些荣誉的获得既归因于国家政策的大力支持，也归因于乡镇文化能人对国家文化政策运行规律谙熟和对文化事业发展的坚守。

3. 迎合需求：乡域文化的大繁荣大发展

如果说文化站文化发展的第一阶段属于“政府推动—民众需求”这一连续统中政府推动阶段的话，那么这一时期文化的特点是“政府推动—民众需求”。随着农业生产力的提高和改善，不仅把人们从繁重的农业生产中解放出来，生活水平和质量得以改善，而且经济收入逐渐增加，且务工收入成为人们的主要收入。人们的需求层次也从低层次的生存需求向高层次的发展需求和享受需求迈进，殷实的经济基础和多余的闲暇使得人们寻找符合其需求的文化娱乐活动。在这一背景下，新时期的文化站顺应和迎合民众需求，积极开展文化活动，指导和协调人们成立各种文艺队伍，如舞蹈协会、书画协会和球类协会等，开展全民阅读活动、大型节假日文艺晚会，为人们提供优质的公共文化服务。

> 现在每天晚上都有广场舞，非常热闹，不仅越来越多的人参与其中，而且也吸引了很多群众，这种文化享受和视觉大餐，以前可是没有这种场景的，一是因为文化站基础设施破旧没有氛围；更为重要的是，人们对文化没什么需求，基本都待在家里，或者去打牌赌博去了。（访谈记录2013082904LYK）

乡域文化发展经历“政府推动—民众需求”这一过程，在不同时期和情景下政府供给和民众需求存在缺位、错位和越位等情况导致不同的结果。即政府供给水平低、民众需求低情形下的文化虚无现象；政府供给水平较高，民众需求较低情形下文化冷漠现象；政府供给水平低，民众需求较高情形下私域文化发达；政府供给水平高、民众需求高情形下公共文化大发展大繁荣，而S镇文化发展正处于第四种类型，即在迎合民众文化需求的文化繁荣。

五 结论与反思

乡镇文化站从因国家建设需要而兴建到在税费改革浪潮中所面临的发展困境，到在“以钱养事”改革和公共文化服务体系建设背景下突围和重生，这30余年发展历程非常清晰地揭示了在社会转型过程中，乡镇文化站及文化能人在行政化和市场化的制度结构的约束下通过采取一系列行动策略实现文化站生存和发展，这一变迁过程不仅体现着公共文化服务供给的变迁历程，也体现着国家与社会关系的变迁。

乡镇文化站最初因政治宣传教育功能需要而建，随着时代的发展变迁，中央和地方政府对文化站发展指导政策的变化，乡镇文化站已经经历或正在经历着变化和发展的转型。通过对上述个案的分析，可以预测今后乡镇文化站的发展存在三种模式：一是乡镇文化站继续作为财政拨款的公益性事业单位而存在，以保障人们基本文化权益，这种单位化模式是原有模式的革新与继替，也是当前全国文化站的普遍发展模式；二是乡镇文化站完全被抛向市场，成为按照市场机制向民众提供所需文化的文化企业；三是将文化站原先的政治宣传功能纳入政府机构中，在坚持“三个不变”，即公益性国有资产的产权性质、经费来源和投资主体不变的前提下把文化站作为市场化、社会化的公益文化机构，完全扮演着引导和协调的作用，充分发挥其公益性职能，为民众积极健康向上的公共文化服务提供良好平台，如湖北省“以钱养事”改革后所形成的模式。这三种文化站发展模式，无论是单位化文化站模式、市场性文化站模式，还是混合性文化站模式都有各自的优缺点，其发展因与政府、市场和民众的关系不同而具有不同的运行策略和逻辑，但只要在我国农村文化大发展大繁荣这个正确的前提下，因地制宜、实事求是采取符合本地实际发展状况和满足民众需求的文化站发展模式就是好的文化站发展模式。

参考文献：

［1］夏玉珍，卜清平．前世与今生：乡镇文化站的历史变迁与路径转向——公共文化服务不同时期的功能[J]．甘肃社会科学，2014（1）；李世敏．新中国文化治理中文化站的生存变迁与职能转换——以湖北省乡镇文化站为表述对象[J]．宁夏社会科学，2015（4）．

［2］韩海浪．乡镇文化站的性质与改革[J]．内蒙古电大，2007（4）：29.

［3］项继权，罗峰等．构建新型农村公共服务体系——湖北省乡镇事业单位改革调查与研究[J]．华中师范大学学报（人文社会科学版），2006（9）；周晓丽，毛寿龙．论我国公共文化服务及其模式选择[J]．江苏社会科学，2008（1）．

［4］夏玉珍，卜清平．前世与今生：乡镇文化站历史变迁与当代转向[J]．甘肃社会学，2014（1）：43—47.

［5］吴理财等．农民的文化生活：兴衰与重建——以安徽省为例[J]．中国农村观察，2007（2）：63.

［6］彭泽明．中国文化馆（站）发展之路［M］．重庆：重庆出版社，2012：58、136.

［7］杜赞奇．文化、权力与国家：1900—1942 年的华北农村［M］．王福明译，南京：江苏人民出版社，2012：37.

［8］［9］谭同学．楚镇的站所——乡镇机构生长的政治生态考察［M］．北京：中国社会科学出版社，2006：27、76.

［10］科塞．社会冲突的功能［M］．孙立平等译，北京：华夏出版社，1989：54.

［11］中共湖北省委，湖北省人民政府．关于推进乡镇综合配套改革的意见（试行）［Z］．鄂发〔2003〕17 号．

［12］中共湖北省委，湖北省人民政府．关于推进乡镇事业单位改革加快农村公益性事业发展的意见［Z］．鄂发〔2005〕13 号．

［13］渠敬东．项目制：一种新的国家治理体制[J]．中国社会科学，2012（5）．

陈水生．项目制的执行过程与运作逻辑——对文化惠民工程的政策学考察[J]. 公共政策评论，2014（3）．

［14］中共湖北省委办公厅，湖北省人民政府办公厅．关于建立“以钱养事”新机制加强农村公益性服务的试行意见［Z］．湖北省人民政府公报，2006.

［15］贺雪峰，刘勤．为什么“以钱养事”的改革不可行［J］．调研世界，2008（3)：41—42；贺雪峰．“以钱养事”不宜推广[J]. 决策，2008（6）．

［16］中共湖北省委办公厅，湖北省人民政府办公厅．关于巩固完善农村公益性服务“以钱养事”新机制的若干意见［Z］．鄂办发〔2007〕17 号．

［17］徐勇．由能人到法治：中国农村基层治理模式转换——以若干个案为例兼析能人政治现象[J]. 华中师范大学学报（哲社版），1996（4)：1.

［18］苏霞．公共文化服务体系建设中的基层文化站[J]. 华中农业大学学报 2013（2)：123.

The Dilemma and Action Strategy of Township Cultural Station under the Background of Administration and Marketization

——Take S culture station in central China as an example（1981—2013）

Bu Qingping

(National Institute of Development and Strategy, Renmin University of China, Beijng100872)

Abstract: As a direct supplier of public cultural services, township cultural stations' own development greatly influences the supply of public cultural services in rural areas. Therefore, it is necessary to understand the inner logic mechanism of township cultural station. Taking the development course of S town cultural station in central China for more than 30 years as an example, this paper reveals the different action strategies taken by different development situations faced by township cultural station in the administrative period, socialization and marketization period, so as to realize the supply of public cultural services. Meanwhile, it reflects on the future development of township cultural station.

Key words: administration; marketization; township cultural station; dilemma and strategy

海外农村研究译介

◆20 世纪上半叶的中国东北农业：专业化形成的内外在因素

本文分析了 20 世纪上半叶这一时期影响中国东北农业（首先是种植业）方向形成的内、外在因素。重点研究主要粮豆作物（包括大豆、高粱、小麦）的区划原因和分布特点。按时间顺序研究该地区作为世界上最大的大豆和大豆半成品出口商的历史地位。指出外国先进农艺引进的作用和意义及其对满洲种植业的影响。

20 世纪上半叶的中国东北农业：专业化形成的内外在因素*

M. B. 亚历山德罗娃
（俄罗斯科学院远东研究所俄中关系研究与预测中心）
张海鹰[1]　张宽[2]译
（1 吉林大学公共外语教育学院　吉林长春　130012
2 吉林大学马克思主义学院　吉林长春　130012）

内容提要：本文分析了 20 世纪上半叶这一时期影响中国东北农业（首先是种植业）方向形成的内、外在因素。重点研究主要粮豆作物（包括大豆、高粱、小麦）的区划原因和分布特点。按时间顺序研究该地区作为世界上最大的大豆和大豆半成品出口商的历史地位。指出外国先进农艺引进的作用和意义及其对满洲种植业的影响。

关键词：中国东北地区；近代；农业；商品化；国际因素

中国东北土地资源丰富，是世界主要黑土分布区之一，其肥沃的土壤和丰富的水资源成为农业发展的有利条件。历史上，居住在该地区的居民

---

* 本文发表于杂志《世界政治和区域政治中的中国：历史与现代》，第 20 卷，第 20 期，第 315—342 页。联邦国家预算科研机构俄罗斯科学院远东研究所出版，莫斯科，2015 年。

项目基金：国家社科基金重点项目“东北抗联国外相关文献的搜集、整理与研究”（15ADJ005）、吉林大学研究生创新基金资助项目（101832018C092）。

作者简介：玛利亚·维克多罗夫娜·亚历山德罗娃（Мария Викторовна Александрова），俄罗斯科学院远东研究所俄中关系研究与预测中心主要研究员。

译者简介：张海鹰（1972—　），女，汉族，黑龙江省饶河人，吉林大学公共外语教育学院俄语教研室讲师，历史学博士，研究方向为俄罗斯历史文化；张宽（1992—　），女，汉族，河北省南皮人，吉林大学马克思主义学院中国近现代史基本问题博士研究生，研究方向为中国近现代东北史。

以狩猎和捕鱼作为主要经济活动形式，因此直到鸦片战争开始（1840 年代），几乎不存在农业经济。众所周知，早在康熙年间，1668 年，就下令禁止史上未曾居住过满洲的汉人以及其他民族迁居此地。但到 19 世纪中叶情况发生了变化，1860 年黑龙江将军特普钦呈文进奏设立呼兰府（现哈尔滨周边），允许汉族农民定居。他指出：农业能为地方库府创造新的收入项目，因为地方库府没有足够银两支付八旗军的军饷，此外，有汉族居民在其托管的领地上也能降低俄国征服该地区的欲望。解除封禁政策后，该地区开始被称为中国东北，在接下来的几十年内汉族人口占据了多数[1]，并以惊人的速度从传统的游牧经济活动形式过渡到了新的经济活动形式，即农业和工业上。1850—1910 年期间，该地区人口从 289 万增至 2158 万。

在满洲域内众多种植植物中大豆种植最为普遍，长期以来都是该地区的主要出口商品。铁路运输和港口货物周转都直接取决于大豆收成，可以说，该地区的商业、金融和社会福利都依赖于这种作物。关于该地区这段历史时期有文字记载如下："谁掌握了大豆出口权，谁就掌控了整个东北。"[2]下面我们更详细地研究一下东北农业专门化形成的各个阶段以及内外在因素的影响。

一 清朝末期的中国东北农业

在阐明 19 世纪最后十年—20 世纪初满洲农业的主要发展方向之前，我想参考下 E. O. 保克尔的著作《满洲》，书中介绍了该地区与特定历史情况相关的自然地理特征。保克尔写道："北满西部地带被盐碱地覆盖，只有河谷适合耕种。大兴安岭以东，在农纳河流域以及齐齐哈尔和墨尔根①等大城市周边，农耕很普遍"，这与气候宜人、人口稀少以及河流频繁泛滥有关。"整个满洲最肥沃的地方是松花江流域，这里很避风而且气候温和。最肥沃的土壤位于阿什河②、扶余县③、依兰县④和巴彦县⑤这个

① 墨尔根（满语）的汉语说法是嫩江市。

② 史书上可见 Ажэ-Хо，Ажэ-Хэ 的叫法。

③ 清朝时称作伯都讷。

④ 在十月革命前文献中写成 Фулан。

⑤ 在十月革命前文献中可见 Баян-сусу 或 Баян-Суссу。

四边形区域。

南满就其肥沃程度与松花江流域相似。在辽河河谷自古以来就在种庄稼，在洪泛区主要种蔬菜。辽东半岛的土壤不太适合耕种，但经过精心、细心的照料，收成却很好；这里，不折不扣地说，没有一寸土地不在耕犁下”[3]。

19 世纪末至 20 世纪初，促使该地区农作物生产不断增长的不仅有内部因素，首先是从汉族地区积极进行的迁徙，而且还有外部因素，即欧洲农业传统，更确切地说，俄国农业传统对俄罗斯人聚居地区（即中东铁路相邻地区）的影响，以及西方国家和日本对农业原料日益扩大的需求。中日战争（1894—1895 年）的结果是日本开始积极使用进口豆粕作为肥料，这一需求对推动该地区大豆作物增产效果明显：1902 年东北出口各种豆类总计 1431 万两①。

日俄战争（1904—1905 年）之后，大豆种植开始向该地区北部推进，逐渐取代小麦，因为小麦是俄罗斯人带来的，而在中国人的主食中，小麦没有那么重要。1908 年，东北大豆在欧洲市场被认可之后，大豆种植面积随即飞速增长，例如，1908 年该地区的大豆产量是 150 万吨，而 1909 年则达到 199 万吨。

在 1909—1913 年期间，每年对欧洲的大豆出口量为 30 万吨。用大豆、亚麻和棉絮原料生产植物油要比橄榄原料便宜，正是这个因素在欧洲各国进口中国大豆中起到了决定性作用。1903—1913 年，对日本的大豆出口总量为 12.9 万吨。在清末，东北大豆出口到世界上 20 个国家[4]。

在种植的禾本科作物中，高粱产量久居首位。该原料一部分被用作牲畜饲料，一部分被运往酿酒厂，3—4 俄尺高的秸秆还被用作燃料、房顶铺盖物等。小麦先在北方省份和宁安②城郊种植，而后被带到南满各省和中国内陆。燕麦种植只针对出口；荞麦种植用来居民食用；稻米种植（Oryza-Mintana）选择低洼防涝的地方。上述稻米品种即便现在仍被公认为中国乃至整个东方最好的，甚至可以与日本的品种一争高下，而在多沙的辽河两岸种植的则是普通稻米。

在满洲可以榨油的芝麻，可以制油、编麻绳和麻索的大麻种植很广

---

① 1 美元 =0.72 两（银两）。

② 十月革命前史料中的宁古塔。

泛[5]。到清朝统治末期，奉天（辽宁省）待耕土地面积达6822万亩（1亩=1/15公顷），吉林省493万晌（1晌=15亩），黑龙江省211万晌。1908年该地区上述5种主要粮食作物产量超过800万吨，1911年仅黑龙江和吉林两省的粮食产量大约500万吨，或者说人均600多公斤[6]。

清朝末期的种植业发展极大地推动了工业发展，以食品工业首当其冲。农业逐渐扮演起食品工业各分支行业原料供应商的角色。“南豆北麦”成为农作物种植的基本模式，这也跟南方迅猛发展的榨油业和北方迅猛发展的制粉业有关。

二 民国时期的中国东北农业

民国时期为该地区经济发展提供了有利条件，首先国内生活的社会基础，其次国际政治经济形势，都发生了重大变化。这一时期之初新的移民浪潮为扩大和发展农业提供了机遇，东北变成世界上最大的商品粮生产商之一[7]。

民国时期，由于农产品、食品工业产品需求扩大，以及廉价劳动力大量涌入，伪满洲国的种植业快速发展起来，商品粮生产规模和农产品价格都达到了前所未有的水平。

农村经济不断增长需要扩大劳动力。民国早期，北京出台了福利政策，鼓励山东、河北、河南、山西的农民迁居满洲，因为战后爆发饥荒，在上述四个省份生活极端艰难。因此，仅1923年迁居满洲的人数就达到30万，之后每年移民人数持续增加，仅1927年一年人数就高达100万。人口增长促使耕地面积逐年急剧增加。例如，1924—1931年期间，耕地面积增加了560万公顷，在末期达到1373.3万公顷。1930年代初，伪满洲国建立了多品类的种植业，其中包括适宜该地区种植的所有粮豆类作物，图1的数据可以证明这一点。

该地区的农业专门化结构也发生了一定变化。如果说清朝末期农作物空间分布的地理模式是“南豆北麦”，那么民国时期则变成“南粮北豆”。主要食品生产“重心”转移到北方，而且南方种植作物的结构转变很明显。

“在清末时期，高粱虽然是东北地区分布较为普遍的农作物，但其区域化集中程度远不及小麦和大豆。20世纪20年代以后，随着大豆生产重

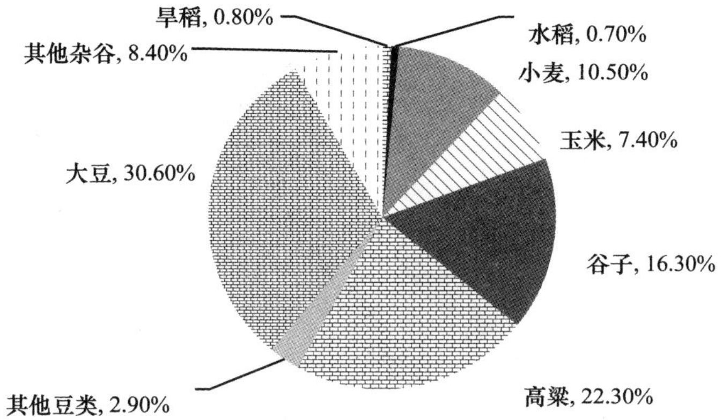

图 1　主要粮食作物在种植总面积中的比重（1929—1931 年）

资料来源：胡赤军．近代中国东北经济开发的国际背景（1896—1931）［M］．北京：商务印书馆，2011：154—155.

心的北移，东北南部地区主导作物逐渐被高粱取代，成为东北高粱的主产区，从而使东北地区农作物的品种结构及区域组合结构发生了明显变化"[8]。这种空间变化与所种粮豆作物商品率的提高直接相关。例如，该地区粮食商品率水平平均为 53%。

由此可以看出一条规律：越往北，商品率越高。例如，1920 年代中期北方小麦及其制成品面粉的商品率水平达到 80%，而大豆及其制品为 84.3%，玉米为 51.1%，北方粮食的平均商品率为 60.5%[9]。应该指出：民国时期在满洲域内，受到中国国内以及欧洲（主要是苏联）的农业技术影响，同时考虑到土壤、气候、水文地理等特点，选择了最佳的农作物地理分布结构。

因此区划如下：

第一，在北阿穆尔河（黑龙江）地区和额尔古纳河谷地保障早熟禾本科作物——大麦、春种黑麦、小麦等作物的种植。

第二，在松花江中部平原的广阔区域，收成最好的是深根晚播禾本科作物——豆类、高粱、玉米以及全部品种的黍科作物。较早播种的庄稼（大麦，小麦）在收成方面不太稳定（幼苗有时会因降水晚而受损；小麦成熟期在多雨年份会遭受特殊的寄生虫等病虫害），东部地区的情况亦如此。

第三，在南满同样也是禾本科作物，再加上南部一些要求更高温度的

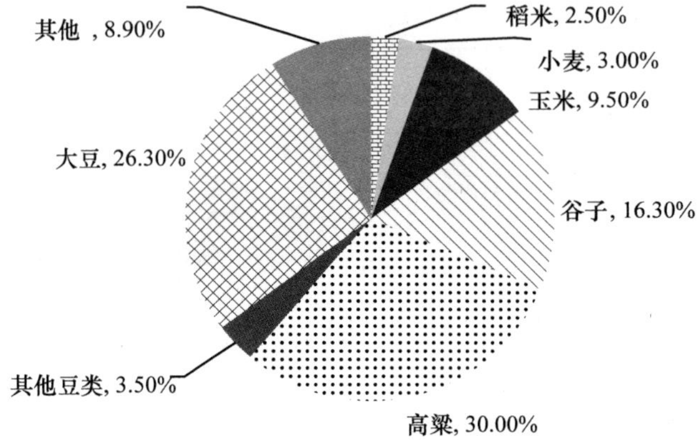

(a)

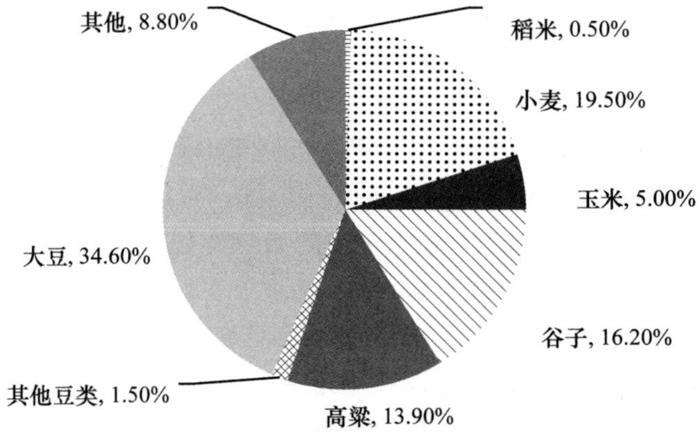

(b)

图 2　1931 年南满粮食作物种植面积分布（a）；1931 年北满粮食作物种植面积分布（b）

资料来源：Л. И. 柳比莫夫．满洲经济概述［M］．哈尔滨：1934.

特殊作物（棉花、黄麻等）。

第四，北满的西南地区（农纳河谷）逐渐过渡到蒙古草原，土壤带砂含盐，有利于草原植被生长，但其农耕资源在质量上要低于中心地区[10]。

民国期间种植的粮豆作物中首先要指出以下几种：大豆、高粱、谷子、玉米、小麦。大豆种植面积增长特别迅速：在 1924—1931 年期间增长的 560 万公顷耕地中，大豆就占了 200 万公顷，大豆种植面积在此期间增加了 90% 以上。大豆作物成为东北主要农产品，其产量从北到南都在增加。例如，

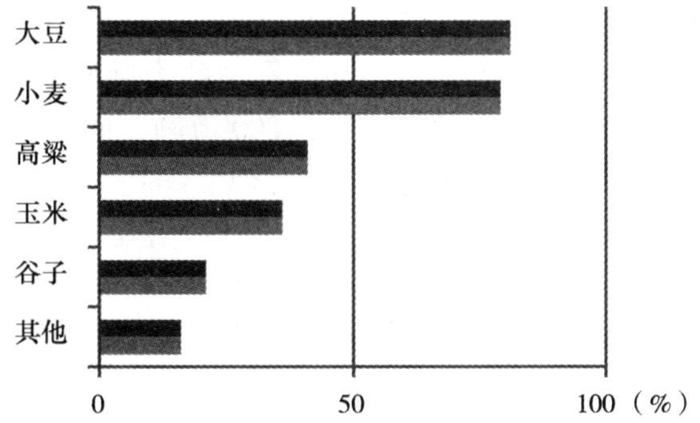

图 3　1920 年代东北粮食作物的商品率水平

资料来源：衣保中．1929—1933 年世界经济危机对中国东北地区农业影响的研究［J］．南京农业大学学报（社会科学版），2011（11）（2）．

1930 年，在该地区南部 8 个区内大豆占种植面积的 26%，在北部 7 个区内大豆占 35.8%，年总产量为 500 万吨，而且大部分出口[11]。1920 年代，大豆种植地域发生了一些变化：逐渐向北部推移。首先，由于南部缺少新的耕地；其次，北部沿河流域的土壤比该地区南部土壤更加肥沃而且很少贫瘠。因此，1920 年代北部大豆的种植比例比该地区平均水平高出 5%—7%。

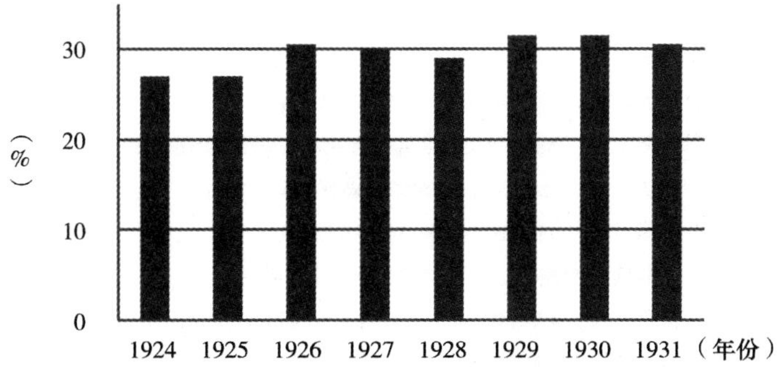

图 4　东北大豆种植面积比例

资料来源：杨乃坤，曹延汹．近代东北经济问题研究 1916—1945［M］．沈阳：辽宁大学出版社，2005：27.

北满平原地段、中东铁路沿线以西以东、松花江、农纳河（嫩江）和牡丹江流域以及哈尔滨—公主岭沿线都种植大豆。以上区域某些年份，大豆在粮食作物种植中的比例从40%到60%不等，也就是说，现代东北的大豆密集区在民国时期已经开始形成。如此有利的大豆种植形势产生了惊人的结果：1912年，该地区收获的大豆不足200万吨，而1930年，这一指标超过500万吨。到1926年，大豆已然成为该地区的主要农作物，尽管清朝末期该地区主要的种植作物是高粱。高粱（日本高粱）是供给普通居民的主要食物，整个地区都有种植，而且种植面积仅次于大豆。1930年在南部八个区内高粱占总种植面积的30.5%，在北部各区占15.2%，全年收成470万吨。所种高粱用来食用、生产白酒和饲料，只有很小比例用于出口[12]。

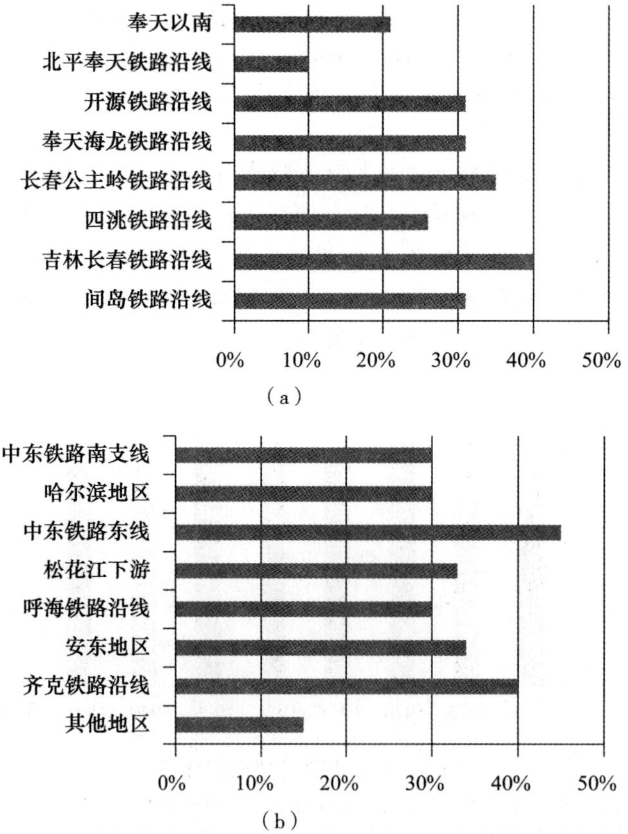

图5 大豆在南满主要地区种植总面积中的比例（a）；大豆在北满主要地区种植总面积中的比例（b）

资料来源：Л. И. 柳比莫夫．满洲经济概述［M］．哈尔滨：1934.

无论北部还是南部，谷子占种植总面积的 17% 左右。1930 年的收成为 327 万吨。

这个时期，大豆、高粱和谷子都属于日常消费品。

1930 年所种玉米年产量达到 158 万吨，在南部该作物种植面积占比 9.9%，北部占比 3.8%。大部分收成留在东北使用，年出口量不大，但玉米的种植面积每年都在增加。

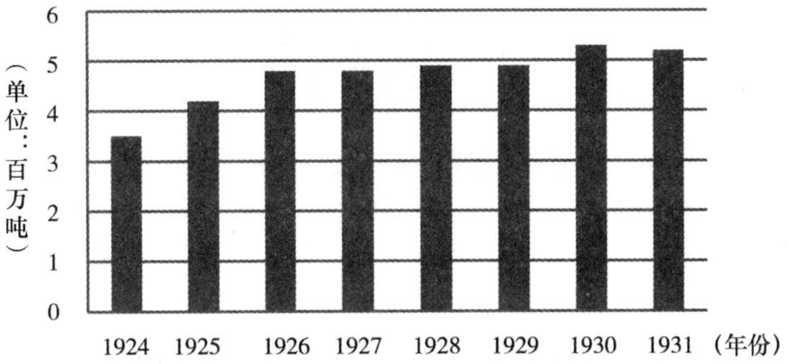

图 6　民国时期中国东北的大豆产量

资料来源：杨乃坤，曹延汹．近代东北经济问题研究 1916—1945［M］．沈阳：辽宁大学出版社，2005：27.

无论南部还是北部都有小麦种植，但在南部小麦种植面积仅占 2.8%，而在北部占 17.8%。主要种植区在呼海铁路沿线、满洲铁路（中东铁路）沿线、松花江下游。1930 年，收成达到 135 万吨，但这还不足以满足该地区的内需，因此只有 1% 小麦用于出口。

早在清朝末期，满洲就开始专注于大豆出口，而在民国时期由于国际市场对大豆和大豆半成品的需求增加，该地区显著扩大了该作物的种植面积。该地区农产品的出口能力取决于生产成本，也取决于收成产量。

根据图 8 所提供的数据，早在民国初期，大豆和大豆半成品就占到出口的 46%。到 1920 年代末，已经很明显，大豆在东北粮豆作物中已具有最高的出口能力，其出口指标大约为 80%。

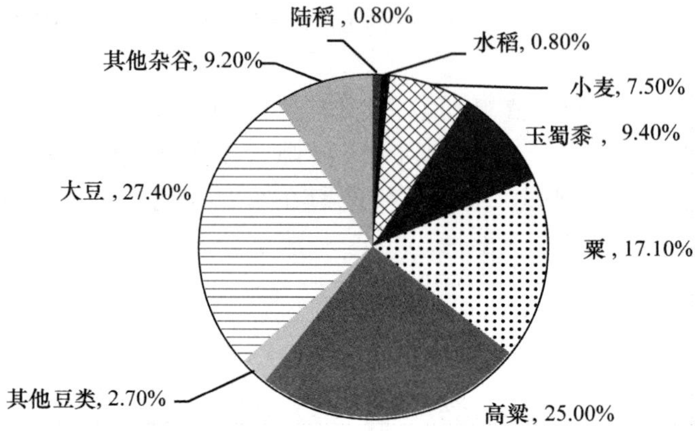

图7　主要粮食作物产量占比（1929—1931年）

资料来源：胡赤军．近代中国东北经济开发的国际背景（1896—1931）［M］．北京：商务印书馆，2011：32.

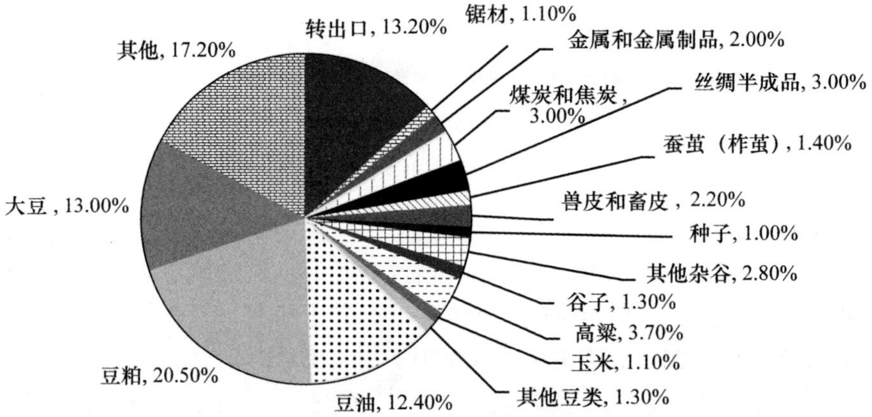

图8　1917年满洲出口结构

资料来源：鲜满经济十年史．朝鲜银行创业十周年纪念［M］．首尔：朝鲜银行，1921.

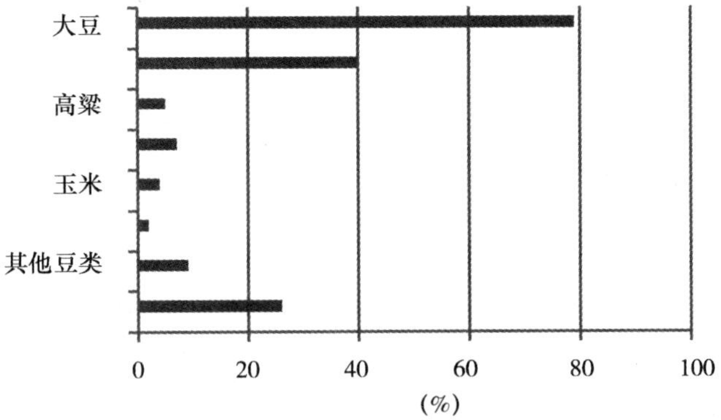

图 9　东北粮食总产量的出口比例（1929—1931 年）

资料来源：胡赤军．近代中国东北经济开发的国际背景（1896—1931）［M］．北京：商务印书馆，2011.

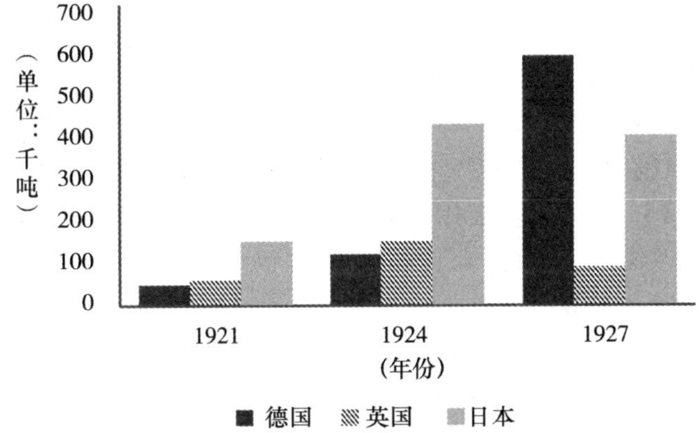

图 10　东北大豆出口的主要发达国家

资料来源：杨乃坤，曹延汹．近代东北经济问题研究 1916—1945［M］．沈阳：辽宁大学出版社，2005：26—28.

自 1913 年起，欧洲国家、美国和日本开始增加满洲大豆的进口。例如，1913 年，东北出口大豆、豆粕和豆油总计 135 万吨，1914 年 138 万吨，1915 年 180 万吨。20 世纪 20 年代初，大豆主要出口欧洲和日本，豆粕主要出口日本，豆油主要出口欧洲和美国。民国时期，满洲出口中大豆和大豆制品占比高达 90%。

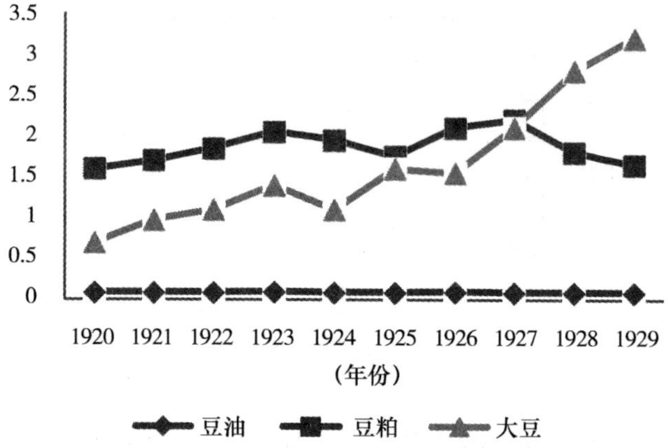

图 11　满洲主要出口的三种大豆产品

资料来源：滿洲油坊現勢［M］．南滿洲鉄道株式会社庶務部調查課，1930：2.

第一次世界大战结束后，对植物油，特别是廉价豆油的需求大幅增加。欧洲重建榨油工业，需要大量原材料。原材料价格开始上涨，例如，1922 年伦敦市场上每吨大豆的价格为 11.54 英镑，1923 年为 12.30 英镑，1924 年为 13.14 英镑[13]。在中国东北，大豆价格也开始上涨，例如，在哈尔滨地区最大的大豆市场上价格上涨如下：1918—1919 年是 32.38 元，1928—1929 年则是 104.13 元[14]。

民国时期，日本因素日益影响东北经济，其中一个原因就是日本对农产品供应的需求增加。除了粮食作物之外，东北还种植了经济作物，其中特别值得一提的是黄麻、烟草、人参。像棉花、甜菜、水果等作物种植成为民国时期农业发展的新现象，也是区域农业部门延伸的重要标志。在此之前，以粮豆作物为绝对主导，而扩大经济作物种植范围标志着区域农业多部门综合发展局面的初步形成[15]。

表 1　1931 年中国东北主要农产品的出口分布　单位：%

国家/地区	大豆	豆粕	豆油	其他豆类	柞蚕丝	高粱
日本	28.22	65.17	0.75	83.05	99.44	77.16
朝鲜	0.46	6.65	0.13	7.32	0.53	5.31

续表

国家/地区	大豆	豆粕	豆油	其他豆类	柞蚕丝	高粱
中国香港	1.99	0.03	0.76	3.09	—	—
苏联	24.31	22.50	6.69	3.93	—	0.25
大不列颠	7.87	0.82	31.37	0.30	—	0.03
德国	1.97	1.07	1.50	—	—	4.34
荷兰	21.02	1.22	55.20	—	—	12.91
美国	0.01	1.34	2.21	1.48	—	—
其他国家和地区	14.15	1.29	1.39	0.83	0.02	0

资料来源：胡赤军．近代中国东北经济开发的国际背景（1896—1931）［M］．北京：商务印书馆，2011：279.

表 2　　满洲出口日本的主要商品情况　　单位：1000 海关两

年份	豆粕	大豆	柞蚕丝	三种产品在出口日本总量中的占比（%）
1917	2647	2342	1229	46
1923	46374	18135	8726	69
1927	37766	14614	7861	59
1928	34003	28404	7082	57
1929	33151	34529	5984	55
1930	28891	23193	5790	49

资料来源：满洲开发四十年史（上卷）［M］．北京：新华出版社，1988：50.

伪满洲国初期种植业的农产品分类如下：

农作物类型	作　物
谷类	高粱、粟、杂豆、玉蜀黍、小麦、大麦、黍子、稗子、荞麦、燕麦等
油料作物	芝麻、苏子、麻子等
蔬菜	白菜、大头菜、土豆、萝卜、韭菜、芹菜、菠菜、芥菜、青菜、黄瓜、西红柿等
菌类	蘑菇、木耳、猴头等
水果	西瓜、香瓜、苹果、梨、李、杏、海棠、山楂等
坚果	松子、榛子等

续表

农作物类型	作　物
麻类作物	亚麻、蓖麻等
烟草作物	烟草
药用植物	人参

资料来源：胡赤军．近代中国东北经济开发的国际背景（1896—1931）［M］．北京：商务印书馆，2011：31.

日本人当权的标志是种植面积减少，有些地区减少到40%。发生此类情况的一个原因与伪满洲国成立后俄罗斯移民几乎不再从事农业有关，另一个重要原因则是1933年和1934年的大洪水，以及伪满洲国成立后日本与中国土地所有者之间的斗争。

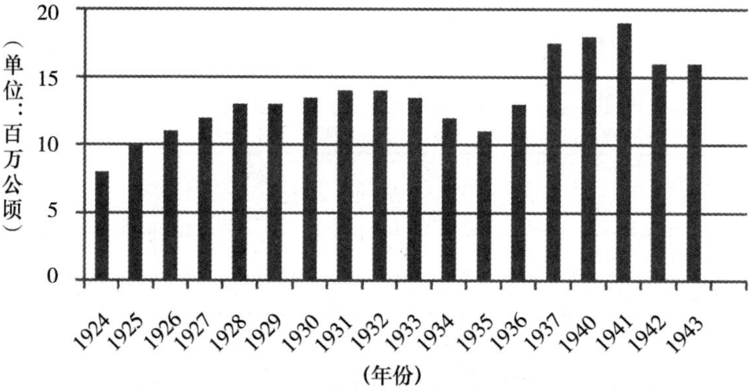

图12　满洲的种植面积

资料来源：日本伪满洲国年鉴［M］．东京，1938：733—734；伪满洲国年鉴［M］．新京，1943：425；满洲经济新闻［J］，1944（42，47，52）；李振泉等．东北经济区经济地理总论［M］．长春：东北师范大学出版社，1988.

跟上一段历史时期一样，该地区积极发展粮食种植，特别重视蔬菜业和果树栽培。豆类作物种植，也跟过去一样，占有特殊地位，是粮食种植中的一个主要商业方向。东北逐渐成为豆类产量的世界领军者，其大豆及豆制品遍布全球。根据南满铁路统计数据显示，在日伪统治时期，粮豆作物种植面积分布情况变化如下（见图13）：

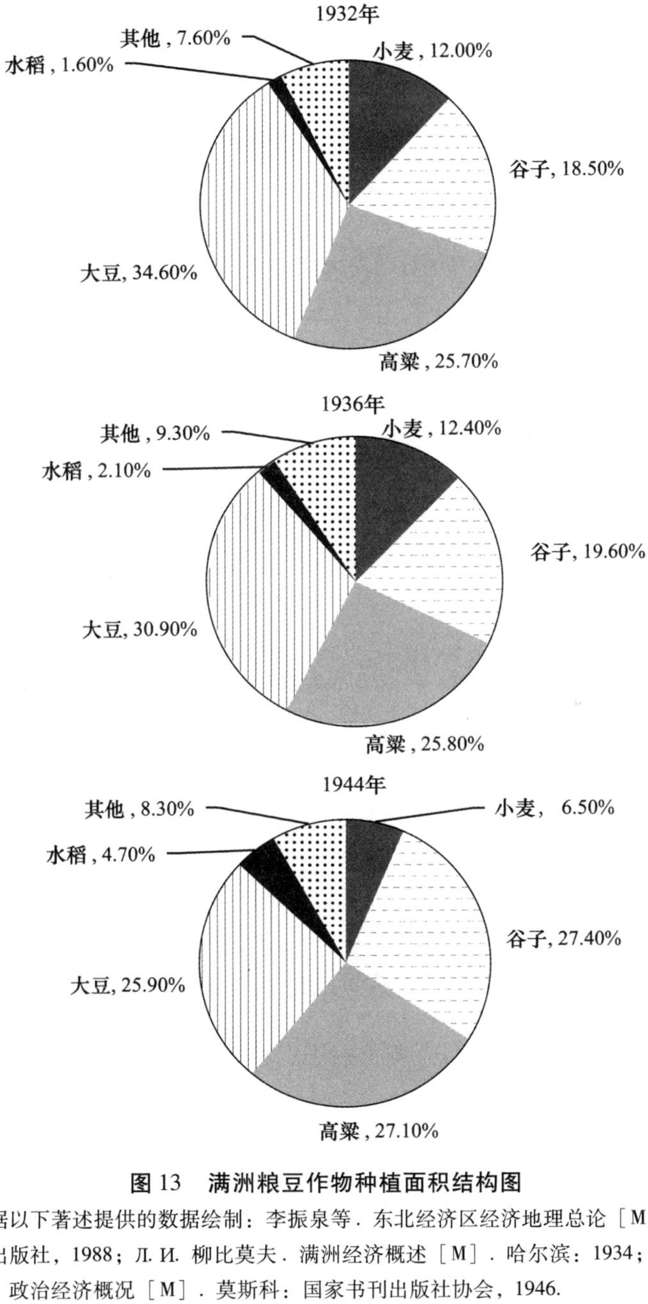

图 13　满洲粮豆作物种植面积结构图

该图根据以下著述提供的数据绘制：李振泉等．东北经济区经济地理总论［M］．长春：东北师范大学出版社，1988；Л. И. 柳比莫夫．满洲经济概述［M］．哈尔滨：1934；В. 马斯连尼科夫．中国：政治经济概况［M］．莫斯科：国家书刊出版社协会，1946.

在伪满洲国成立初期的五种主要农作物中大豆继续领先。在这段历史时期世界上很少有地方种植大豆，所以形成这种罕见局面：1930 年代初期，满洲大豆在世界大豆市场上的占比为 74%—75.5%[16]，而根据 1943 年的统计数据，满洲大豆在世界市场上的占比降到 60%。这段时期大豆种植主要集中在辽河三角洲、松花江中游、嫩江两岸以及一些平原区域。当时松花江流域和长春市地区出产的大豆最贵。

因日本人进入满洲，该地区主要粮食作物——大豆形成了以下局面：该作物的种植面积和收成明显缩减，但在世界市场上，满洲大豆仍保留相当大的比重。当然，在满洲被占领之前，日本就从满洲获取了相当大一部分大豆、玉米等粮食作物。但在九一八事变发生后的 5 年间，平均有 163 万吨大豆、豆粕和豆油（1934—1935 年）被运往日本，或者说满洲生产的 40% 豆制品被运往日本。1936—1937 年是 132 万吨，即 46% 的豆制品被运往日本。伪满洲国成立初期是按市场规律采购农产品，但在卢沟桥事变（1937 年 7 月）发生后，日本开始对农产品市场实施国家监控：从这时起开始实行所谓的“7.25”价格。1937 年 7 月 25 日，伪满洲国政府对该地区所有城市各类食品和粮食进行批发、零售价格检查，进而确定了价格必须稳定的商品清单。如果发生此类价格波动，违反者将受到法律惩戒。价格单一经公布，即开始了“经济统制”。受到调控的商品清单包括：稻米、小麦、大豆、棉花等农产品[17]。

其次重要的粮食作物是高粱和小麦。早在 1940 年代初期，高粱的种植面积就超过了大豆，成为该地区的主要粮食作物。满洲南部地区特有的温暖气候很适合种植高粱，而满洲北部地区及东北平原（中国称松辽平原）最适合种植小麦。

图 14 的数据显示：高粱已成为该地区的主要粮食作物。这与其在满洲居民饮食结构中的特殊重要性有关，也与其作为牲畜和家禽饲料的价值有关。1920 年代末期，高粱秸秆开始用作造纸的原材料。由于这种作物应用广泛，其种植面积也大大增加了。

与民国时期相比，小麦的情况大不如前。例如，1920—1922 年，小麦是该地区第二重要的粮食作物，而自 1931 年起，其占比不断下降。正如 Н. Г. 特列季奇科夫在《事实与数字中的现代满洲》和《小麦价格不正常持高》两本书中所写的那样：在满洲小麦价格比美国和南非高一倍，因为“在满洲只播种春小麦，很少播种冬小麦……（冬小麦）在特别严

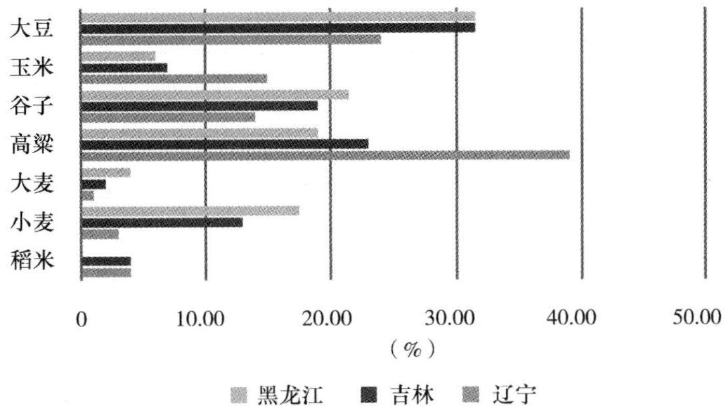

图 14　1930 年代中期伪满洲国各省粮食作物收成占比

资料来源：B. 马斯连尼科夫 . 中国：政治经济概况［M］. 莫斯科：国家书刊出版社协会，1946.

寒的冬季不容易存活”[18]。

中国东北是中国最大的农业出口地区之一。该地区种植的粮食大部分用于出口，例如 1943 年，出口的大豆占 74%、水稻 70%、玉米 39.1%、高粱 38.2%、小麦 36.6%、谷子 17%；也就是说，平均 42% 的粮食被运往其他国家[19]。研究农业状况时，离不开“粮食产量是否提高的问题”。粮食产量创纪录是在 1943 年：总收成达到 1941 万吨。

中国学者经常强调在日伪时期农业生产力急剧下降的问题，笔者认为应该更为慎重地对待伪满洲国出现的这种情况。1930 年代初期农产品产量的确下降了，但这种情况没有持续多久。中国东北，因得天独厚的自然优势，即适宜的温度条件和广袤肥沃的土地，开始吸引越来越多的日本移民和朝鲜移民，因为他们在本国的私有土地不足。当然，不仅仅因为肥沃的土地，还因为矿藏资源以及廉价到等同于奴隶般的劳动力，所有这些都是日本占领满洲的理由。

如果与民国时期的指标相比，1924 年，粮食产量达到 1457 万吨，1930 年则达到 1889 万吨。1929—1931 年期间，粮食作物平均年产量为 1877 万吨[20]，也就是说，1943 年粮食产量超过了民国时期的水平。满洲粮食生产情况逐渐转好，表 3 的数据直观证明了这一点。

表3　　粮豆作物产量增值（1934 年指标为 100%）

农作物	1934 年	1935 年	1936 年	1937 年	1938 年	1939 年	1940 年
大豆	100	114	120	118	116	96	96
高粱	100	113	114	112	109	101	98
谷子	100	117	138	136	125	115	116
玉米	100	119	130	124	117	101	105
小麦	100	139	113	119	107	98	108
稻米	100	109	127	127	121	121	98

资料来源：东北经济小丛书——资源及产业［M］．沈阳：东北物资调节委员会出版，1947：19—20.

上述表格表明：除 1939 年和 1940 年之外，粮食产量平均呈现增长态势。在 1940 年之后的几年，稳定的增产态势已形成：例如，1942 年 1805 万吨，1943 年 1941 万吨，1944 年 1928 万吨，1945 年 1812 万吨。

然而，很多中国学者断言：因单位面积减产粮食总产量在下降。实际上，日伪时期在中国东北“每公顷粮食产量”的指标在下降，但不同作物情况不尽相同，例如，如果说 1935 年每公顷粮食产量为 100% 的话，那么 1943 年，高粱的产量为 98. 4%，谷子为 99. 1%，玉米为 88. 3%，小麦为 62. 4%，稻米为 94%。

应当指出，1940 年代前夕，东北农业产量下滑主要由于以下因素：外部因素是备战，因为备战全部重心落在了重工业发展上；内部因素是实施了农业国有化政策，造成人们丧失了对土壤状况的关注，首先是丧失了维持土地肥力的兴趣。在此要分清“每公顷产量”与“粮食总产量”这两个概念，因而形成这样一种情形：尽管粮食总产量在增加，每公顷产量却在下降。

伪满洲国的成立即便没有立即改变，但也在若干年后改变了该地区农产品的出口结构和分布情况。从民国时期开始，东北大豆及大豆产品就积极供应国外市场。20 世纪 20 年代，农产品出口在地理分布上是多元化的。随着日本人进入满洲，因他们对大豆产品需求巨大，对中国大豆产品出口进行了重新定位，1937 年大豆产品对美国的出口量开始下滑。接下来与西方发达国家商品贸易下滑的一个阶段与第二次世界大战爆发以及日本发动太平洋战争有关，例如，根据大连港的数据，从美国进口的吨位下降如下：1938 年 471000 吨，1939 年 392000 吨，1940 年 283000 吨，1941 年 39000 吨。

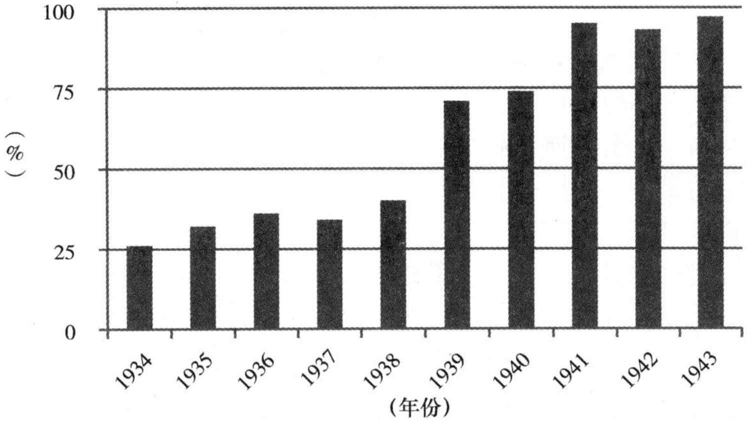

图 15　日本在满洲大豆出口总量中的比例

资料来源：何继华．伪满时期日本在东北的大豆掠夺[J]. http://www. chinavalue. net/General/Blog/2009 - 11 - 30/245440. aspx.

由于战争爆发，日本完全垄断了大豆供应，大豆直接供应日本国内市场。自伪满洲国成立之初，日本对满洲农产品生产实施了全面监控，农产品只允许通过商业渠道销售。为了保障日本军队的食品供应，1937 年春在伪满洲国政府下面设立了“农业政策审议委员会”。

三　结语

作为结论应该指出：中国东北农业在 1900 年前后发生了一个极其重要的进程——两种工业化种植方法相互交融，即中国大平原中部技术与欧洲农业技术的结合，这种结合对该地区来说是最成功、最高效的。清朝末期，中国东北开始进行“农业试验”，恰好实现了科学实践方面的突破，其实质内容可以归纳如下：利用现代欧洲方法实现土壤成分分析、实施选种测验、进行试验性播种、开始施用肥料，还进行了其他一些农业技术试验。以上措施无论在育种方面，还是在新式农具引进方面，都取得了巨大成效。由于冬小麦试种成功，辽宁和吉林两省实现了一年两收[21]。

令笔者遗憾的是，中国学者没有指出类似实验都是由俄罗斯专家完成的，在中东铁路各科研机构中可以清晰追踪到实践科研方向，现代农业知识既在俄罗斯土地占有者中，也在中国农民中得到应用推广。一个最老的科研团体——“满洲国立农事试验场”促进了农业技术研究成果的实践推广。在“满洲国立农事试验场”的育种田进行了严谨的科学工作，选育了满洲最重要的出口农作物——大豆和小麦。“满洲国立农事试验场”有一些从事北满微生物、禾本科作物和各种树木病害虫以及杂交研究的学者，他们的研究工作具有重要的实践意义，须要着重指出：这些研究论文中有一部分是用中文撰写的[22]。

民国时期还引入了其他欧美技术。例如，1921 年，美国“万国农具公司”在哈尔滨开设了分公司，为满洲农场主获取最新农业机械提供了机遇。这些农业机械主要包括拖拉机、播种机、割草机、脱粒机，等等。在南满，开始生产并使用诸如硫胺素、硫酸钾等化肥的农业化学物质。

新的农业技术随着外国劳动移民而来，逐渐提高了劳动生产率和某些农作物的总产量。伪满洲国时期大量内地、日本和朝鲜移民来到东北。伪满洲国成立之后，日本移民进入伪满洲国成为一个严肃问题，例如，到 1936 年中期，有 71 万日本人和 85 万朝鲜人来到伪满洲国，开始开发总面积为 180 万亩的土地。日本人带来了粮豆作物种植新方法：推广土地灌溉、采购现代农业机械、广泛施用农药防治病害虫，因此水稻种植得到了最大程度的机械化。

对于日本，中国东北成为其主要农业区，因此一直存在着如何提高那里的粮食总产量的问题。这一点，正如上文所述，促进了现代农业技术方法的引入。正是在伪满洲国时期，该地区首次开始应用化学杀虫剂这一最现代化的方法来防治农作物的病虫害。1942—1944 年期间，80% 的高粱和谷子以及 55% 的小麦在播种前都用除草剂进行了种子消毒[23]。此外，积极进行施肥实践，首先在种植水稻、棉花、果树等作物中施肥。1941 年，每公顷耕地施用 75 公斤的矿物肥料。伪满洲国时期出现了当时最现代化的农业机械，建立了 60 余个机械化农场，拥有拖拉机 500 余台，机耕面积 3 万公顷左右[24]。

参考文献：

[1] 隋舵，郑晨明，辛有才 . 2004 中国区域经济发展报告：东北老工业基地复兴

研究［M］. 北京：红旗出版社，2004：10.

［2］刘凤华. 东北油坊业与豆油输出（1905—1931）［J］. 中国经济史研究，2012（1）.

［3］［俄］E. O. 保克尔. 满洲：《世界风光》杂志赠评［M］. 圣彼得堡：1904.

［4］杨乃坤，曹延汹. 近代东北经济问题研究 1916—1945［M］. 沈阳：辽宁大学出版社，2005：24.

［5］［俄］E. O. 保克尔. 满洲：《世界风光》杂志赠评［M］. 圣彼得堡：1904.

［6］刘凤华. 东北油坊业与豆油输出（1905—1931）［J］. 中国经济史研究，2012（1）.

［7］张国宝. 东北地区振兴规划研究（重大问题研究卷）［M］. 北京：中国标准出版社，2008：172.

［8］张国宝. 东北地区振兴规划研究（重大问题研究卷）［M］. 北京：中国标准出版社，2008：173.

［9］衣保中. 1929—1933 年世界经济危机对中国东北地区农业影响的研究［J］. 南京农业大学学报（社会科学版），2011（11）（2）.

［10］［俄］Л. И. 柳比莫夫. 满洲经济概述［M］. 哈尔滨：1934.

［11］胡赤军. 近代中国东北经济开发的国际背景（1896—1931）［M］. 北京：商务印书馆，2011：31.

［12］胡赤军. 近代中国东北经济开发的国际背景（1896—1931）［M］. 北京：商务印书馆，2011：31.

［13］杨乃坤，曹延汹. 近代东北经济问题研究 1916—1945［M］. 沈阳：辽宁大学出版社，2005：25.

［14］衣保中. 1929—1933 年世界经济危机对中国东北地区农业影响的研究［J］. 南京农业大学学报（社会科学版），2011（11）（2）.

［15］张国宝. 东北地区振兴规划研究（重大问题研究卷）［M］. 北京：中国标准出版社，2008：173.

［16］［17］何继华. 伪满时期日本在东北的大豆掠夺［J］. http：//www. chinavalue. net/General/Blog/2009 - 11 - 30/245440. asp.

［18］［俄］Н. Г. 特列特契科夫. 事实与数字中的现代满洲经济概况（第 1 册）［M］. 上海：中国经济出版社，1936.

［19］李振泉等. 东北经济区经济地理总论［M］. 长春：东北师范大学出版社，1988：159.

［20］卢骅. 伪满粮食产量问题研究［J］. 社会科学辑刊，2010（6）.

［21］衣保中. 东北地区农业发展的历史线索［J］. 中国农史，1994（1）.

［22］［俄］Л. М. 加拉耶娃. 19 世纪末至 20 世纪上半叶俄罗斯人在满洲的科学

教育活动[J]. 历史学副博士论文，2009.

［23］东北经济小丛书——资源及产业［M］. 沈阳：东北物资调节委员会出版，1947：28.

［24］衣保中. 东北地区农业发展的历史线索[J]. 中国农史，1994（1）.

Agriculture of Northeast China in the First Half of the 20th Century: The Internal and External Factors of Specification

M B. Aleksandrova

(Russian-Chinese Relations Research and Prediction Center, Institute of Far Eastern Studies of Russian Academy of Sciences, Moscow 117218, Russia)

Translated by Zhang Haiying [1] Zhang Kuan [2]

(1College of Public Foreign Language Education, Jilin University, Changchun Jilin, 130012, China)

(2Institute of Marxism, Jilin University, Changchun Jilin, 130012, China)

Abstract: This article analyzes the internal and external factors that influence the direction of Northeast China's agriculture (primarily in planting) during the first half of the 20th century. More weights are put on the geographical division reasons and distribution characteristics of main grain and bean crops (including soybean, sorghum and wheat). This article conducts a research on the historical status of this region as the world's largest exporter of soybeans and semi-finished soybean products in chronological order, and attempts to point out the role and significance of the introduction of foreign advanced agronomy and its influence on Manchuria planting.

Key words: Northeast China; the modern times; agriculture; commercialization; the international factors

海外农村调查与研究

◆越南革新开放进程中农业生产方式的改革实践与启示

自 1979 年越共四届六中全会提出家庭承包制并开始试点以来，越南就开始了农业生产方式从分散经营向规模经营的改革。经过近四十年的改革，相关激励政策不断出台，农民对土地权益的占有范围不断扩大，但规模经营改革并未达到预期效果，耕地退化问题严重，规模经营发展缓慢，农村现代化水平较低，仍在逐步衰落，农民收入增长也并未达到预期效果。究其原因，主要有：传统小农思想制约了农业规模经营改革；政策变动过快和治理能力较低阻碍了农业规模经营改革；农村现代化水平较低增加了农业生产方式改革的难度；整体现代化水平偏低不能满足农业规模经营需求；国内外市场差异对农业发展的冲击。越南农业生产方式改革的启示是：坚持农村土地集体所有制，转变农民的土地私有观念；正确区分新时代农民的“农”与“非农”；加强国家治理体系和能力建设保证政策平稳落实；先富带动后富，城市反哺农村；发挥现代化的整体优势，保证农村发展中的人才供给；适度的国内农业保护。

越南革新开放进程中农业生产方式的改革实践与启示*

张乂凡
（上海社会科学院　上海　200235）

内容提要：自 1979 年越共四届六中全会提出家庭承包制并开始试点以来，越南就开始了农业生产方式从分散经营向规模经营的改革。经过近四十年的改革，相关激励政策不断出台，农民对土地权益的占有范围不断扩大，但规模经营改革并未达到预期效果，耕地退化问题严重，规模经营发展缓慢，农村现代化水平较低，仍在逐步衰落，农民收入增长也并未达到预期效果。究其原因，主要有：传统小农思想制约了农业规模经营改革；政策变动过快和治理能力较低阻碍了农业规模经营改革；农村现代化水平较低增加了农业生产方式改革的难度；整体现代化水平偏低不能满足农业规模经营需求；国内外市场差异对农业发展的冲击。越南农业生产方式改革的启示是：坚持农村土地集体所有制，转变农民的土地私有观念；正确区分新时代农民的“农”与“非农”；加强国家治理体系和能力建设保证政策平稳落实；先富带动后富，城市反哺农村；发挥现代化的整体优势，保证农村发展中的人才供给；适度的国内农业保护。

关键词：农业生产方式改革；农业规模经营；土地制度

在现代化进程中如何实现农业生产的现代化，必须根据本国的现代化进程，及时有效地调整农业发展政策，适度转变农业生产经营方式，以提

---

* 基金项目：上海市哲学社会科学规划课题“中国共产党开辟中华民族伟大复兴百年道路研究”（2017BHC004）。

作者简介：张乂凡（1990—　），男，河南驻马店人，上海社会科学院马克思主义中国化研究专业博士研究生，研究方向为农业农村现代化。

高农业生产效率、增加农民收入、提升农村现代化水平。中越两国作为传统的农业国家，在20世纪中期，具有类似的农业生产状况，两国又先后进行了性质相同、策略相近的社会主义改革，尽管两国的现代化发展速度有所差异，但两国在农业生产发展中面临的问题有着诸多类似之处。越南作为参考中国改革开放进行本国改革的后来者，在有中国改革开放成果的既定参照下，农业生产方式经历了怎样的变革？在农业生产方式向规模经营转变的实践中，有哪些经验教训？相同性质的改革使得越南的改革经验与教训对中国当下的农业生产方式转变更具参考意义。

一 越南农业生产方式改革实践的背景

越南全国性的土地改革进程起始于1945年，第二次世界大战的结束使越南取得了国家独立，但由于帝国主义国家的干涉，越南实际上处于南北分裂状态，越南民主共和国在越南北部率先开始了消灭封建土地所有制的进程。这一时期，越南北部的土地改革步骤与中国相仿：首先，限制封建土地剥削；其次，以农民的土地所有制取代封建土地所有制；最后，通过互助组、初级社、高级社等方式实现土地集体所有制。1976年，越南宣布南北统一，改名为越南社会主义共和国，由于越南南部和北部实际农业状况的不同，越南政府在统一初期承认土地的私有。在之后的改革中，越南宣布废除私有土地制度，对土地制度实行全面改革。越南的土地制度改革完成后，其农业生产方式从传统的小农分散经营转向了集体经营，土地制度也转变为公有制。

越南的土地公有制自确立伊始，便将土地的所有权明确为国家所有，国家对土地进行整体规划，以国家为核心形成自上而下的土地管理体系，这与越南实行土地改革之初的国情密不可分。第二次世界大战后，越南民主共和国成立，开始消灭封建土地所有制，没有外部侵略，越南实际形成了南北两部分的对立，同时，越南北部与中国接壤，拥有相对安全、稳定的国际环境，社会主义阵营的援助也是越南改革的一大助力。越南南北实现统一时，越南北部已经完成了土地性质的转变，土地改革的成效和社会主义的性质使得越南在进行全国土地改革时有条件确立土地国有制。越南统一后，尚未进行土地改革的南部地区，只在政策上进行了推行，并未完全落实土地改革政策。此后不久，1977—1979年，越南入侵柬埔寨使红色高棉政权垮台，并发动了对华战争。战争期间，本国的现代化建设基本停滞，进一步的土地改革政策也未推行。

不完善的农业集体化在短期内促进农业生产后，其弊端迅速暴露，严重阻碍了农业生产发展。粮食短缺成为困扰越南发展的重要问题。1988年，遍及越南大部分地区的饥荒，迫使越南进行农业生产改革，由此拉开了越南革新开放的序幕。

二 越南农业生产方式的改革实践

为解决粮食短缺进行的土地分散经营改革，迅速展现出了对农业生产的积极作用。“1989 年越南粮食产量首次突破 2000 万吨，不仅一举摘掉了缺粮国的帽子，实现粮食自给，而且出口大米 150 万吨。20 世纪 90 年代以来，越南农业持续稳定增长，农业产值平均增长 4.6%，粮食的增长速度为 5.5% 以上。”[1]越南的农业分散经营方式改革满足了人民的粮食需求。但随着现代化发展，农业的分散经营方式使农民收入增长速度远低于城市居民，农村发展速度落后于城市，农业发展不能满足现代化发展需求。越南由此开始了农业分散经营向规模经营的转变。以 1979 年越南提出家庭联产承包责任制开始，越南为农业生产方式从集体化生产到分散经营，再到规模经营，采取了一系列措施（见表 1）。

表 1　越南农地制度演变（1988—2017 年）

	政策法规	目的	具体内容
1979 年	越共四届六中全会	使农业生产方式向分散经营转变	提出家庭联产承包责任制
1980 年	修订《宪法》	确定土地制度	规定土地属于全体人民共同所有，实行土地国有制
1987 年	颁布第一部《土地法》	为农业分散经营奠定基础	确立土地全民所有、政府统一管理的制度，允许土地使用权转让
1988 年	《更新农业管理》10 号决议	使农业生产方式向分散经营转变，提高农民生产积极性	实行承包到户，农民获得 10—15 年农地使用权，承包额 5 年不变
1993 年	颁布第二部《土地法》	提高农民生产积极性；促进农户间农地所有权流转、使用权租赁和规模经营	农民土地使用期限延长至 20—50 年；在土地使用期限内，农民可以进行交换、转让、出租、抵押、继承

续表

	政策法规	目的	具体内容
1998 年	修订《土地法》	保证土地政策的稳定性；促进农业经营方式多元化	农民土地使用期限延长至 70 年；增加以土地作为资本要素的合作权利
2001 年	修订《土地法》	放松农地管制；增加农民土地使用权的权限范围；放宽外资进入农业的范围	土地基准价的定价权下放至省级政府；增加农民对土地使用权的赠予权；扩大外国机构和个人土地租用的权限范围
2003 年	颁布第三部《土地法》	保障基本农业生产；强化国家对土地的管理	对农业用地进行详细的用途分类，严禁擅自变更农业用地的用途；对申请分配土地的流程，以及清查、收回土地的流程进行了详细规定；实行四级管理制度
2006 年	越共十大	扩大土地使用权的适用范围，促进农业经营方式多元化；促进规模化经营	土地所有权可以转化为商品，允许农民彼此之间或可以向其他单位转让土地使用权，可以用做出租、入股等操作
2008 年	修订《土地法》	促进农业经营方式多元化，增加农民收入	明确土地使用权的市场运行规则，鼓励农户将土地使用权作为资产投放到资本市场，换得相关资金和收益
2014 年	第四部《土地法》	完善市场体制机制，保障农民权益	增加对土地回收、征地和土地价格等方面的规定

（一）从农业集体化向分散经营的转变

1979 年越共四届六中全会提出的家庭承包制并未落实，仅在海防市进行试点。1981 年 1 月 13 日，越共下达了《改进承包工作，将产品承包范围扩大到农业合作社的劳动者和劳动者个人》的指示，提出了三五承包制。① 三五承包制在实行初期切实促进了农业生产，但由于承包时间周期较短、集体承包环节没有保障、承包定额不合理等因素影响，三五承包制仅在实行的最初几年提升了农民生产积极性，并未能扭转农业生产衰退的状况。处于非法状态的家庭承包制在 1988 年的《更新农业管理》10 号决议中被合法化。越南关于农业分散经营的探索由此开始。

一是将土地所有权与使用权分离，逐步扩大农民对土地使用权的占有

① 三五承包制即将水稻生产过程的八个环节中的插秧、施肥管理和收割三个环节承包给个人；整地、育种、肥料、水利灌溉、防治虫害五个环节承包给集体；超产部分奖励给承包者。

范围。1987年制定的第一部《土地法》将土地所有权与使用权分离，并允许土地使用权转让。1993年制定的第二部《土地法》，明确提出了土地国有制，并对农民土地使用权进行了详细规定。在土地使用期限内，农民可以进行交换、转让、出租、抵押、继承；土地使用期限延长至20—50年；农村居民免费租用土地。[2]1998年对第二部《土地法》的修订，将土地使用期限延长至70年。2001年对第二部《土地法》的修订，增加了农民对土地使用权的赠予权。在土地使用权方面，为了提高农民的劳动积极性，土地使用权的期限不断延长，最长达到70年，但是，关于土地使用权和继承权的规定，实际上使农民的土地使用权期限近乎终身所有，甚至当作某种物质财富的存在可以被继承。对农民土地使用权占有范围的不断扩大，使土地使用权在某种意义上成为有限度的土地所有权，这也使越南农民更多地将土地视为私有。

二是确立家庭承包制，从法律上保障农民的土地使用权。1988年的《更新农业管理》10号决议确定实行家庭承包制，土地的管理权限被下放到合作社，农民可以以个人为单位向合作社承包土地，自主经营，在土地所有权与使用权分离后，农民实际上获得了土地的使用权。1993年制定的第二部《土地法》规定：从法律上保障农民的土地使用权，根据土地使用期限办理土地使用权证。2003年制定的第三部《土地法》，对农业用地进行了详细的用途分类，严禁擅自变更农业用地的用途；对水稻种植专用地进行了单独规定；实行四级管理制度，强化国家对土地的管理。[3]从法律上保障了耕地的专有性，保障了农民土地使用权的农业生产性。

（二）从分散经营向规模经营的改革

一是发挥庄园经济和“换地聚田”的传统优势。在法国和美国殖民统治时期，越南就出现了庄园经济。虽然在农业集体化进程中一度中断，但随着农业分散经营的实行，庄园经济迅速发展。农民在政府分配的定额土地基础上通过开垦荒地扩大种植经济面积，单个庄园面积以10—30公顷为主，且大部分土地为垦荒所得。越南东南部的庄园土地有53%源自荒地，仅有极少数为租赁耕地。[4]越南的庄园数量也从1989年实行分散经营初期的5215个，迅速增长到2000年的13万个。[5]为了促进农业生产向规模经营转变，越南于2000年对庄园经济进行了具体规定以促进其发展。2007年第84号决议，对《土地法》规定限额以内的庄园土地发给土地使用证，不缴纳任何费用，对超出限额的土地，以租用方式使用，不限制规模。越南在农业分散经营时期，由于土地形式多种多样，且分部不均匀，导致农民分配承包的土地类型不同，且较为分散，不利于耕作。为实现小块土地的集中经营，越南实行了“换地聚田”政策。农民通过土地交换实现了个人的土地集中，政府更换土地使用证保障农民对土地的合法权益。“换地聚田”政策也对规模化经营起到了促进作用。个体农民土地使用权的出租，通过交换形成了相对集中的小型庄园，无论是耕地、林地还是水域，都能通过这种方式在短时间内完成从分散经营向规模经营的转变。

二是扩大土地承包主体范围。越南农业在向规模化经营转变的进程中，土地承包主体最先以农民为主，庄园经济和“换地聚田”的首要对象是农民。2000 年的 3 号决议将这一主体扩大到了党员干部和外资企业。2005 年出台的《越南投资法》将土地承包主体进一步扩大到了国内外个人、企业，以及合作社、各种合法组织。

三是出台相关激励政策，争取对外合作。为吸引外资，越南制定的《外国投资法》经历了六次修订和补充，2015 年修订的《外国新投资法》将外资项目土地使用期限延长到了 70 年，到期后根据需要可继续延长，还可根据相关规定减免土地租金、土地使用费和土地使用税。《合作社法》自 1997 年颁布以来，先后进行了多次修订和补充，以适应国内发展需要。自 2012 年新版《合作社法》实施以来，“农业合作社数量达 5816 家，单 2018 年为 1935 家”。[6] 为方便土地流转，1993 年《土地法》规定，国家对土地规定基准价，土地使用权交易价格在基准价范围内浮动，以保障农民权益。2001 年对该部《土地法》修订后，将土地基准价的定价权下放至省级政府，以便各地根据实际情况灵活调控。2014 年《土地法》对从土地流转中退出的土地回收价格进行了规定，对土地使用权二次转租也进行了详细规定。越南各地也对土地流转出台了不同程度的扶植政策。如永昌县建立起了县、乡、村三级土地流转体系，推行统一的土地流转合同，对流转土地进行专项资金补贴。[7] 此外，越南政府还积极争取外国资金和技术投入本国农业发展。如 2007 年同中国广东进行农业生产合作；2011 年，同国际农业发展基金签署协议，使 4835 万美元投资用于越南农业和农村发展。

三 越南农业生产方式的改革实践并未达到预期效果

（一）耕地退化问题严重与规模经营发展缓慢

随着越南城市化进程的推进，因城市扩张、工业发展、基础设施建设等原因，侵占了大量耕地，且大部分为不可复耕的永久性侵占。随着越南现代化的发展，这一问题更加严重。据统计，从2001—2007年，越南农业土地总面积减少50万公顷。2001年，人均农业用地面积从2001年的1100平方米，减少到2007年的900平方米。[8]胡志明市公布的2016—2020年土地规划显示，5年间，总计有26246公顷农业用地转换为非农业用地。越南农业与农村发展部2012年提交的耕地草案提出，到2020年力保耕地面积380万公顷。在逐步减少的耕地面积中，还存在大量的抛荒现象。区域经济发展不均衡和城乡收入差距过大使大量青壮年劳动力不再兼顾农业生产，完全进入城市务工。农村老龄化问题加剧使农村耕地逐渐走向无人耕种的状态。伴随这一问题的是农业规模经营发展速度缓慢。在自然灾害中受损的土地和偏远地区的土地没有个人和企业愿意购买土地使用权进行规模经营；农业生产便利地区的农民仍然坚持分散经营模式；大量外来资金进入城市、工业等资本回报较高、较快的地区和行业，农业规模经营发展所需资金缺口较大。以上因素限制了农业规模经营发展速度。

（二）农村现代化水平较低，仍在逐步衰落

受国内实际状况和西方现代化模式影响，越南现代化进程中率先进行的是城市化和工业化。城市化快速扩张（见表2）不仅吸纳了大量农村人口，而且吞噬了周边村庄。在大力推进城市化的进程中，农村现代化建设迟缓。不仅如此，工业化也延缓了农村发展。截至2007年，越南工业用地达32325公顷，2008—2015年，越南新增工业用地2.7万多公顷。[9]工业用地占据了越南国内交通资源、水资源、矿产资源丰富的区域。工业发展吸纳大量农村劳动力的同时，其所带来的环境污染恶化了农村生活环境。由于国内地理环境复杂，山区、偏远地区、自然灾害受损地区的开发成本较大，除少数旅游资源集中、经济作物丰富的农村地区外，越南大部分农村地区的现代化水平远低于城市，相应的医疗、教育、交通、卫生等

体系并不健全。在资金有限、城市扩张、农村人口流失、农村开发难度较大的情况下，农村逐步衰落的趋势可以预见。

表 2　　越南城市人口比例（1995—2017 年）

年份	1995	2000	2005	2010	2015	2017
城市人口比例（%）	19.5	20.75	27.2	30.4	33.8	35.2

数据来源：越南国家统计局。

（三）农民收入增长并未达到预期效果

越南农业生产方式转变的目的是为了在现代化进程中提升农民收入增长速度，加快农村现代化建设。但从实际发展状况来看，虽然农民收入有所增加，但远未达到预期效果。城市化和工业化为农民提供了大量务工机会，但廉价的劳动力报酬远低于城市人口收入水平。并且，大量征地造成了数量巨大的失地农民，这部分人口进入城市寻找工作机会，加剧了劳动力的廉价。这部分失地农民因政策原因并未从征地中获取大量资金以实现自主创业。农民通过征地只能获取极少的土地补偿金，且补偿金额已被政府规定（见表 3）。随着越南城市化进程加快，住宅用地价格暴涨，与农业用地价格差距悬殊。城郊失地农民并未因城市扩张实现暴富。劳动力的廉价使务工农民难以完成身份的转变，留守农民依靠传统的粮食生产和纯经济作物种植难以实现快速增收。

表 3　　2005 年越南部分省土地征地补偿价　　单位：越南盾/m^2

	住宅用地	农业用地	非农业用地
河内省	200	10	40
胡志明省	400	100	—
海防省	130	10	10
芹宜省	400	10	—
岘港省	66	2	10

注：2005 年 1 元人民币可兑换约 1850 越盾。

数据来源：古小松 . 2006 年越南国情报告 . 社会科学文献出版社 . 2006.

四 越南农业生产方式改革成效缓慢的原因探析

自1993年颁布第二部《土地法》，允许土地使用权交换、转让、出租、抵押、继承以来，越南为促进农业规模经营进行了诸多改革实践，但改革成效缓慢。其原因值得探析并引以为戒。

（一）传统小农思想制约了农业规模经营改革

越南的土地改革进程起始于1945年，越南民主共和国在越南北部率先开始了消灭封建土地所有制的进程。越南北部的土地改革进程与中国相仿，先以农民的土地所有制取代封建土地所有制，然后通过农业集体化实现土地集体所有制。1976年，越南宣布南北统一后，开始了全国性的土地改革。在此之前，越南一直实行土地私有制。并且，越南在被殖民过程中，土地长期集中在资本家和地主手中，农民对土地有着极度的渴望。越南过快的改革速度并没有完全消灭农民的小农思想。相反，其土地制度中将土地的大部分权力分配给了农民，农民实际上形成了土地私有的概念。这加剧了农民小农思想的发展。为了保证自己对分配土地的所有权，农民并不愿意将土地进行集体经营，以免最终失去土地。这极大地制约了农业规模经营改革。

（二）政策变动过快和治理能力较低阻碍了农业规模经营改革

在实行农业分散经营后，随着现代化进程的推进，农业生产方式亟须向规模经营转变。为此，越南先后出台了多部法律和相关政策以促进农业生产方式改革。为有效解决实际问题，相关政策法规随着社会实际发展不断调整。越南自1993—2014年，先后颁布了三部《土地法》，累计修订三次，平均不到四年调整一次。与农业生产相关的《外国投资法》自颁布以来进行了六次修订，1997年颁布的《合作社法》也进行了多次修订。此外，越南各级政府也为农业规模经营发展制定了众多促进政策。但政策法规的频繁变动使相关政策难以真正落到实处。国家治理体系建设不完善，治理能力较低，这降低了政策的执行效力，政策的过快变动进一步增加其落实难度，为农业生产方式改革实践带来了阻力。并且，政策法规的频繁变动使人民群众难以对最新的相关政策法规得到清楚的认识和了解。这与农民自有的小农思想相集合，加剧了农民对失去土地的担心，进而影响了农业生产方式改革。

（三）农村现代化水平较低增加了农业生产方式改革的难度

越南农村现代化水平较低对农业生产方式改革的影响表现在三个方面：一是基础社会建设不完善，难以有效抵御自然灾害。频发的飓风和风暴对农业生产造成了直接损害，极端天气的频发，使越南各地面临严重的干旱或洪水。基础设施的缺乏使农业生产极端依赖自然气候。越南进行农业生产的土地海拔较低，气候变暖对农业生产带来严重威胁，海拔上升一米，湄公河三角洲有40%的区域将被淹没，国内一半以上生产水稻的土地将改变农作物种植种类或直接废弃。[10]越南落后的基础设施建设并不能有效抵御自然灾害带来的威胁，林地面积急速减少导致区域泥石流频发、河流沿岸被严重侵蚀难以抵御洪水致使大量农田被淹没。[11]基础设施的不完善增加了农业生产方式改革的难度。二是农村较低的现代化水平不利于农民思想的改造。在现代化水平较低的情况下，现有社会环境部分与农民的小农思想相适应。农业生产方式改革的群众基础并不牢固。三是农村较低的现代化水平难以大规模培养并留住人才。农业生产方式转变的根本落脚点是农村，越南现代化进程中城乡差距逐步拉大，农村对高水平人才的吸引力远低于城市。并且农村出身的人才也大多脱离农村进入城市，加剧了农村人才的匮乏。

（四）整体现代化水平偏低不能满足农业规模经营需求

越南整体现代化水平偏低对农业规模经营发展造成了三个方面的影响。一是在工业化进程中科技发展并不均衡，农业科技水平严重落后，不仅高科技农业进展缓慢，与农业相关的工业技术也极端落后。一方面，高科技农业技术水平低下降低了农业规模经营的现代化水平，拉低了农业规模经营的经济效益。传统的规模经营只能生产最原始的农产品，附加值极低，经济效益与分散经营时差距不大。农业规模经营的优势在于高科技农业技术为初级农产品带来的高额附加值，而越南农业科技水平的低下影响了农业生产方式转变可持续发展的基础。另一方面，与农业相关的工业生产水平落后，无法自主生产农用机械，大部分农业机械设备需要进口，极大降低了农业规模经营的机械化程度。并且，多数贫困地区的农业生产仍然依靠人工进行，低下的生产效率无法凸显农业分散经营与规模经营的差别。二是在工业发展的同时，并未兼顾环境治理科技的发展，工业快速发展带来的后果是自然环境的迅速恶化，在排污、治污基础设施不达标的情况下，自然环境的恶化短期内难以改变。环境恶化除了空气污染外，还污染地下水资源、沿海水资源、地表河流、沿岸植被等。自然环境的持续恶化降低了越南农产品的产量和质量，规模经营对农业生产的促进效果被部分抵消。同时，气候剧烈变化严重影响了越南的农业生产，不利于农业规模经营改革。三是教育现代化水平不能满足整体现代化发展的需求，尤其是不能满足农业发展需求。越南的整体教育水平偏低，“2000 年越南宣布已基本实现普及小学义务教育目标。2001 年开始普及九年义务教育。”[12] 在农业科技水平较低的情况下，农业规模经营获取的收入不足以吸引大量高水平人才。并且，受限于整体发展政策和经济实力，越南的教育资源分布并不均匀，大量优质教育资源集中在城市，并且人才的培养方向也并未以农村发展需求为主。

（五）国内外市场差异对农业发展的冲击

受科技因素影响，越南的农业生产单位面积产量远低于西方发达国家，在国家发展处于相对封闭时，国家内部形成了半闭合式的经济循环体系，低水平的农业生产并不影响农民的正常生活。随着越南革新开放进程的推进，越南国内与农业相关市场的逐步对外开放，严重影响了越南的农业发展，阻碍了越南农业规模经营的推进。为了保障农民基本农业生产的进行，越南国内农产品价格远高于国际平均水平。自由竞争市场下，西方国家农产品侵占了越南农产品市场，致使越南国内农业生产的正常秩序难以维持。无论是分散经营还是规模经营，在国外低价农产品的冲击下都难以为继。

五　越南农业生产方式改革实践的启示

中国同越南一样是传统农业国家，同样正在经历农业分散经营向规模经营的转变。“他山之石，可以攻玉。”越南的农业生产方式改革虽然未达到预期效果，但作为有着类似发展模式、土地制度、农地改革方向的改革经验，对中国深化农业规模经营发展具有一定的借鉴作用。

（一）坚持农村土地集体所有制，转变农民的土地私有观念

越南在农业规模经营改革的进程中，逐步扩大农民土地使用权的适用范围，超长期限的土地承包权和土地承包权的可继承性，实际上形成了农民的土地私有化。农业规模经营改革中，集体的作用被无限地缩小了。我国农村土地承包制长期坚持不变的政策，一定程度上使农民滋生了土地私

有的概念。尤其是家庭承包制的实行，长期的分散经营削弱了农民的集体概念，除作为政策传达之外，集体在农民中存在感近乎于零。在农业规模经营改革中，各地出现了为数众多的农民私下进行土地使用权转让的情况，更有无视法律规定，超出承包期限转让的情况。在农业规模经营改革进程中，大量农民将土地承包权流转出去，土地经营主体的多元化和大量农民脱离土地，进一步弱化了集体概念。我国在农村规模经营改革中，村集体要加强主动性，因地制宜，依托集体进行规模经营转变；在多元化经营主体形势下，强化农民的法律意识，主动维护农民权益；在规模经营过程中发挥监督作用，保证农业生产的健康进行，作为土地所有权的主体，要主动维护土地安全生产；村集体要成为农民和规模经营承包主体之间的桥梁，将土地集体所有制落到实处，发挥集体应有的作用，而不是置身事外，或者完全统管，要在农民和规模经营承包主体之间找到平衡点，既要坚持农村土地集体所有制，又要促进农村规模经营改革，同时还要兼顾农民利益。

（二）正确区分新时代农民的“农”与“非农”

随着中国现代化的发展，“全国绝大多数农村地区都已经形成了‘以代际分工为基础的半工半耕’家计模式”。[13] 这种模式下的农民并未放弃土地耕种，仍然具有“农”的属性。随着第一代农民工的退场，以第二代为主体的农民工群体大多数仍然维持着这种“半工半耕”模式，但第二代半或第三代农民工则退出了这种模式。随着整体教育水平和生活水平的提高，第二代半或第三代即新生代农民工具有更高的知识技术水平，能够较好地适应市场需求，同时对务工收入也有更高的要求，对生活水平的需求也在不断提高。同时，由于第二代乃至第一代农民工承担起了耕种土地的任务，新生代农民工完全脱离了土地的耕种，在上一代无力耕种土地时，这部分群体的土地也是最先荒废或进行流转的。实际上，新生代农民工已经失去了“农”的属性。在改革进程中，要妥善处理好农民中的“真农”与“非农”，才能促进农业规模经营快速发展。对于返乡农民工的安置问题，要根据其属性，对“非农”属性的农民工要引导其在农村进行非农就业，而不是回归土地，强化分散经营模式。对具有“农”属性的农民工，根据其就业倾向，配合政策，将其向农业规模经营上引导。

（三）加强国家治理体系和能力建设保证政策平稳落实

相对于越南频繁调整的农业改革政策，中国的农业改革政策保持了一贯的稳定性，但过于稳定的政策和长期坚持的普惠式补贴在一定程度上强化了农业的分散经营。无论是一贯坚持的农村土地承包制度还是粮食收购补贴、农业生产补贴，都增强了部分农民从事小规模农业生产的信心。尤其是随着中国经济增长向集约型转变，城市对农民工的需求减弱，农民在外出务工时更加不愿放弃经营小块土地以获取稳定收入的机会。近几年的政策对此已经开始调整，如对农业规模化经营补贴政策、农业规模经营项目专项补贴政策、田园综合体发展模式的实施，等等。但新政策的出台并不等于实际的改变，基层领导干部的“不作为”成为阻碍农业生产方式改革的一个重要因素。同时，人民群众对新政策的关注程度、理解程度和实践能力也制约着农业生产方式的改革进程。只有在坚持稳定政策的基础上，领导干部做好服务工作，积极引导人民群众正确认识、理解新政策，落实新政策，才能助推农业规模经营快速、稳定发展。

（四）先富带动后富，城市反哺农村

中国与越南都有城乡发展差距较大，迟滞农村发展的情况，但与越南不同的是，中国的城市发展水平和基础设施建设已经足以实现城市反哺农村。尽管中国的城乡差距仍然较大，但城乡之间已经初步形成了同步发展的态势。并且，城市发展需求资源与盈余资源也为农业规模经营发展提供了帮助。如何妥善利用这种优势促进农业规模经营发展成为需要关注的一个重点。农产品的高附加值是农业规模经营可持续发展的重点，针对城市急需的资源，农村可以与城市进行定点对接以保证供需的稳定，以市场带动农业规模经营发展。同时，在城市投资前景不明、投资空间饱和的情况下，农村规模经营为城市盈余资源提供了新的投资方向。不仅是资本，还有城市先进的管理理念和先进技术，都为农业规模经营发展提供了便利。

（五）发挥现代化的整体优势，保证农村发展中的人才供给

城乡差距过大是农村人才流失的重要原因，在农村发展水平远落后于城市的情况下，农村人才匮乏、人才流失会成为一个常规现象。单纯的依靠政策将人才强行留在农村是不可取的，也是难以实现的。中国是一个整体，农村现代化落后于整体现代化发展水平，这就需要我国的现代化发挥整体优势，将分配不均匀的人才调动到农村，支援农村发展。现行的大学生村官和限时农村服务政策对农村的人才匮乏现象有了一定缓解。但这部分人才中的大多数并非农村发展急需的实用人才，农村缺乏的是在乡村就业的对农村发展有实际帮助的人才。据统计，“我国农村实用人才占乡村就业人员总数的比例还不足5%，文化程度普遍偏低，特别是贫困地区、民族地区尤为突出。”[14]已经开始实施的农村实用人才培训项目、新型职业农民培训项目、农业科技尖端人才农村实践项目、高校对口人才培养计划，等等，为农村大规模、高水平的人才输出提供了可能。除农村本土培养的人才之外，对于城市输入人才的留存更多地要依靠项目发展，而不是制度规定。此外，提高农村基层人才的待遇也是人才留存的关键。不仅包括经济待遇，还包括精神待遇。对农村基层人才职称评定进行倾斜、制定特殊岗位的专项资金补贴、多层次、高级别的先进荣誉表彰，等等。

（六）适度的国内农业保护

在对外开放的大前提下，农业相关市场的对外开放势不可当，作为弱势行业的农业，在西方国家廉价农产品的冲击下，国内农业生产入不敷出。在农业相关科技水平和经营水平没有发展上来之前，对农业经营进行一定程度的国内保护有助于农业规模经营的发展。为提高农民收入和农民经营土地的积极性，国家于2004年开始对种粮农民实行直接补贴。随着农业规模经营的实行，多种类、多层次、倾向规模经营的农业补贴体系逐步建立并完善。在国内农业生产水平为达到国际水平之前、农民未完全摆脱贫困、农业收入仍占其主要收入的情况下，国内农业相关市场的对外开放要逐步进行。应当根据农业生产的发展速度制定合理的开放政策，以保证农业生产的正常进行，保证农业规模经营改革的顺利推进。

参考文献：

[1] 孙兆东，张志前，涂俊．越南“危机”［M］．北京：中国经济出版社，2008：197.

[2] 王小权．越南颁布新土地法[J].东南亚南亚信息，1994（2）：33—34.

[3] 越南社会主义共和国土地法［EB/OL］．http：//asean. zwbk. org/news/7408. html，2019－01－20.

[4][8] Nguyễn Minh Hoài. Ổn đinh đất nông nghiệp để bảo đảm an ninh luong thục quốc gia [J]. Tạp chí cộng sản，2008（12）：61—62.

[5] 范宏贵．越南的农业革新[J].当代世界社会主义问题，2001（2）：55—62.

[6] [越] 越南农业企业数量达9200家［N］．人民日报，2019年1月4日．

[7] 永昌：激励政策推进土地流转［N］．甘肃日报，2012年3月16日．

[9] Nguyễn Quốc Luật. Dảm bảo an ninh luong thục quốc gia [J]. Kinh tế và dụbáo，2009（3）：23.

[10] Kit Gillet. Vietnam's threatened rice bowl, The Guardian, 2011 - 04 - 10.

[11] 阮林道，范巴赫，闵阮青，潘麦黎，蓬晃拔．基于越南遥感时间序列数据的湄公河三角洲土地利用及河岸变化检测研究[J]. Journal of Resources and Ecology, 2011 (4): 370—374.

[12] 越南教育概况 [EB/OL]. http: //gx. people. com. cn/n/2014/0430/c340098 - 21114087. html, 2014 - 04 - 30.

[13] 贺雪峰．谁是农民：三农政策重点与中国现代农业发展道路 [M]．北京：中信出版社，2016：169.

[14] 曹茸，李竟涵．汇聚乡村振兴的源头活水——我国农业农村人才队伍建设综述 [N]．农民日报，2018 年 5 月 10 日．

The Reform Practice and Enlightenment of Agricultural Production Method in the Process of Innovation and Openness in Vietnam

Zhang Yifan

(Shanghai Academy of Social Sciences, Shanghai 200235)

Abstract: Since 1979, when the sixth plenary session of the fourth central committee of the communist party of Vietnam proposed the household contract system and started the pilot program, Vietnam started the reform of agricultural production mode from decentralized operation to large-scale operation. In the last 40 years of reform, the incentives and policies have been introduced, and farmers have been expanding their ownership of the land, but the scale of the reforms has not achieved the desired effect, the degradation of arable land, the slow growth of the scale, the lower levels of the countryside, and the decline of the rural modernization, and the growth of the farmers has not reached the desired effect. The main reasons are as follows: the traditional small-holder thought has restricted the agricultural scale management reform; too fast policy changes and low governance capacity hinder agricultural scale management reform; the low level of rural modernization has increased the difficulty of reforming agricultural production methods; the overall level of modernization can not meet the needs of agricultural scale management; impact of domestic and foreign market differences on agricultural development. The enlightenment of the reform of Vietnamese agricultural production methods is to adhere to the collective ownership of rural land and change the peasants concept of land private ownership; the correct distinction between "agriculture" and "non-agriculture" of farmers in the new era; strengthening national governance systems and capacity building to ensure the smooth implementation of policies; first rich and then rich, the city feeds back to the countryside; to bring into play the overall advantages of modernization and ensure the supply of talents in rural development; appropriate domestic agricultural protection.

Key words: Agricultural production mode reform; Agricultural scale operation; Land system

《中国农村研究》匿名审稿制度

为了推进中国农村研究领域学术规范和评价机制的发展，倡导规范、严谨的研究方法和理论与经验相结合的实证研究取向，本刊采用匿名审稿制度。基本规则如下：

1. 所有来稿请一律寄送编辑部收。来稿请将作者的姓名、所在单位、职称、研究方向、通讯地址、邮政编码、联系电话、传真、E-mail 等个人信息另用附页提供，正文中隐去所有相关信息。

2. 执行编辑将稿件登记建档，保存个人信息附页之后，按照稿件内容所属领域分别送达相关编委会专家进行初审。

3. 执行编辑负责及时将经过初审专家审核之后的稿件按照内容所属领域分别送达匿名评审专家。

4. 匿名评审专家将以论文的学术质量作为评判的唯一标准给出书面评审报告，并对稿件提出以下四种分类意见：（1）可直接刊用；（2）修改后可刊用；（3）修改后待进一步评审；（4）不适宜本刊采用，并简要阐述理由。

5. 执行编辑根据评审专家的意见，与作者进行及时沟通，确定论文刊用信息或者交流修改意见，提请作者提供修改稿和修改报告，以供评审专家再审察。

《中国农村研究》编委会

《中国农村研究》征订征稿启事

《中国农村研究》系由教育部人文社会科学重点研究基地、华中师范大学中国农村研究院主办的大型学术集刊，由中国社会科学出版社出版。经教育部、中国社会科学评价中心遴选，本刊以社会学学科类学术集刊类别入选“中文社会科学引文索引”（CSSCI）目录 。《中国农村研究》一年两卷。单位或个人需订阅者，请直接向出版社订阅。

本刊是关于中国农村研究的社科类综合刊物，以学理研究为宗旨，以实证研究为特色，以不断推进农村研究为目标。内容涉及农村政治、经济、社会、文化诸领域，设置“当代中国农村关键词”“百村跟踪调查”等特色栏目，近期特别关注新型城镇化、新农村建设、农村社区建设、农村减贫与发展、农村治理、农村基层民主、城乡一体治理、变动中的农村社会与文化、域外农村发展等专题。本刊十分重视实证调查稿件，这方面的优秀稿件不受字数限制。欢迎惠赐稿件！

本刊实行匿名审稿制度，聘请国内外知名专家担任匿名审稿人。

作者来稿请标明以下方面：

1. 作者简介：姓名、出生年、性别、民族、籍贯、工作单位、职称、学位、研究方向。

2. 基金项目名称及编号。

3. 中文摘要 300—500 字，关键词 3—5 个。

4. 英文摘要和关键词，必须与中文摘要和关键词相对应，置于文末。

5. 文稿所引用或参考的著作、期刊，一律采用尾注“参考文献”的格式，置于文末，使用中括号数字的形式，全文顺序编号。其他文中说明，请用脚注，使用带圆圈的数字，每页顺序编号。

6. 参考文献格式：

引自期刊：［1］作者．题名［J］．刊名，出刊年（卷/期），起止页码．

引自专著：［2］作者．书名［M］．版次（初版不写）．译者．出版地：出版者，出版年．起至页码．译著在作者前加［国籍］．

引自报纸：[3] 作者．题名 [N]．报纸名，年 月 日（版次）．

引自论文集：[4] 作者．题名 [A]．见：论文集编者．文集名 [C]．出版地：出版者，出版年．起至页码．

引自会议论文：[5] 作者．题名 [Z]．会议名称，会址，会议年份．

引自学位论文：[6] 作者．题名 [D]：[学位论文]．保存地：保存者，年份．

引自研究报告：[7] 作者．题名 [R]．保存地：保存者，年份．

引自电子文献：[8] 作者．题名 [DB/OL（联机网上数据库），或 DB/MT（磁带数据库），或 M/CD（光盘图书），或 CP/DK（磁盘软件），或 J/OL（网上期刊），或 EB/OL（网上电子公告）]．出处或可获得地址，发表或更新日 期/引用日期（任选）．

其他未说明的文献类型用“Z”标识。

来稿以 9000—12000 字为宜，具有重大学术意义的文章不受篇幅限制。所有来稿请一律发送至编辑部收稿邮箱，无须再另寄纸质稿。请将作者的姓名、所在单位、职务职称、通讯地址、邮政编码、联系电话、E-mail 等个人信息另用附页提供，正文中隐去所有相关信息。来稿 2 个月未收到本刊录用或者修改通知，作者可以自行处理。一经刊发，本刊不支付稿酬，送作者杂志 2 本。本刊对所刊用文稿拥有网上发布权，如不接受此条款，请注明。

本刊地址：中国·武汉 华中师范大学中国农村研究院《中国农村研究》编辑部

邮政编码：430079

联 系 人：李华胤

联系电话：13618626628

传　　真：027－67865189

E－mail：crs_editor@163.com；lihuayin123@163.com

网　　址：www.ccrs.org.cn

华中师范大学中国农村研究院

《中国农村研究》编辑部